AF549924

Dorothe Zürcher

Im Schatten der Krone
Die Grafen von Lenzburg

Originalausgabe 2021
Copyright 2021: IL-Verlag
Copyright 2021: Dorothe Zürcher

Umschlagbild:
Grafik: Adobe Stock, Matrioshka
Umschlaggestaltung: U. Bigler,
www.satz-spiegel.com

Lektorat, Korrektorat, Satz: U. Bigler,
www.satz-spiegel.com
Printed in EU
ISBN: 978-3-907237-34-2

Dorothe Zürcher

Im Schatten der Krone

Die Grafen von Lenzburg

Die Veröffentlichung dieses historischen Romans wurde verdankenswerterweise finanziell unterstützt durch die Kulturkommission der Stadt Lenzburg.

stadt lenzburg

Inhalt

Anmerkung der Autorin

Im Mittelalter kannte man noch keine allgemeingültigen Rechtschreiberegeln. Zum Beispiel wird die Stadt Zürich im 11. Jh. Turecum, Turego, aber auch Zurich genannt. Ich habe mich jeweils an die am meisten verwendete Version gehalten. Für Interessierte befinden sich ein Ortsnamen-, ein Personenverzeichnis sowie ein Zeitstrahl am Schluss des Buches.

Viel Freude beim Lesen!

Dorothe Zürcher

1. Teil
Honigmond
und ein Prinz wird geboren.

1. Kapitel
Anno Domini 1050
Habichsburg

»Als Witwe darf ich mich nicht mehr vermählen«, erklärte Richenza spitz und zupfte ihren Schleier zurecht. Ein Kaiser hatte die Witwenheirat verboten, das wusste sie von ihrer Mutter. Ihr Bruder Wernher zuckte mit den Schultern. Auf seiner Brust leuchtete der rot gestickte Habichsburger Löwe. Schwertgurt samt Schwert lagen auf der Truhe neben ihm. Er hatte etwas Steifes bekommen, seit er nach dem Tod des Vaters die Grafschaft übernommen hatte.

»Ich handelte mit Graf Arnold aus, dass du keine richtige Witwe bist«, antwortete er. »Da du vom Nellenburger keine Frucht getragen hast, ist eure Ehe vielleicht gar nie ausgeübt worden.«

Richenza brauchte einen Moment, um das Gesagte zu verstehen. Dann holte sie aus und schlug Graf Wernher ins Gesicht. Viel Schmerz hätte sie sich im Leben erspart, wenn der Nellenburger sie nie angefasst hätte!

Auf den Knien hatte sie der Heiligen Verena gedankt, als die Jäger vor einem Mond ihren schreienden Gatten in die Burg hochgetragen hatten und er tags darauf verendet war. Keinen Moment länger hatte sie an diesem Ort verweilen wollen. Sogleich hatte sie ihre Kleider gebündelt, Kelche und Silbermünzen aus Kapelle und Kontor geholt. Ihre Mitgift erlaubte es ihr, in Turecum bei den Frauen ins Stift einzutreten, wo sie in Ruhe bis an ihr Lebensende singen und beten konnte. In Abgeschiedenheit, um ihre Ehe zu vergessen. Aber nein, ihr Bruder Wernher holte sie hierher auf die Habichsburg und verhökerte sie an den nächsten Grafen.

»Willst du mit neunzehn Jahren im Kloster verschwinden?« Wernher rieb sich seine Wange. Seine Stimme klang nicht einmal wütend, eher vorwurfsvoll. »Die Gebeine unserer Eltern liegen in Mure. Wir müssen durch Lenceburger Land reiten, um nach Mure zu gelangen! Wir müssen mit Lenceburg auf gutem Fuß stehen. Oder ehrst du das Andenken deiner Eltern nicht?«

Richenza drehte sich energisch um, hob ihren Rock und schritt zur Fensternische. Durch den schmalen Mauerspalt konnte sie weit unten durch die Baumwipfel die Ara glitzern sehen. Der Blick in die Tiefe hatte sie immer beruhigt. Nicht jetzt. Hinter ihr klirrte etwas. Wernher schenkte Wein in zwei zinnerne Kelche. Versöhnlich hob er einen und prostete ihr zu. Eigentlich hatten sie sich immer gut verstanden. Richenza schaute weg.

Das Andenken der Eltern nicht ehren? Sie kämpfte ihre Tränen zurück. Wie sie ihre Mutter vermisste! Nie hatte Ita von Lothringen ihr Gesicht verloren. Eine stolze und ehrwürdige Frau war sie gewesen. Gerne wäre Richenza eine Burgherrin wie ihre Mutter geworden. Die Fäuste ihres verstorbenen Gatten hatten sie daran gehindert. Schlagen hatte ihn erregt. Wenn sie zusammengekrümmt in der Kemenate gelegen hatte, hatte sie sich manchmal gefragt, was ihre Mutter im Himmel sagen würde, wenn sie ihre Tochter nun sähe.

Der Allmächtige hatte veranlasst, dass ein Keiler den Nellenburger angegriffen hatte und er daran verreckt war. Und nun war es Lenceburg, mit dem sich Wernher verbünden wollte. Ausgerechnet!

Graf Arnold von Lenceburg hatte ab und zu den Nellenburger besucht und mit ihm gesoffen. Richenza hatte gleich erkannt, was das für einer war.

Sie warf einen letzten Blick auf die schäumende Ara, schob ihre Hände in ihre weiten Ärmel und wandte sich ihrem

Bruder zu. »Ich kratze Arnold von Lenceburg die Augen aus, wenn er mich anfasst. Der Unhold!«, fauchte sie.

Wernher stellte seinen Kelch hin. »Arnold wird dich nicht ehelichen.« Er wirkte verlegen. »Sein Bruder Ulrich wird es tun.«

»Nicht der Erstgeborene, nicht der Graf?«

Wernher starrte in den Kelch, als würde er dort eine Antwort auf ihre Frage finden. Den jüngeren Lenceburger, den ohne Erbe, musste sie also ehelichen. So eine schlechte Partie hatte er für sie ausgehandelt. Die Lenceburger tanzten ihm wohl auf der Nase herum!

»Der Lenceburger kann Mure mit einem Streich an sich reißen, wenn wir uns gegen die Zähringer verteidigen«, haspelte ihr Bruder. »Kein Herzog beschützt uns, wenn die Grafen Stück für Stück unser Land stehlen! Und der Salierkaiser? Was tut der?« Ein Redeschwall über den Kaiser folgte, der einen Schwächling als Herzog eingesetzt habe, unter dem jeder Graf machen könne, was er wolle, vor allem die Lenceburger.

Richenza hörte ihm nicht zu.

Ulrich von Lenceburg. Das war Arnolds kleiner Bruder, der irgendwo in einem Kloster hockte, um Bischof zu werden. Warum sollte der verheiratet werden?

2. Kapitel
Lenceburg

»Eure Hochzeit steht unter einem guten Stern. Jetzt, wo der Kaiser endlich einen Sohn bekommen hat«, raunte der Burgkaplan Ulrich zu.

Dieser nickte ergeben, blinzelte zu Richenza, seiner Braut, hinüber. Keines Blickes hatte sie ihn bis jetzt gewürdigt. Aufrecht und steif stand sie neben ihm, einen Kranz voller Rosen auf dem Haupt. Einen Kopf grösser als er. Er zählte fünfzehn Lenze.

Der Kaplan stimmte mit voller Stimme einen Psalm an. Ulrich war, als würden sich die Blicke seines Bruders Arnold und aller Edelleute hinter ihm in seinen Rücken bohren. Noch aufrechter stellte er sich hin. Froh um seinen mit Fell gefütterten Umhang. Der Herbsttag war bis jetzt nur neblig und kalt gewesen. Selbst die vielen Edelleute wärmten die Burgkapelle nicht. Die Stimme des Kaplans wurde höher. Ulrich kannte den Psalm. Es würde noch eine Weile dauern, bis er zu Ende wäre. Ulrichs Hände tasteten zu seinem Gurt, wo schwer und fremd ein Schwert hing.

Vor dem Messegang hatte Arnold Ulrich geheißen, im Burghof niederzuknien. Sein Bruder hatte ihm auf die Schulter geklopft, ihm Schwert und Schild gereicht und ihn vor Gesinde und Edelleuten zum Ritter ernannt. Kalt fühlte sich der Schwertgriff in seiner Hand an. Nun war er ein Ritter, obwohl er keiner hätte werden sollen.

Diesen Sommer hatte ihn sein Bruder, Graf Arnold, in Meuschter aufgesucht. Dort im Chorherrenstift hatte Ulrich die Schule besucht, damit er Priester werde, um danach in die Fußstapfen seines Onkels, des Bischofs von Losanna, zu treten. Aber Arnold hatte diese Pläne geändert.

»Der Nellenburger von der Stein ist von einem Keiler aufgegabelt worden«, erzählte Arnold. Die Witwe sei wieder zu haben. Wernher, der Bruder der Witwe, sei auf der Lenceburg erschienen. Arnold lachte. Seit Jahren bauten die Habichsburger in Mure ein Kloster. Nun wollte Wernher einen freien Zugang von seiner Burg durch das Land der Lenceburger und bot seine verwitwete Schwester an.

»Dieses Jahr zählst du fünfzehn Lenze, wirst mündig und wirst sie ehelichen«, befahl Arnold und ordnete an, dass die Schule in Meuschter für Ulrich zu Ende sei. Zusammen würden sie auf die Lenceburg zurückkehren. Er, Arnold, werde Ulrich das Richten und Kämpfen beibringen, damit Ulrich ihn vertreten könne.

»Warum heiratest du Richenza nicht?«, hätte Ulrich gerne gefragt. Sein Bruder hatte vor zwei Jahren die Frau samt Kind im Kindbett verloren. Seither lebte auf der Lenceburg keine Gräfin mehr. Aber Ulrich getraute sich nicht zu fragen, stattdessen murmelte er: »Sollte ich nicht nach Losanna zum Onkel gehen, um später Bischof zu werden?«

Arnold hatte aufgelacht. »Damit der Onkel das Bischofsamt bekam, stellten deine Eltern das Stift von Meuschter unter die Obhut des Kaisers. Das Kloster Schennis übergaben wir dem Kaiser, damit der andere Onkel den Hirtenstab bekam.« Ulrich roch den schlechten Atem seines Bruders, als sich dieser zu ihm herunterbeugte. »Wir besitzen keine Klöster mehr, um sie dem Kaiser für ein Bischofsamt anzubieten. Du kehrst mit mir auf die Burg zurück und vertrittst mich in Abwesenheit.«

Ulrich erwiderte daraufhin nichts mehr. Arnold war der Graf der Lenceburg und bestimmte. An seine Eltern, die ihn als kleinen Jungen nach Meuschter geschickt hatten, konnte er sich kaum erinnern.

Deshalb holte er sein Gewand aus der Truhe, räumte Griffel und Wachstafeln weg, verabschiedete sich von den Scolari, von den Chorherren, den regelmäßigen Essenszeiten, der Muße in den tiefen Fensternischen und hielt seine Tränen zurück.

Auf ihrem Ritt zur Burg versuchte er sich zu erinnern, ob er Richenza schon einmal begegnet sei. Ein Kind war er gewesen, als der Kaiser in Solodoro Hoftag gehalten hatte. Damals hatte seine Familie dem Gesalbten die Klöster übergeben und war mit zwei Bischofsämtern beschenkt worden. Ulrich konnte sich nicht entsinnen, ob Richenza dort gewesen war. Ihre Brüder, etwas älter als Ulrich, hatten wie er in den Kellergewölben die Weinkrüge gefüllt und an der Tafel nachschenken dürfen.

In einem Saal, so groß wie der Innenhof der Lenceburg, hatten sie alle getafelt: Etwas erhöht der Kaiser mit seiner Frau und den Herzögen, dann an den langen Tischreihen die Edelleute, in schimmernden Brokat und Seide gehüllt. So viele an einem Ort! Er und die Habichsburger waren mit Weinkrügen hin- und hergeeilt, hatten sich zwischen die Sitzenden gezwängt und nachgeschenkt.

Erinnern tat er sich vor allem an Ita von Lothringen, die Mutter der Habichskinder. Von hoher Gestalt war sie, mit regelmäßigen Zügen, wie aus Stein gemeißelt, und einem stechenden Blick, dem nichts entging. Eine Vornehme von hoch oben im Norden. Ihr Kelch war leer und Ulrich getraute sich nicht, sich zwischen eine solch edle Frau und ihren Tischnachbarn zu drängen. Schließlich winkte sie ihn zu sich. Vor Aufregung stieß er ihren Kelch um. Der Wein spritzte auf ihr Kleid. Ihr Sitznachbar verpasste Ulrich eine Ohrfeige. Ita von Lothringen sagte kein Wort, winkte einer ihrer Hofdamen und maß ihn mit einem Blick, der ihn bis in seine Träume verfolgte.

In der Küche schob eine Magd Ulrich einen Hocker hin und reichte ihm ein kaltes Tuch, damit er seine schmerzende Wange kühlen konnte.

»Die Lothringerin hält das Zepter in der Hand«, tuschelten die Mägde unter sich. Sie habe ihren Habichsburger Gatten gezwungen, in Mure ein Kloster zu gründen, weil er den freien Bauern dort das Land gestohlen habe.

»Jetzt muss der Habichsburger Busse tun«, lachten die Mägde. Ita forderte, dass die kundigsten Handwerker aus der Gegend das Kloster bauten, selbst wenn ihr Mann sich hoch verschulde. »Damit die Mönche dort beten und fett werden!«

Das alles munkelte man, und Ulrich glaubte jedes Wort, als er an das strenge Antlitz der Frau dachte. Ita von Lothringens strafender Blick verfolgte ihn bis heute. Und nun sollte er deren Tochter ehelichen.

»Wir benötigen einen Erben für die Grafschaft«, hatte sein Bruder erklärt, als sie den Hügel hochritten, auf dem die Lenceburg thronte. »Richenza blieb beim Nellenburger kinderlos. Wenn sie nichts taugt, hole ich mir eine aus dem Burgund.« Ulrich hatte genickt, als würde er das alles verstehen, und nun stand er neben ihr, seiner Braut, Tochter der Ita von Lothringen, aus deren Mund noch kein Wort gedrungen war.

Der Psalm war zu Ende. Richenzas Hand war eiskalt, als der Priester ihre Hände übereinanderlegte, seinen Talar darüber hielt und einige Worte auf Latein murmelte. Worte, die Ulrich verstehen sollte, da sie ihm im Stift die lateinische Sprache eingetrimmt hatten. Aber kein Wort blieb hängen. Er spürte nur die eiskalte Hand auf seiner.

Und plötzlich zog Richenza diese weg, und Ulrich war, als würde ihm nun noch kälter werden. Richenzas graue Augen blickten an ihm vorbei ins Leere. Ihre Lippen waren voller als jene von Ita von Lothringen, und ihre Züge, obwohl auch starr, weicher um Wangen und Stirn. Ihre braunen Locken kringelten verspielt um ihren Nacken. Vor Erleichterung hätte Ulrich ihr gerne zugelächelt. Doch schon mussten sie sich umdrehen und aus der Burgkapelle schreiten, an Arnold vorbei und an den Lenceburger Edelleuten, die in ihrem besten Gewand dastanden und vornehm die Köpfe neigten. In den hinteren Reihen erblickte Ulrich Wernher, den Habichsburger, neben seinem Weib. Die Daumen in seinen Gurt gesteckt und feixend. Richenza blickte ihren Bruder starr an, mit ihren grauen, ernsten Augen. Sie lächelte nicht.

Obses Pacis – Ulrich wusste nicht, warum ihm plötzlich die beiden Wörter im Kopf herumschwirrten. Eine Geisel für den Frieden – so nannte man die Braut, die zwischen zwei verfeindeten Parteien ausgetauscht wurde, damit Einigkeit gewahrt bliebe. Aber mit der Habichsburg war Lenceburg gar nicht verfeindet – oder doch?

Draußen zeigte sich der graue Tag. Vor der Kapelle standen Körbe mit Äpfeln und Birnen, die das Paar unters Burgvolk werfen sollte. Die Köchin trillerte, und die Mägde fielen ein.

Ulrich bückte sich, hob Äpfel und Birnen auf und warf. Die Kinder schrien, Mägde und Knechte lachten und klatschten. Eine Fiedel erklang. Arnold schlug ihm auf die Schulter, und der Meier und die Burgmänner und die Kriegsknechte, sie alle schlugen ihn, als ob er weiß Gott etwas Großes getan hätte. Niemand rührte Richenza an.

Vor ihnen wurde eine Gasse geöffnet. Bogen aus Weidenruten wurden darüber gehalten. Weinblätter und Trauben hingen daran. Ulrich nahm Richenzas kalte Hand, um sie durch die Gasse der Jubelnden zu führen. Sie durchquerten den Hof, wo Tische fürs Burgvolk aufgestellt worden waren. Oben im Wohnturm gab es nur Platz für die Edelleute.

Am Morgen hatte die Köchin drei Ferkel aufgespießt, die nun über dem offenen Feuer knusprig gebraten wurden, einen geschälten Apfel im Mund. Viele waren gekommen, die Küttiger, die Trostberger, die Herren von Allewilare, Heidegg und Eschibach und einige mehr, und Ulrich schwirrte der Kopf schon von den vielen Gesichtern und Namen, die er als Stellvertreter seines Bruders alle kennen sollte.

Ein Fiedler schälte sich aus der Menge und begleitete sie, sang von tanzenden Mägdelein, die anschließend bei ihren Knechten lägen. Jemand grölte etwas. Ulrich blickte verlegen zu Boden, spürte die kalte Hand Richenzas in seiner. Jemand ließ sie hochleben, jemand rief ein Hoch auf den erstgeborenen Sohn des Kaisers. Es schien eine Ewigkeit zu dauern, bis sie die Stiege zum Wohnturm erreichten. Ulrich zögerte. Sollte er vorausgehen oder seiner Braut den Vortritt lassen? Da hatte sie schon den Saum ihres Gewandes gehoben und stieg voran.

Oben unter dem Türrahmen stand der kleine Eschibacher, einer von Arnolds Knappen, mit Krug und Kelch in der Hand. Die Tische waren mit Weinranken geschmückt. Ulrich nahm einen Kelch entgegen, obwohl er weder Hunger noch Durst verspürte. Der Wein war unverdünnt. Richenza lehnte ab. Er geleitete sie zur höher gestellten Tafel voller Weintrauben und Äpfel. In der Ecke stand schwanzwedelnd Arnolds Jagdhund. Hinter ihnen drängten sich lachend und schwatzend die Edelleute in den Raum, ließen sich die Kelche füllen. Knappen mit Schalen voller Fleisch und gedünsteten Äpfeln eilten umher. Ulrich wusste nicht, wohin er blicken sollte, so sehr schwirrte es in seinem Kopf. Er nahm einen großen Schluck Wein und getraute sich nicht, zur Seite zu blicken, wo seine Braut saß, wie in Stein gemeißelt.

In ein Gespräch vertieft, traten Arnold und Wernher an ihre Tafel. Der Fiedler hatte eine sanftere Weise angestimmt. Er sang von einem roten Ritter, der eine Stadt von Belagerern befreite und somit die Hand der Königin gewann. Ulrich kannte das Lied, es war elend lang. Er hatte dem Inhalt nie folgen können. Zudem zweifelte er, wie einer allein eine Stadt gegen so viele Feinde befreien konnte. Aber Richenza hatte den Kopf gedreht, stützte ihn ab und hörte verträumt dem Fiedler zu.

⁂

In Ulrichs Kopf hämmerte es, die Zunge klebte ihm am Gaumen. Gerne wäre er wieder im Schlaf versunken, aber der Durst hinderte ihn daran. Brummend wälzte er sich auf dem Strohsack zur Seite und setzte sich belämmert auf. Das Schaffell rutschte von seinen Schultern.

Richenza saß mit dem Rücken zu ihm an der Fensteröffnung. Den Lederschutz hatte sie beiseitegeschoben. Sie blickte hinaus. Ulrich räusperte sich; sie reagierte nicht. Sein Magen knurrte. Gestern Abend hatte er vor Aufregung nicht von dem triefenden Braten essen können. Die Edelleute hatten dauernd mit ihm angestoßen und zweideutige Bemerkungen gemacht. Irgendeinmal hatte die lärmende Gesellschaft sie einen Stock höher in die Kemenate begleitet, die Arnold ihnen großzügig überließ. Dort hatte Richenza ihren Rosenkranz abgelegt und ihren Schleier aus dem Haar gelöst. Ulrich war auf sie zugetreten. Am Abend zuvor hatte der Meier ihn zu den Dirnen, die die Beine spreizten, mitgenommen. Damit er wisse, was zu tun sei. Aber Ulrich hatte sich geekelt vor den verschwitzten Körpern, den Geräuschen und dem Geruch. Und da stand er in der Kemenate vor Richenza und sollte wissen, was zu tun sei. Er umfasste ihre Schultern. Aber sie drehte sich weg, wich ihm aus wie ein Fisch im Wasser. Selbst als er seinen Überrock abgelegt hatte und nur noch im Hemd dagestanden war, hatte sie ihn weggestossen, wenn er ihr nahegekommen war. Da hatte er es bleiben lassen, sich hingelegt und war eingeschlafen.

Und nun saß er in der Bettstatt, betrachtete Richenzas Rücken, und es dünkte ihn, dass etwas hätte geschehen sollen, was nicht geschehen war. Er wollte sie beim Namen rufen, seine Kehle war jedoch so trocken, dass er hustete. Jemand hatte einen Krug neben das Bett gestellt. Froh darüber, hob er ihn an den Mund und trank den verdünnten Wein so hastig, dass die Flüssigkeit von seinem Kinn tropfte. Aufatmend stellte er den Krug ab. Richenza hatte sich nicht gerührt. Da schob sich ein Bild vor sein inneres Auge. Obwohl es schon lange her war, erinnerte er sich, dass er die ersten Tage in Meuschter oft in der Fensternische gesessen und in die weite Landschaft hinausgeblickt hatte. In der Hoffnung, dass sein Vater auftauche und ihn hole. Lange hatte er in die fremden Hügel geschaut und den Anblick der Wälder und des Sumpflandes, das sich vor der Lenceburg bis zur Ara ausbreitete, vermisst.

»Von hier oben sieht es nicht gleich aus wie von der Habichsburg«, sagte er mit rauer Stimme. Richenza drehte sich um, blickte ihn stumm an. Da fiel ihm ein, dass sie ihre letzten Jahre nicht auf der Habichsburg verbracht hatte, sondern auf der Burg Stein in Bade. Mit dem Nellenburger, einem Ritter als Gatten, der im Süden gegen die Normannen gekämpft hatte. Ulrich schluckte. Vermisste Richenza die Stein und vor allem auch den Nellenburger?

Sie hatte sich unterdessen erhoben, zog eine Tunika über ihr Unterhemd, fuhr mit den Händen durch ihre Locken und flocht sie zu einem Zopf. Ulrich beobachtete es fasziniert. Die Mutter hatte er als kleiner Junge verloren, Schwestern hatte er keine, in Meuschter wurden nur Jungen unterrichtet. Die Weiber erschienen ihm wie Menschen aus einem fernen Land.

Wusste Richenza, dass früher hier auf dem Felsen ein Drachen gehaust hatte? Seine Vorfahren hatten ihn getötet. Oder besser: Der Drache hatte einen seiner Vorfahren verschlungen. Dessen Bruder hatte den Drachen getötet und den Verschlungenen lebend aus dem Wurm hinausgeschnitten. Danach hatten sie die Lenceburg auf dem Felsen gebaut. Es wurde erzählt, dass der Drache ein Ei in seiner Höhle hinterlassen habe. Irgendeinmal würde ein junger Drache daraus schlüpfen. Früher hatte Ulrich manchmal gelauscht, ob er das Fauchen des Kleinen hören würde. Gerne hätte er Richenza von dem Ei erzählt, aber er fand die Worte nicht.

Diese legte sich einen Schleier um Haar und Hals, öffnete die Tür und stieg in den Essraum hinunter. Ulrich schwang seine Beine aus dem Bett und packte seinen Überrock. Irgendetwas sagte ihm, dass er ihr folgen sollte.

Es roch nach Rauch, Braten und Erbrochenem. Zwei Mägde scheuerten die Tische. Weinranken lagen auf dem Boden. Die Hunde stritten sich um einen Knochen. Unter den Tischen und in den Ecken lagen einige Dienstleute, die ihren Rausch ausschliefen. Von der Kochecke her hörte er Stimmen. Aber Ulrich durchquerte den Raum, trat auf die Stiege hinaus und eilte hinab in den Hof, um sich bei einer Zisterne den Schlaf aus den Augen zu waschen.

Das kalte Wasser weckte ihn.

»Schon auf den Beinen!« Cuno von Küttigen, Arnolds ehemaliger Knappe, der vor zwei Sommern die Schwertleite bekommen hatte, schlug ihm auf die Schulter und sagte etwas, was auf die Ereignisse der Nacht hindeutete, aber nicht geschehen war. Ulrich nickte ihm zu, zog sein Hemd über und floh, um nicht antworten zu müssen. Er suchte Richenza, die er in der Küche vorfand. Neben ihr stand Trude, dieses dürre Weib, das Richenza hierher begleitet hatte. Die Köchin zeigte den beiden die Schmalztöpfe und erklärte, dass sie mehr benötige. Richenza stand mit verschränkten Armen da, nickte ernst.

»Da sind ja die Turteltauben«, hörte Ulrich die Stimme des Meiers hinter sich. »Habt ihr euch ausreichend beschnuppern können?«

Richenzas Blick ließ ihn verstummen. Und Ulrich spürte, wie sich in seiner Brust etwas löste. Was in der Nacht nicht geschehen war, würde unter ihnen bleiben.

Wenig später tätschelte Ulrich der Braunen den Hals. Gerne hätte er die ruhige Mähre selbst geritten. In Meuschter war er selten aufs Pferd gestiegen, hatte Schwert und Schild nie benutzt. Nun hing dieses lange Schwert an seiner Seite. Arnold hatte ihm versprochen, dass er das Kämpfen noch lerne, aber Ulrich vermisste den Griffel und die Schreibtafel. Und nun musste er die sanfte Braune Richenza überlassen und selbst den schreckhaften Schimmel nehmen, der hinter ihm herumtänzelte.

Die Köchin hatte nach dem Frühstück das Gesinde zusammengetrommelt. Damit sich alle der neuen Herrin vorstellten. Belustigend hatte es ausgesehen, wie die Mägde nicht gewusst hatten, ob sie einen Knicks machen oder sich verbeugen und wie sie Richenza hätten ansprechen sollen. Die Gräfin war sie nicht, und trotzdem war die hohe Anrede mehreren aus dem Mund gerutscht. Richenza hatte die Namen wiederholt und gefragt, was sie auf der Burg machten. Die Mägde waren immer geschwätziger geworden. Ulrich hatte sich bald gelangweilt. Er kannte auch nicht alles Burgvolk. Aber geklappt hatte es immer mit der Arbeit.

Der Eschibacher Knappe führte Arnolds Streitross herbei. Dessen schwarzes Fell glänzte in der Sonne. Das Tier schnappte nach dem Schimmel, der zur Seite sprang. Ulrich, dessen Zügel in der Hand, riss es fast von den Füßen. Die Braune schnaubte.

Der Burgkaplan eilte vorbei, grüßte und stieg in den Essraum hoch, kniff einer Magd, die ihn auf der Stiege kreuzte, in den Busen.

Ulrich beruhigte den Schimmel und schielte den Wohnturm hoch, ob Richenza endlich komme. Als neu Vermählte würden Richenza und er durch Lencis und die nahen Höfe reiten und sich den Bauern zeigen – so war es Brauch. Arnold würde sie mit seinen Mannen begleiten. Der eilte gerade aus dem Kontor und zog sich die ledernen Handschuhe über. Zwei Jagdhunde folgten ihm auf den Fersen.

Da trat Richenza aus dem Hocheingang. Ein wollener Umhang hing ihr von den Schultern. Ein Kranz aus Stechpalmen bändigte ihre freien Locken. Heute würde sie sich als Braut mit Kranz zeigen. Ab morgen galt sie als Gattin, die Schapel und Schleier trug.

Alle Augen waren auf sie gerichtet, als sie die Stiege hinunterschritt. Nun konnte Ulrich die herrische Ita in ihr erkennen. Aber ihr Blick war lebendig, suchte die Umgebung ab, und obwohl sie größer war als Ulrich, überragte sie die Männer nicht wie Ita.

»Die Lore ist ein gutes Pferd und wirft keinen ab«, erklärte er ihr und hielt den Steigbügel. Sie blickte ihn überrascht an, verwarf die Lippen. Ohne auf seine dargebotene Hand zu achten, ergriff sie Zügel und Sattel und schwang sich hoch. Lore warf den Kopf hoch, als sie das Gewicht bemerkte. Richenza zog die Zügel an, und die Braune stand still. So still wie Ulrichs Schimmel den ganzen Tag nie still stehen würde.

Arnold führte auf seinem Rappen den Tross an. Bevor sie ihre Pferde in die Vorburg lenkten, kreischte der Falke im Gehege und schlug mit den Flügeln. Er hoffte wohl, dass es mit ihm auf die Jagd gehe. Richenza schnalzte böse, als sie den Vogel sah.

»Er ist ein guter Jäger«, beeilte sich Ulrich zu sagen. Arnold hatte den Falken als Geschenk vom Probst des Münsters in Turecum bekommen und hegte ihn liebevoll.

»Er vertreibt die Tauben, sodass deren Mist für die Gärten fehlt«, erwiderte Richenza spitz. Ohne eine Antwort von Ulrich abzuwarten, lenkte sie ihre Braune nach vorne und fragte Arnold, wer der Bettler sei, der im Tor sitze.

Unterdessen hatten die Wachen die Torflügel weit aufgesperrt.

Arnold zügelte den Rappen, da der Weg nun steil hinabführte, und erklärte Richenza, es sei Burkhart, ein ehemaliger Dienstmann, der im Kampf beide Beine verloren habe. Wie viele Dienstmannen er hier habe, wollte Richenza wissen und ob immer so viele Mägde hier arbeiteten oder nur zum Fest jetzt. Sie habe niemanden waschen sehen und ob es auf der Burg nur eine Handmühle und wirklich keinen Sodbrunnen gebe. Eine Falte hatte sich in ihre Stirn gegraben, als würde sie das Fragen anstrengen, und Ulrich bekam schon Angst, dass sie Itas stechenden Blick bekomme, aber dem war nicht so, nur die Falte blieb. Arnold beantwortete die Fragen mit einem spöttischen Zug um den Mund, als wären sie seiner nicht würdig.

Ulrichs Schimmel strauchelte, und er fiel zurück. Normalerweise gingen sie diese steile Strecke, um die Pferde zu entlasten. Doch heute war ein besonderer Tag. Schon am Fuß des Burghügels standen die Bauern von Lencis am Wegesrand. Richenza verstummte, ließ sich zurückfallen. Zwei Knappen öffneten Säcke mit Honigplätzchen, die das Paar unter die jubelnden Menschen warf. Gestern waren für die Dorfbevölkerung zwei Schweine geschlachtet worden – sie sollten nicht zu kurz kommen, wenn auf der Burg geheiratet wurde. Der Ammann begrüßte die Gesellschaft mit einer Verbeugung und sprach ein paar Worte. Sie ritten an der Schmiede vorbei, wo man gerade in Trauer war. Bei der Mühle, allen Höfen und selbst beim Gerber schaute man vorbei.

Doch kaum ritten sie aus dem Dorf, da wollte Richenza schon wissen, ob alles freie Bauern seien oder nicht, ob der Ammann etwas tauge, wer die Holzfuhren mache, wo der Köhler wohne, ob die Burgknechte den Rebberg unterhielten oder die Bauern. Alles Fragen, die Ulrich kaum beantworten konnte, bei denen selbst Arnold ab und zu ins Stocken kam. Aber Richenza ließ nicht locker, mit verkniffenem Gesicht bohrte sie weiter. Da lief die Rüti-Bäuerin übers Feld auf sie zu und hielt ihr Kind zu Richenza hoch, damit die Gräfin es segne.

‚Sie ist nicht die Gräfin', dachte Ulrich. Arnold war der Graf und er sein jüngerer Bruder. Aber niemand widersprach. Richenza strich dem Kleinen übers Haar, fragte, wie alt es sei, wie viele Kinder die Bäuerin habe, wo sie wohne, wohin ihr Land reiche. Die Frau antwortete freudig, aber Arnold drängte weiter, und so fragte Richenza wieder Arnold aus.

»Der Köhler wohnt ziemlich weit draußen im Sumpf«, erklärte Arnold, es sei ein langer Ritt dorthin. Richenza schien dies nichts auszumachen. Arnolds Gesicht wurde etwas länger, und Ulrichs Schimmel schreckte hoch wegen nichts und hätte ihn beinahe abgeworfen.

Bald ritten sie am Stouffer Hügel vorbei, worauf die Kirche thronte, so hoch wie ihre Burg. Da erblickten sie eine Reiterschar am Waldesrand. Arnold zügelte sein Pferd, ergriff sein Schwert. Ulrichs Schimmel blieb von selbst stehen und schüttelte seine Mähne. Ulrich legte seine Hand auf den Schwertgriff. Das Blut schoss ihm in den Kopf, als ihm einfiel, dass er vor Richenza das Schwert ziehen und es irgendwie herumschwenken sollte.

Vier Reiter waren es, die sich ihnen im Galopp näherten, ihr Banner flatterte im Wind.

Richenza beobachtete sie mit schmalen Augen. »Rinfelden«, sagte sie plötzlich, und ihr Gesicht erhellte sich. Sie rief: »Rudolf!«, gab ihrer Braunen die Sporen und preschte auf die Reiter zu. Arnold ließ sein Schwert in die Scheide gleiten und folgte ihr zögernd.

‚Rudolf von Rinfelden?', dachte Ulrich. Er konnte sich nicht erinnern, dass der Graf sie je auf der Lenceburg besucht hatte. Sie waren Nachbarn. Aber es gab einige Ungereimtheiten an der Grenze im Frickgowe. Zudem befanden die Rinfeldner, sie seien etwas Besseres, da sie vom burgundischen Königshaus abstammten.

Richenza hatte die Reiterschar erreicht und wechselte mit ihnen ein paar Worte. Sie und einer der Reiter glitten vom Pferd. Er verbeugte sich vor ihr. Dann umarmte er sie, hob sie hoch und wirbelte sie herum.

Edelfrauen würden nicht so begrüßt, dachte sich Ulrich und drängte seine Irritation darüber zur Seite. Nun hatten auch sie die Reiterschar erreicht. Als Höflichkeit stiegen Arnold und er vom Pferd, um Rudolf auf Augenhöhe zu begegnen.

Der Rinfeldner war eine stattliche Erscheinung. Aufrecht und groß, mit feinen Zügen, das lange, dunkle Haar zurückgekämmt. Sein Wappen prangte auf dem Waffenrock, der Fellkragen war kunstvoll eingenäht. Die Handschuhe aus Kaninchenleder hielt er in der Hand. Da fiel Ulrich ein, woher er ihn kannte. Damals am Hoftag in Solodoro, wo er als Page so kläglich versagt hatte, hatte Rudolf eben seine Schwertleite bekommen und am Tisch neben Ita von Lothringen gesessen.

»Graf Arnold«, rief Rudolf und neigte schwungvoll den Kopf. »Nun hat sich Lenceburg meine Kusine geschnappt. Passt gut auf sie auf, sonst bekommt ihr es mit den Nachbarn zu tun!« Rudolf lachte, aber seine Augen blickten kalt. Arnolds Miene verhärtete sich.

Rudolf blinzelte Richenza zu. »Wernher hat mir gesteckt, wann ihr heiratet. Leider bin ich zu spät gekommen.«

Der Rinfeldner wäre nie eingeladen worden, dachte Ulrich verwirrt und blickte zu seinem Bruder, ob der dem eingebildeten Grafen nicht endlich den Mund stopfe. Aber Arnold blieb starr stehen.

»Naschkatze!« Richenza hängte sich bei Rudolf ein und blickte ihn neckisch an. »Du weißt genau, dass wir Schweinebraten mit gedünsteten Äpfeln und Pfefferkuchen übrig haben!«

»Leider kann ich deine Gastfreundschaft nicht genießen. Ich hoffe, dass mir Graf Arnold Durchgangsrecht durch seine

Lande gewährt.« Rudolf lächelte Arnold zu, als hätte er einen Witz gemacht.

‚Warum hat er keinen Boten geschickt?', fragte sich Ulrich.

Arnolds Unterkiefer schob sich vor und zurück. Schließlich presste er hervor: »Rinfelden hat Druchgangsrecht durch unsere Lande wie wir durch Rinfelden.« Er trat zurück, als wäre die Unterredung beendet. Richenza funkelte ihn wütend an, als wäre er schuld, dass Graf Rudolf nicht auf die Burg kam.

»Ihr habt sicherlich vernommen«, fuhr Rudolf fort, als hätte er Arnolds Feindseligkeit nicht bemerkt, »dass der Kaiser allen hohen Würdeträgern befahl, seinem neugeborenen Sohn die Treue zu schwören.«

»Wir haben es vernommen«, antwortete Arnold knapp. Die beiden maßen sich mit Blicken, und Ulrich fiel auf, dass keiner von beiden auf dem Weg zum Kaiser war, um seinen Schwur zu leisten.

»Ein höchst ungewohnter Befehl, einem Neugeborenen, der kaum ein Schwert schwingen kann, die Treue zu schwören«, bemerkte Rudolf.

»Wir hinterfragen die Befehle eines Kaisers nicht«, schnappte Arnold, verbeugte sich und ging zu seinem Rappen.

Eilig folgte Ulrich seinem Bruder.

»Der Bräutigam?«, hörte er Rudolfs Stimme hinter sich und wandte sich um. Rudolf lächelte ihn an. Richenza hatte unterdessen ihre Hand aus seiner Armbeuge gezogen. »Ich gratuliere Euch zu Eurer guten Partie.« War Spott in seiner Stimme zu hören? Rudolfs Mundwinkel zuckten.

Da durchlief es Ulrich heiß. Ob Spott oder nicht. Rudolf erinnerte sich wohl, dass Ulrich Ita von Lothringen aus Ungeschicklichkeit einen Kelch Wein über das Kleid geschüttet hatte.

3. Kapitel

Ulrich konnte nicht verstehen, weswegen ihn Arnold zwei Tage nach der Heirat hinaus auf den Richtplatz zu den Linden schickte.

Der Graf verurteilte die Gefangenen, aber hinrichten tat sie der Henker.

»Schau nach, ob der Henker seines Amtes waltet«, hatte Arnold gesagt. Die beiden Krieger zu seiner Begleitung saßen schon zu Pferd, als würde er den Richtplatz nicht finden. Der Küttiger und ein anderer Mann aus einem Twing an der Ruse.

Wenigstens ritt er auf der sanften Lore und nicht auf dem schreckhaften Schimmel. So konnte er seinen Gedanken nachhängen: Zwei Tage waren seit seiner Heirat vergangen und er war immer noch nicht Mannes genug, seine Ehe zu vollziehen. Richenza schaute durch ihn hindurch, rückte von ihm ab, stellte aber jederzeit unzählige Fragen mit ihrer steilen Falte in der Stirn. Am Morgen hatte sie zum Erstaunen des Hausmeiers alle Strohmatten aus Essraum und Kontor entfernen lassen. Die Mägde woben schon neue. Arnold hatte sein süffisantes Lächeln auf den Lippen behalten, wie immer, wenn es um Richenza ging.

»Die wird den Stallgeruch schon noch annehmen«, hatte der Meier Ulrich zugeflüstert, und das Blut war ihm in die Wangen geschossen. Ahnte der Meier, dass er Richenza noch nicht geehelicht hatte?

Als Richenza befohlen hatte, Lavendel zu schneiden und aufzuhängen, und die Mägde Kamille und Flachs in die Matten gewoben hatten, hatte Ulrich verstanden, dass Richenza keinen Stallgeruch annehmen, sondern dass es hier bald anders riechen würde. Dagegen hatte er nichts einzuwenden.

Der Küttiger riss Ulrich aus seinen Gedanken. Er sagte etwas, seine Mähre schnaubte. Sie waren bei den Linden angekommen. Obwohl es selten Hinrichtungen gab, hatten sich wenig Schaulustige bei den Linden eingefunden. Der Platz lag abseits des Weges. Fünf riesige Linden säumten ihn. Im Dorf wurde gemunkelt, die unerlösten Seelen der Verurteilten trieben hier ihr Unwesen.

Der Rietbauer hatte im Suff den Dorfschmied erschlagen. Da wurde nicht lange gefackelt. Die Schmied-Familie verlangte einen Blutzoll, den die Bauersfamilie nicht zahlen konnte. Blutgericht – Graf Arnold hatte entschieden.

Die zwei Halbwüchsigen, die dem Richtplatz am nächsten standen, mussten zum Schmied gehören. Und die Frau mit den drei Kleinen auf der anderen Seite war wohl die Rietbäuerin. Sie schien weder Schwager noch Bruder zu haben. Das sah schlecht für sie aus.

Der Henker betrat den Platz, hinter ihm der gefesselte Verurteilte und der Stouffer Priester.

Ulrich rutschte auf dem Sattel hin und her. Als Edelleute durften sie auf dem Pferd sitzen bleiben, damit sie eine bessere Sicht hatten. Dabei war er gar nicht erpicht darauf, die Hinrichtung zu sehen. Er sollte besser im Hof die Schwertkunst üben, was ihn als Krieger auszeichnete und was er in Meuschter nicht praktiziert hatte.

Der Stouffer Priester sprach seinen Segen. Der Riedbauer blieb erstaunlich ruhig, kniete sich hin. Die Rietbäuerin rief etwas. Der Henker schwang sein Beil. Das Blut spritzte. Da war es, als würde Ulrichs Blut plötzlich aus seinem Kopf fließen. Es drehte sich vor seinen Augen. Der Boden kam näher, alles wurde schwarz.

»Ulrich von Lenceburg?«

Seinen Namen hörte er als Erstes rufen. Er schlug die Augen auf. Das Gesicht des Küttigers beugte sich über ihn. Mit einem Stiefel hing er noch im Steigbügel. Der Krieger löste seinen Fuß daraus. Ulrich setzte sich auf, wieder begann alles zu drehen. Als er aufstehen wollte, rebellierte sein Magen. Gerade noch konnte er sich zur Seite drehen und erbrach sich ins Gras.

Der Küttiger legte ihm die Hand auf die Schulter, seine Lippen bewegten sich. In Ulrichs Ohren rauschte es so stark, dass er nichts verstand. Mit zitternden Knien versuchte er, sich zu erheben. Als er schwankend stand, starrten alle zu ihm, anstatt zum Richtplatz. Er hielt sich am Sattel fest, versuchte hochzusteigen. Doch die Knie zitterten so, dass sie ihm kaum gehorchten. Der Küttiger raunte ihm zu, er solle sich besser hinlegen. Aber er durfte sich nicht blamieren. Deswegen zog er sich mit zusammengebissenen Zähnen hoch, klammerte sich mit geschlossenen Augen an den Sattel. Flach atmend. Schon bei der Vorstellung, er werde den Gestank des geronnenen Blutes einatmen, das sich dann in seinem Munde in dickflüssigen Saft wandle und den Rachen hinunterfließe, stieß einen Schwall Übelkeit in ihm hoch. Endlich gab der Küttiger ein Zeichen und wendete sein Pferd. Ulrichs Lore folgte den beiden getreu, sodass Ulrich nicht darauf achten musste, welchen Weg sie wählten. Wie sie schließlich hoch in die Burg kamen, konnte er sich nicht erklären.

Als Lore von selbst im Burghof hielt, ging es ihm keinen Deut besser. Das Bild des geköpften Leichnams, aus dessen Hals das Blut spritzte, stand ihm vor den Augen. Flach atmend kämpfte er dagegen an, dass der Boden wieder von selbst näherkam. Wie konnte er einen dunklen Winkel aufsuchen, um sich darin zu verkriechen?

Mit weichen Knien rutschte Ulrich vom Pferd, hätte sich am liebsten gegen dessen Flanke gelehnt und in sein Fell geheult. Da geschah genau das, was er am meisten befürchtete: Richenza trat aus dem Wohnturm, erblickte ihn im Hof und eilte die Stiege hinunter. Ob sie ihn mit ihrem Blick durchbohrte oder nicht, konnte er nicht mehr in Erfahrung bringen, da sich schon wieder das Bild des spritzenden Blutes vor seine Augen schob, sich alles drehte und er sich gegen die warme Lore lehnte. Da legte sich ein Arm um seine Taille. Jemand packte sein Handgelenk, sein Arm wurde um runde Schultern gelegt. Er hörte Richenzas Stimme, gleich neben seinem Ohr. Denn er hing in ihren Armen. Sie hievte ihn mit dem Küttiger die steile Treppe hoch in den Essraum. Dort kam ihm aus dem leeren Magen die Galle hoch, so bitter, dass er spucken musste. Er versuchte, sich zu erklären. Doch brachte er nur ein Gurgeln zustande. Sie wischte ihm die Galle vom Mund, rief irgendetwas, wandte sich der steilen Stiege zur Kemenate zu und hob ihn hoch. Ja, Richenza hob ihn hoch und wankte mit ihm in ihr Gemach. Er fiel in die Bettstatt. Seine Beine wurden hochgehoben, die Stiefel weggezerrt, der Umhang geöffnet. Das Blut rauschte in seinen Ohren, und endlich drehte sich nichts mehr vor seinen Augen.

Von weitem hörte er Richenzas Stimme. Etwas Kaltes strich über Brust und Stirn. Sie hob seinen Kopf und hielt ihm einen Becher mit Wein unter die Nase. Eigentlich wollte er nichts trinken, doch ihr Befehl war eindeutig. So schluckte er mit dem Wein die Galle hinunter. Sein Kopf wurde aufs Fell gelegt. Endlich durfte er die Augen schließen und vor Scham in den Schlaf gleiten.

Als er aufwachte, hatte eben die Dämmerung eingesetzt. Sein Magen knurrte. Er hatte einen pelzigen Geschmack im Mund.

Sonntagmorgen. Mussten sie bald zur Messe?

Richenza lag mit dem Rücken zu ihm da und atmete regelmäßig. Das Hemd war von ihrer Schulter gerutscht, entblößte ihre Haut mit den feinen Härchen darauf. Da spürte er einen anderen Hunger und stützte sich ab, um ihr ins Gesicht zu sehen. Das schien sie zu wecken. Sie blinzelte, drehte sich zu ihm. So nahe war ihm ihr Gesicht noch nie gewesen. Jedes Haar ihrer Wimpern konnte er erkennen. Ein spöttisches Lächeln verzog ihre Lippen, was ihn hätte irritieren sollen. Aber da war diese leuchtend weiße Haut an ihrem Nacken, von der er den Blick nicht wenden konnte. Das Hemd lose gebunden, darunter zeichneten sich die Brüste ab.

Sie blinzelte nochmals, als wolle sie den Schlaf wegblinzeln, räusperte sich, sagte aber nichts, legte die Decke zurecht und suchte etwas darunter. Da fuhr er hoch vor Schreck. Ihre Finger streichelten über seinen Bauch, zupften an seinem Hemd und schoben es hoch.

Wenig später zog Ulrich seinen Arm unter Richenzas Nacken weg und setzte sich auf. Dann beugte er sich über sie und schnupperte, eine Mischung von Apfel und Melisse hing an ihr. Der Meier hatte von Stallgeruch gesprochen, der hatte keine Ahnung.

Heiße Lust kribbelte in ihm hoch. Gerne hätte er seine Nase in ihre weiche Nackenfalte gesteckt, scheute sich aber davor. Vielleicht fand sie das kindisch.

Aus dem Hof drang ein heller Glockenklang zu ihnen hoch. Sonntagmorgen! Ulrich legte die Decke über Richenzas nackte Schultern und schwang die Beine aus dem Bett. Als er seine Kleider zusammensuchte, bemerkte er, dass sie ihn beobachtete. Die paar Tage, die sie hier verbracht hatten, war jedes Mal sie als Erste aufgestanden, und er hatte sie von der Bettstatt aus beobachtet.

Er öffnete die Truhe und suchte seinen bestickten Überrock, den er zur Messe trug. Da kein Feiertag war, mussten sie sich nicht in die Kirche auf dem Hügel bei Stouffen bemühen, sondern konnten hier in der Hofkapelle Kaplan Lukas beim Rezitieren der lateinischen Verse zuhören. Anschließend ging es zur Beichte, erst dann gab es Frühstück.

Ulrich verzog das Gesicht. In Meuschter war er vom Pater dauernd befragt worden, ob er unzüchtige Gedanken hege und Hand an sich gelegt habe. Doch jetzt, da er vermählt war und eben seine Frau wild und hemmungslos geehelicht hatte, musste die Beichte irgendwie anders vonstattengehen.

Sein Blick wanderte zurück zu Richenza, die ihn immer noch unverhohlen beobachtete.

»Messe«, sagte er, hob sein Gewand, um seine Suche in der Truhe zu erklären. »Und anschließend Beichte.«

Sie verdrehte die Augen. »Nimmt dieser lüsterne Burgkaplan die Beichte ab?«

Ulrich nickte. »Am Sonntag der Kaplan. An Feiertagen die Priester von Stouffen, das sind die scharfen Hunde«, ergänzte er.

Richenza hob die Decke und schwang sich aus dem Bett.

»Meine Mutter, Gott hab sie selig ... «, begann sie.

»Ita von Lothringen?«, unterbrach er sie. Richenza nickte.

»Meine Mutter sagte immer, niemand unter einem Bischof oder Abt soll einem Grafen die Beichte abnehmen.«

‚Hier lebt kein Bischof, und ich bin kein Graf', wollte Ulrich sagen, erwähnte aber nichts, da Richenza die Arme in die Seite stützte, sich angriffslustig in der Kemenate umblickte und fragte: »Wie kann ein einfacher Kaplan über unsere Sünden urteilen?«

»Ihr geht heute nicht zur Beichte?«

»Der Kaplan darf mir seinen Segen geben.«

Ulrich blickte sie verwirrt an. Sie war doch gar keine Gräfin, und er war kein Graf. Er hielt aber seinen Mund. Denn auch wenn Ita von Lothringens Tochter nach Apfel und Melisse roch, konnte es wohl sehr bitter werden, wenn man ihr widersprach.

4. Kapitel

Trude schüttelte den Umhang mit dem Wolfsfellkragen aus, strich nochmals darüber. Richenza konnte es ihr nicht missgönnen. Bald würde sie froh um den dicken Umhang sein. Gleich wie auf der Stein oder auf der Habichsburg lag die Kemenate über Essraum und Küche, der einzigen Feuerstelle im Wohnturm. An der West-Mauer entlang führte der vom Rauch erwärmte Kamin. Aber bald würde die Wärme nicht mehr den ganzen Raum durchdringen. Richenza trat zur Fensternische der Kemenate und schob den Lederschutz zur Seite. Ein kalter Luftzug fuhr ihr ins Gesicht. Im Burghof war niemand zu sehen. Die Hirtenjungen hatten Schweine und Schafe schon hinausgetrieben. Ein paar Hühner pickten auf dem Boden herum. Selbst die Gänse weiter hinten gaben keinen Laut von sich. Die Holzhütten und Ställe, die den Hof umgaben, lagen verlassen da. Vor dem Kerkereingang stand kein Wächter. Ein gutes Zeichen. In jeder Grafenburg gab es dieses Loch mit der schweren Holztür davor. Richenza mochte es nicht. Die Gutsherren sollten ihre Strauchdiebe selber gefangen halten und warten, bis der Graf zu Gericht vorbeikäme. Gefangene auf der Burg brachten nur Furcht, Seuchen und einen schläfrigen Wächter, der im Hof im Wege stand. Richenza hob ihren Blick. Dichter Nebel lag über dem Sumpfgebiet der Ara. Irgendwo in den Wäldern da unten jagte Ulrich mit seinem Bruder. Wenn sie genau hinblickte, konnte sie vielleicht den Falken kreisen sehen. Ulrich war enttäuscht gewesen, als sie seine Einladung zur Beizjagd abgelehnt hatte. Viele Edelfrauen begleiteten die Ritter, wenn sie mit dem Falken jagten. Sie nicht. Einen Ritt zu Pferde schätzte sie, aber sie mochte den Vogel mit den kalten Augen genauso wenig wie den Grafen Arnold. So konnte Ulrich auf Lore reiten und nicht auf diesem unruhigen Schimmel. Richenza lächelte.

»Fällst du nicht vom Pferd, wenn du das Blut des getroffenen Wildes siehst?« Aus Neugier hatte sie die Frage nicht verkneifen können. Ulrich hatte wild den Kopf geschüttelt, während er errötet war. »Tierblut stinkt nicht«, hatte er verschämt gemurmelt. Als sei es eine Schande, wenn sich einem beim Anblick eines abgeschlagenen Kopfes der Magen drehte. Dabei gab es ganz andere Dinge, über die man sich schämen sollte. Ihr erster Mann, der Nellenburger, zum Beispiel mit seinen Prügeln. Richenza mochte nicht daran denken.

Ihre Hand streichelte das Amulett am Handgelenk: einen Knochen, der mit Salbei und Kamille umwickelt war. Ein Geschenk von Trude, damit sie Frucht trage. Frucht?

Ulrich war nicht wie sein Bruder. Er hatte diesen offenen Blick und wirkte manchmal wie ein aufgeschrecktes Kalb, das in die Ecke gedrängt wird. Wie der rote Ritter in den Liedern. Der auszog, um seine Ehre und sein Schicksal zu finden, währenddessen Konduiramur, seine Frau, die Söhne aufzog. Der Salbeiduft drang in ihre Nase. Es wäre gut, Frucht zu tragen. Sie sollte der Kirche mehrere Kerzen spenden.

Ein Gackern aus dem Hof riss Richenza aus den Gedanken. Die Köchin stand gebückt da und hatte ein Huhn gepackt. Hatte sie nicht schon gestern eines in der Suppe mitgekocht? Richenza sollte hinuntergehen und zum Rechten sehen. Aber sie blieb stehen und genoss die Ruhe.

Gedankenvorloren zog sie ihren Schleier in die Stirn und strich ihre Locken darunter. Es lebte sich gut auf der Lenceburg, selbst neben Graf Arnold. Im Dorf gab es sicherlich eine Kräuterkundige, die ihr ein Amulett gegen den Grafen knüpfen konnte. Eine delikate Angelegenheit, aber sie musste sich schützen.

Wieder ließ sie ihren Blick schweifen. Im Gegensatz zur Stein, wo sich alle Gebäude an den schmalen Grat klammerten, war dieser Felsen, auf dem die Burg stand, riesig. Im Osten lagen die Gärten auf dem Plateau. Verwildert waren sie, nicht einmal Schafgarbe hatte sie dort gefunden. Im Frühling musste sie sich deren Bepflanzung annehmen. Aber Schweine, Ziegen und Schafe hausten in eigenen Pferchen, anstatt in der Vorburg dauernd im Weg zu stehen. Viele Menschen könnten hier oben wohnen. Einzig einen Sodbrunnen müssten sie graben und die Holzhäuser durch steinerne ersetzen. Wie auf der Habichsburg war nur der Wohnturm aus Stein gebaut. Kontor, Kapelle, Ställe, Gesindehäuser, sie alle bestanden aus Holz und würden wie Zunder brennen, wenn die Burg angegriffen würde.

Die Lenceburger schienen keinen guten Bauherrn zu haben. Richenza war erstaunt gewesen, wie eng der Wohnturm war. Im Essraum saßen sie an den unteren Tischen Schulter an Schulter. Auf der Habichsburg gab es mehrere Kammern pro Etage, hier nicht. Die beiden Vorratskammern in den beiden Untergeschossen waren wenigstens gut gefüllt. Der Essraum darüber würde für die Burgschaft bald zu klein sein. Sie würde Arnold darauf ansprechen, der hatte sich hoffentlich darüber Gedanken gemacht. Und noch etwas anderes sollte sie ansprechen. Richenza strich sich über ihr Gewand. Hier auf der Lenceburg schienen weder Ulrich noch Arnold erpicht zu sein, Edelleute zu empfangen. Ihre Mutter hatte immer Besuch von hohen Damen und Bischöfen gehabt und so erfahren, was in der Welt geschehen war. Der Kaiser erzürnte wieder die Herzöge. Da war es gut zu wissen, was diese planten.

»Frau Gräfin!« Trude stand hinter ihr. »Die Rietbäuerin, die Witwe des Schmiedmörders, bittet darum, Euch zu sprechen.«

Richenza hob ihren Rock und folgte ihr zur Stiege. »Was will sie?«, fragte sie.

⁂

»Die Rietbäuerin will ihre Tochter verkaufen«, wandte sich Richenza am Abend an Arnold. Der Vorwurf in ihrer Stimme war nicht zu überhören. Ulrich hob erstaunt den Kopf, wischte sich mit dem Handrücken das Fett vom Mund. Der Fasan, den sie heute bei der Jagd erwischt hatten, lag gebraten vor ihnen. Wenn Richenza keine Fragen an Arnold stellte, schwiegen sich die beiden an. Sie musterte seinen Bruder, den Grafen, höchstens düster misstrauisch, und dieser reagierte mit einem amüsierten Lächeln darauf. Ulrich konnte sich nicht erklären, weswegen sie sich vom ersten Tag an nicht mochten.

»Der Rietbauer wurde des Mordes angeklagt und hingerichtet. Da gibt es keinen Platz mehr für die Familie«, antwortete Arnold knapp.

»Im Dorf gibt es genug Platz für eine Witwe und ihre Kinder, wenn der Richter dafür sorgt«, wiedersprach Richenza. Ulrich hielt den Atem an. Noch nie hatte er erlebt, dass jemand das Richteramt seines Bruders kritisierte.

»Wir sind auf der Lenceburg und nicht in Lothringen, wo man die Brut von Mördern aufzieht, die selbst vor dem Kaiser keinen Respekt zeigen«, gab dieser zurück. Ulrich riss die Augen auf. Dann stimmte das Gerücht, dass Richenzas Onkel gegen den Kaiser ...

»Sind wir auf der Lenceburg, wo die Weiber ihre Kinder verkaufen müssen?«

Der Hieb saß. Arnold erhob sich mit einem Ruck, schwang den fellenen Umhang um seine Schultern und verließ den Raum. Zwei Hunde folgten ihm.

Ulrich blickte ihm nach, blickte wieder zu Richenza, die mit spitzen Fingern ein Stück Fasanenfleisch abzog. Zwischen ihnen dampfte der Gerstenbrei mit Kohl.

Er überlegte sich, wie sie zu dritt über den Winter auf der Burg aneinander vorbeikommen würden. Seine Gattin würde sich kaum den Mund verbieten lassen.

Erst nach Ostern würde Arnold losziehen, in alle Ecken seiner Ländereien, um dort zum Rechten zu schauen. Er, Ulrich, sollte das erste Jahr noch auf der Burg bleiben und ihn im Jahr darauf begleiten.

Seit zwei Monaten lebte Richenza auf der Burg, und diese war eine andere geworden: wohnlicher, angenehmer. Das Lachen der Mägde hallte durch den Innenhof. Sie hielten ihre Mieder zugeschnürt, aber auch gewaschen. Der Meier hatte ein langes Gesicht gemacht, als Richenza die Vorratskammern inspiziert, Belohnungen für Rattenschwänze versprochen hatte und die Knechte begonnen hatten, von ihr und nicht mehr von ihm die Befehle entgegenzunehmen. Wie ein Wirbelwind fegte sie durch die Burg. Das Gesinde grüßte ehrfürchtig und packte mit an. In den Nächten war sie warm und weich, und er, Ulrich, konnte weder Blick noch Finger von ihr lassen. Erst jetzt nicht, wo draußen das Wasser in den Zisternen gefror und die Nächte länger wurden.

Die Männer murrten zwar, die Grafen tanzten nach ihrer Pfeife. Zwei Wochen war es her, kurz nach Martini, als die Burgschaft zusammen gespeist hatte. Da hatte Karlmann laut davon geprahlt, wie er die Lene auf den Rücken gelegt habe. Plötzlich hatte sich Richenza erhoben, war zu den unteren Tischen getreten und hatte dem Krieger kräftig ins Gesicht geschlagen. Im ganzen Raum war es schlagartig still geworden.

Wenn er ein Schwein sei, könne er auch bei den Schweinen essen, hatte Richenza erklärt und ausgeharrt, bis sich Karlmann erhoben und den Raum verlassen hatte. Ulrich war vor

Schreck ein Mocken Biberschwanz im Hals stecken geblieben. Das restliche Essen über hatte man keinen Mucks mehr vernommen. Nur Arnold hatte wie immer, wenn es um Richenza ging, verächtlich den Mund verzogen.

In der Kemenate war Richenza wie eine Furie auf ihn losgegangen. Es sei nicht ihre Aufgabe, den Männern Zucht und Ordnung beizubringen, hatte sie ihn angefaucht, und er wäre fast rückwärts die Stiege hinunter in den Essraum gestolpert.

Hier wohnten Arnolds Männer, hätte er gerne erklärt. Und Arnold schere sich nicht darum, wenn die Männer den Frauen unter die Röcke griffen, sie aufs Kreuz legten oder ihnen Zotiges nachriefen. Ulrich erwiderte aber nichts, denn wenn Arnold die Burg verließ, würde er hier für Recht und Ordnung sorgen.

Beim Essen jedenfalls ging es seither gesittet zu und her. Vor drei Tagen hatte Karlmann vor versammelter Mannschaft Richenza auf den Knien um Vergebung gebeten. Diese hatte ihn mit ihrem vernichtenden Blick gemustert und ihm dann gnädig verziehen.

Ulrich zerbrach sich seither den Kopf, wie er Respekt von den Männern verlangen konnte, ohne dass es gleich hieß, er tanze nach Richenzas Pfeife.

Mit dem Schwertkampf jedenfalls klappte es noch nicht recht, und wenn er an eine Hinrichtung dachte, floss ihm das Blut aus dem Kopf.

5. Kapitel

Der Schlag traf Ulrich unverhofft. Er wurde zur Seite geschleudert, ließ vor Schreck sein Schwert fallen und prallte zu Boden. Einen Schmerzensschrei konnte er nicht unterdrücken. Sein Oberarm fühlte sich wie taub an, sein Kopf brummte vom Aufschlag.

»Nichts geschehen, aufstehen!«

Der Küttiger hielt ihm die Hand hin. Ulrich ließ sich hochziehen, rieb sich den Oberarm. Der Eschibacher Knappe hatte sein Holzschwert noch in der Hand und konnte ein Grinsen nicht verkneifen. Der Meier und Hubert, der Schwertmeister, standen weiter hinten, drei Burgkrieger lehnten an der Mauer, das Gesicht reglos. Sie wussten, wie man sich gegenüber einem Grafenbruder verhielt.

Ulrich trottete zu seinem fallengelassenen Schwert, hob es hoch und schwang es durch die Luft.

»Nochmals«, sagte er ohne Begeisterung. Der Küttiger zuckte mit den Schultern.

»Die Deckung war zu tief, zu wenig Kraft im Schwertarm«, hörte er Hubert hinter sich sagen. Er nickte, packte den Schaft fester.

Anfänglich hatte er noch verstanden, dass er gegen Arnolds Knappen nicht ankam. Während er im Stift Schreibtafeln bekritzelt und Psalmen gelernt hatte, hatten sie hier auf der Burg mit Holzschwertern aufeinander eingedroschen. Den ganzen Winter über hatte er mit ihnen geübt, hatte Prellungen davongetragen und im Dreck gesessen. Nun im Frühling schien der Eschibacher immer besser zu werden und Ulrich saß weiterhin im Staub. Arnold war nach Meuschter und Schennis aufgebrochen und hatte ihn hier gelassen, damit er Reiten und an seinem Schwertkampf übe. Denn an Pfingsten wurde der Eschibacher und weitere Knappen zum Ritter geschlagen. Die Dienstleute warteten dem Grafen auf und maßen sich im Kampfe. Und Ulrich sollte auch darunter sein. Das raubte ihm den Schlaf.

Das einzig Gute an der Sache war Richenza, wie sie abends mit einer Salbe seine Prellungen bestrich und noch einiges mehr.

»Ein Graf muss kein guter Krieger sein«, befand sie dann. »Ein Graf muss Dienstleute anleiten, die ihm vertrauen.«

Aber er war kein Graf – er war der Grafenbruder und sollte bei einer Fehde in der vordersten Reihe stehen.

»Besser ihr übt eine Runde mit echten Schwertern«, unterbrach der Küttiger Ulrichs Gedanken. Hubert brummte zustimmend.

Der Küttiger war trotz seiner Jugend einer der besten Kämpfer auf der Lenceburg und hätte eigentlich mit dem Grafen unterwegs sein sollen. Ulrich hatte den Verdacht, dass Arnold den Küttiger auf der Burg gelassen hatte, damit er Ulrich unter seine Fittiche nehme.

Ein Schwert lag so ruhig in dessen Hand, als wäre sein Arm verlängert, und er schwang es so mühelos durch die Luft, als wäre es federleicht. Ulrich schaute lieber zu, wie der Küttiger sein Schwert führte, anstatt selbst eines in der Hand zu halten.

Hubert reichte ihm das Schwert, das er vor seiner Hochzeit ohne Kampfeswissen bekommen hatte. Der Griff war mit Ranken und einem Edelstein verziert. Ulrich strich mit der Hand gerne über die Gravur. Aber wenn er es packte und damit durch die Luft fuhr, war es schwer und zu lang.

»Ausfallschritt. Wenn du erkennst, wie dein Gegner ausholt, parierst du besser. Der Eschibacher ist schneller als du: abwehren, dann suchst du die Lücke.«

Ulrich nickte, das wusste er alles.

Ein Lachen in seinem Rücken lenkte ihn ab. Richenza kam mit Trude und zwei Mägden vom Kräutergarten her.

Ihr Gang war breitbeiniger, ihr Bauch wuchs jeden Tag. Die Männer beugten kurz die Köpfe, die Wächter standen etwas gerader hin. Richenza winkte den Meier zu sich, der schnell zu ihr eilte.

Im Herbst hatte sich Richenza beklagt, in welchem verwilderten Zustand der Garten sei. Nun leitete sie die Bepflanzung und erlöste Ulrich davon, dass die Mägde im Innenhof herumstanden und bei seinen Niederlagen zuschauten.

Ulrich packte sein Schwert etwas fester und äugte zum Eschibacher. Jetzt sollte er sich keine Blöße geben.

Doch Unruhe vom Tor her ließ die beiden wiederum die Köpfe wenden. Ein Reiter wurde hereingelassen. Ulrich konnte das Heidegger Wappen erkennen. Er nickte dem Eschibacher zu, reichte Hubert sein Schwert und versuchte, seine Erleichterung zu verbergen.

Zusammen mit dem Küttiger trat er auf den Boten zu, der sich gerade vom Pferd schwang. Der Reiter verbeugte sich und wünschte den Grafen zu sprechen. Ulrich reckte sich und wies den Boten an, ihm in den Essraum zu folgen.

Oben im Saal trat Richenza zu ihnen, der Bote verbeugte sich und blickte fragend zu Ulrich, der ihn aufforderte zu sprechen. Richenza würde ihm nur in den Ohren liegen, wenn er sie jetzt wegschickte.

»Beim hinteren Weiler von Surse, da hören die Bauern die Engel singen«, platzte der Bote heraus. Ulrich blickte ihn verdutzt an. Singende Engel? War etwa das Weltenende nahe? Mit solcher Kunde müsste der Bote doch eher nach Meuschter gehen! Er blickte sich um. Lukas, ihr Burgkaplan, war nirgends zu entdecken. Der war ein Meister darin, sich in den Scheunen mit irgendwelchen Mägden zu verdrücken.

»Die Chorherren aus Meuschter eilten hin und hörten nichts«, fuhr der Bote fort, als hätte er Ulrichs Gedanken gehört. »Deswegen haben sie den Priester beauftragt, die Felder zu segnen und eine Prozession durchs Dorf zu machen, aber

… «, der Bote schien etwas verlegen. »Die Bauern lauschen den Engeln, sitzen betend in der Kirche und rufen, das Ende sei nahe. Einige fallen dann tot um. Die Chorherren befürchten, dass ein Hexer seine Hände im Spiel habe.«

»Ein Hexer kann bewirken, dass Menschen die Engel hören?«, fragte Ulrich zweifelnd. Er wusste immer noch nicht, weswegen der Bote zu ihnen kam. Engel singen hören und das Weltenende erwarten, waren eindeutig Dinge, über welche die Kirche befinden musste. Der Graf sollte gerufen werden, wenn der Hexer gefangen war und auf dem Richtplatz stand.

»Die Herren von Heidegg befürchten, dass die Bauern ihre Felder nicht mehr bestellen und an Martini keine Abgaben zahlen, wenn sie nur noch betend in der Kirche sitzen.«

Ulrich nickte. Daher wehte der Wind. Die Heidegger erhofften vom Grafen Unterstützung, dass sie den Bauern die singenden Engel austrieben.

»Kotzen die Bauern, liegen krank darnieder und sterben elendiglich?«, mischte sich Richenza in das Gespräch ein.

Der Bote blickte sie mit aufgerissenen Augen an und nickte dann stumm.

»Seit wann hören die Bauern die Engel singen?«, fragte Richenza. Der Bote zuckte mit den Schultern. »Wurde letzten Sommer in Surse Roggen geerntet?« Der Bote zuckte erneut mit den Schultern, nickte dann.

Richenza packte Ulrich am Arm und zog ihn beiseite. »Befiehl den Leuten, sie sollen den Roggen verbrennen. Das rettet ihre Seelen«, raunte sie ihm zu.

»Den Roggen?«, fragte er ungläubig.

»Es wohnt ein böser Geist darin. Im Norden oben haben wir immer wieder Bauern, welche die Muttergottes erblicken oder die lobpreisend durch die Äcker taumeln, bis sie verenden. Sobald der Roggen verschwindet, ist der Zauber vorbei.«

»Ich kann den Leuten nicht befehlen, ihre Nahrung zu verbrennen! Erst nach Maria Himmelfahrt kann der Winterweizen geerntet werden. Die Bauern fressen sonst ihre Saat und verhungern im Winter.«

»Der Heidegger wird seine Vorratskammern öffnen müssen. Ich werde gleich mit dem Meier kontrollieren, was Lenceburg abgeben kann. Eine Karrenladung können wir sicherlich beitragen.«

Ulrich schüttelte den Kopf. Eine solche Sache musste er mit seinem Bruder besprechen. Wenn wirklich ein böser Geist im Roggen wohnte, zauberte ihn doch jemand dort hinein.

»Die Chorherren sollen den Zauberer suchen«, entschied er.

»Ulrich«, zischte Richenza. »Hast du dich nicht gestern mit dem Kaplan darüber unterhalten, dass die Erde im Seetal so fruchtbar sei, aber viel zu wenig Hände da seien, um sie zu beackern?«

Er nickte.

»Die Chorherren werden einen Hexer finden. Aber der böse Geist sitzt im Korn. Wenn du den Hexer hinrichtest, wird die Plage nicht aufhören. Wie viele Hexer willst du in Surse hinrichten?«

‚Gar keinen', hätte er am liebsten gesagt. Verbranntes Menschenfleisch roch so schrecklich wie geronnenes Blut. »Bist du dir ganz sicher, dass der böse Geist im Roggen sitzt?«, fragte er nach. Sie nickte. Strich ihm über die Wangen, auf denen immer noch kein Bart spross. Er straffte seine Schultern und trat zum Boten.

»Auf Befehl des Grafen sollen die Bauern den Roggen verbrennen«, erklärte er ihm. »Lenceburg schickt eine Karre mit Getreide. Die Heidegger sollen den restlichen Vorrat liefern. Zwei Krieger werden dich begleiten und den Vorgang überwachen.«

Der Bote blickte ihn verwirrt an. Auf Brandstiftung von Scheunen stand die Todesstrafe. Wer Nahrung vernichtete, bedrohte das Leben anderer. Und nun forderte er es selbst.

Ulrich überlegte sich, ob er dem Probst von Meuschter schreiben solle. Aber es würde zu lange dauern, bis er Pergament, Federkiel und Tinte gefunden hätte. Hier auf der Burg wurde nicht geschrieben.

»Der böse Geist sitzt im Roggen«, wiederholte er Richenzas Worte. Dann rief er die Köchin und ordnete an, dass dem Boten Speis und Trunk gegeben werde. Unterdessen würde er zwei Burgkrieger instruieren. Beim Hinausgehen entdeckte er das Schachbrett mit den Figuren auf dem oberen Tisch. Jemand hatte die Figuren nochmals aufgestellt. Gestern hatte er den Küttiger geschlagen. Die Figuren standen gleich da wie nach ihrem achten Zug. Spielten Richenza und Trude das Spiel nach? Er warf einen Blick zu Richenza, die sich mit der Köchin unterhielt, eine Stickerei in der Hand.

Richenza spielte nicht oft und war eine gute Verliererin. Einzig gegen Arnold kämpfte sie, als ginge es um ihr Leben. Er schlug sie mühelos. Ulrich vermutete, dass sie heimlich mit Trude übte, um ihn einmal zu besiegen.

Ulrich trat hinaus, rief den Küttiger, um mit ihm zu beratschlagen, welche Krieger sie dem Boten mitgeben würden. Im Hof sah er den Eschibacher, wie er gegen Hubert kämpfte. Die Schwerter prallten aufeinander, die Hiebe waren präzise, die Ausfallschritte tänzerisch. Dafür war nun wirklich keine Zeit.

⁂

»Es liegt am Roggen, ihr werdet sehen.« Wernher, der Habichsburger, wischte sich über den Mund. »An Fronleichnam wird kein Bauer mehr einen Engel hören.« Er langte nochmals in die Schüssel und schnitt ein Stück vom gebratenen Storch ab, der mit Beeren, Lauch und Anis gefüllt war.

Ulrich atmete auf. Arnold hatte ihm nur mit gefurchter Stirn gelauscht, als er vom Vorfall erzählt hatte. Hinter seinem Rücken hatte Ulrich munkeln hören, dass der Grafenbruder anstatt Zauberer Getreide verbrenne und damit die Vasallen erzürne.

Trotzdem war es Ulrich ein Rätsel, weswegen Wernher heute aufgetaucht war. Er sei auf dem Rückweg vom Kloster Mure und komme auf einen Sprung vorbei, um seine dicke Schwester zu sehen, erklärte er.

»Der will nur nicht heim zu seinem scharfzüngigen Weib und dem kleinen Schreihals«, behauptete der Küttiger. Er wolle Lenceburgs Gefolgschaft mit seiner vergleichen, widersprach Hubert. Denn am nächsten Tag war Pfingsten, die Schwertleite der Knappen und die Schaukämpfe standen bevor.

Richenza saß neben ihrem Bruder und betrachtete ihn mit einer Mischung aus Misstrauen und Zuneigung. Anfänglich hatte sie ihn bestürmt, über die Brüder, die im Süden gegen die Normannen kämpften, zu berichten. Wernher wusste nichts von ihnen, erzählte jedoch von Mure, wo die Steinmetze von weit her die Steine herbeischifften und behauten.

Arnold unterbrach ihn, und die beiden redeten über die Falkenjagd. Wenigstens sprachen sie nicht von den Kämpfen morgen und wer gewinnen werde, was Ulrich in Verlegenheit gebracht hätte. Heute hatte er beim Kämpfen einen solchen Schlag in die Rippen abbekommen, dass es ihn beim Atmen heftig in der Seite stach.

Die Köchin trat hinzu und stellte neben den Storch Haferbrei und Ziger auf den Tisch. Richenza langte standesgemäß mit nur drei Fingern in die Schüssel und klaubte ein Zigerstück heraus. Sie trug für ihren Bruder ihr grünes Gewand, das sie mit Trude für Pfingsten genäht hatte. Arnold hatte ihr den Stoff aus Turecum bringen müssen. Ulrich hatte Richenzas erstaunten Gesichtsausdruck gesehen, als er genau den Samit ausgepackt, den sie gefordert hatte. Die Stickereien, die für Ärmel und Hals schon gefertigt waren, stimmten farblich genau. Arnold hatte noch einen blauen Stoff hervorgeholt und sich einen Überrock gewünscht, was Richenzas Laune gleich wieder hatte sinken lassen. Arnold hatte so viel Stoff gekauft, damit er auch für Ulrich reichte. Doch er würde hauptsächlich seine Beinlinge und den Lederharnisch tragen, da er wohl dauernd im Matsch liegen würde.

»Seit Kaiserin Agnes einen Erben geboren hat, ist der Kaiser ihr hörig«, erklärte Wernher gerade. »Dieses Pax-Dei-Zeug kann nur einem frömmlerischen Weiber-Gehirn entspringen. Und nun will der Kaiser, dass wir uns daran halten.«

»Der Kaiser will den Frieden im Reich stärken«, entgegnete Arnold. Ulrich wusste, dass Arnold den seltsamen Ideen dieser Gottesfrieden-Pax-Dei-Frömmler aus dem Burgund, die schon auf der Burg aufgetaucht waren, nichts abbekam. Sie stellten sich vor, dass nur noch an ausgewählten Tagen Krieg geführt werden solle. Arnold hatte die Brüder jedoch aufgenommen, bewirtet und weiterziehen lassen. Kaiser und Kaiserin unterstützten ihre Ansichten. Auf der Lenceburg wurde des Kaisers Wille hochgehalten. Das sollte Wernher wissen!

Dieser holte gerade aus: »Den Frieden stärken, indem der Kaiser Bischöfe und Herzöge zwingt, dem Prinzen Treue zu schwören?« Wernher verdrehte die Augen. »Nun will er uns vorschreiben, an welchen Tagen wir kämpfen dürfen und wann nicht. Die Burgunder dürfen sich an solche Regeln halten! Aber wir?«

Ulrich hielt den Atem an. Seine Mutter war eine Burgunderin gewesen, seine Großmutter auch. Obwohl er sich kaum an die Mutter erinnern konnte, sprachen Arnold und er in ihrer Zunge, wenn sie unter sich waren. Wernher wollte eindeutig provozieren.

»Der Kaiser wünscht Konsens und nicht Kampf.« Richenza warf einen warnenden Blick in die Runde. Arnold hatte sich zurückgelehnt und musterte Wernher böse. Dieser grinste. »Schwesterchen. Unser Kaiser, der wie der Menschensohn barfuß und im Büßergewand in seiner Pfalz herumwandelt, soll selbst Friedfertigkeit zeigen und uns nicht einen fremden Herzog vor die Nase stellen.«

»Genug!« Arnold steckte sein Messer in die Überreste des Storches. »Unser Kaiser ist der von Gott und Papst gesalbte. Wir müssen seine Entscheidungen nicht verstehen, sondern gehorchen.«

Wernher verdrehte die Augen, schwieg aber. Richenza erhob sich, legte die Hand auf ihren Bauch. Ein Knappe räumte die Schüsseln ab, stellte zwei brennende Talglichter auf die Tafel. Ulrich fiel auf, dass bei den unteren Tischen der Eschibacher nicht mehr zu sehen war. Sicherlich lag dieser schon im Bett, um morgen bei Kräften zu sein, was er selbst auch tun sollte mit seinen schmerzenden Rippen.

Wein wurde nachgeschenkt. Richenza kehrte mit dem Schachbrett zurück und stellte es zwischen Arnold und Wernher. Gestern hatte sie wieder haushoch gegen Arnold verloren.

»Wir entschuldigen uns«, sagte sie und suchte nach Ulrichs Hand. Er war froh über den brüsken Abschied.

In der Kochecke rieben sie sich die Zähne mit Asche ein, wuschen den Mund aus und spuckten in die Schüssel. Er zog den Lederschutz beiseite. Richenza warf das graue Wasser schwungvoll aus dem Mauerschlitz. Zusammen stiegen sie hoch in die Kemenate, wo Harnisch und Schwert gereinigt bereit lagen.

Ulrich fand keinen Schlaf. Bei jedem Atemzug schmerzte seine Seite. Er sah sich vor der versammelten Gefolgschaft im Dreck liegen, die feixenden Kämpfer über ihn gebeugt.

Aber da war noch etwas anderes. Er hörte die regelmäßigen Atemzüge von Richenza – seiner Frau. Seit der Wonnenacht vor ein paar Tagen lag er oft wach und hörte ihren Atem.

In der Wonnenacht stiegen die Weiber auf den nahen Goffersberg, um der weißen Frau zu huldigen. Sie flochten sich Kränze ins Haar, zogen etwas Weißes an, trafen sich hinter der Schafsweide, sangen und tanzten. Was sie auf der Anhöhe trieben, wusste Ulrich nicht. Denn viel mehr kümmerten die Männer das Ende der Tänze, wenn die Dreigesichtige ihren Jahreskönig erkor. Deswegen streiften die Jünglinge von Dorf und Burg, maskiert und im grünen Gewand, im Gehölz des Hügels herum, in der Hoffnung, von einer erwählt zu werden. Und deswegen wetterten die Priester wochenlang davor schon in der Messe über das sündige Treiben und befragten jeden darüber während der Beichte. Aber die Bauern wollten fruchtbare Äcker und zollten sowohl Kirche als auch Heidenwesen ihren Respekt. Wer konnte sie daran hindern?

An der Nordwand im Essraum jedenfalls prangten das Geweih eines Zwölfenders und daneben zwei kleinere. Schon von Kindsbeinen an hatte Ulrich gewusst, dass die Lederbändel bei einem Kleinen so daran geknüpft waren, dass man sich das Geweih um den Kopf binden konnte.

Die Mägde der Burg hatten letzte Woche ihre Blumen-Kränze geflochten. Und da frisch Vermählte die Wonnenächte besuchten, hatte Lene Richenzas Schapel gelöst, ihr einen Kranz aufs wallende Haar gelegt, und seine schwangere Gattin hatte ihm unter dem Kichern der Mägde zugezwinkert. Die letzten Jahre hatte Ulrich in Meuschter geweilt, wo die Chorherren aufpassten, dass die Zöglinge in den Maiennächten nicht ausbüxten. Arnold, den er gerne über die Nächte befragt hätte, war mit Grafenangelegenheiten noch in Schennis.

In der Maiennacht zog Richenza mit den Weibern hinaus, und er lieh sich vom Meier einfache Kleidung.

»Wo werdet Ihr die Gräfin treffen?«, fragte dieser und Ulrich wusste nichts zu antworten. Denn das hatten sie nicht besprochen. Einfach wäre sie zu erkennen mit ihrem großen Bauch, hatte er gedacht.

Doch bald bereute er, sich nicht mit Richenza besprochen zu haben. Denn in der Nacht schien der Goffersberg größer zu werden, und der Männer waren sie viele. Als er die Lichtung, auf der die Frauen sangen, endlich fand, war sie fast leer. Da befielen ihn dieses Fieber, die Angst und die Unsicherheit, gemischt mit der Lust, eine zu jagen. Er schlug sich in die Büsche, hörte das Kichern und Stöhnen. Blickte nicht genau hin, wenn er auf andere traf, und musterte sie trotzdem heimlich. Endlich entdeckte er eine Gestalt mit gewölbtem Bauch und heller Tunika. Aber da stand schon einer. Kräftig und breit war er, trug eine Maske mit Hörnern auf dem Kopf. Der neigte sich zu ihr hinunter, seine Hände um ihre Taille, und sie reckte sich zu ihm hoch. Ulrich erstarrte, konnte seinen Blick nicht vom Gehörnten lösen. Irgendetwas in ihm raunte, dass er es sein müsse, der dort stehe und die Gattin umgarne, was ihn noch mehr lähmte.

Da wandte sich die Frau von dem Hünen ab, blickte sich um. Er erkannte Richenzas Züge, und der Bann war gelöst. Ulrich brach durch die Büsche, rannte auf sie zu. Der andere verschwand lautlos. Ulrich erinnerte sich nicht mehr, wie sie ihn begrüßte. Biegsam lag sie in seinen Armen und lachte. Und in ihm brannte ein Feuer für sie und ihre samtene Haut und dass Richenza seine war, nur seine allein.

Seither kam ihm in einsamen Momenten der Gehörnte in den Sinn, wie er seine Frau gehalten und sich ihr entgegengebeugt hatte.

Morgen würden sie alle da sein, Richenza, die Gefolgschaft, die Dörfler und unter ihnen der Gehörnte, wenn er im Kampf mit seinem Schwert in den Dreck flog. Und das raubte ihm den Schlaf.

6. Kapitel

Das Lenceburger Banner flatterte im Wind – die blaue Burg vor dem weißen Grund. Ulrich mochte das Banner, obwohl es kein mächtiges Tier zeigte wie den Löwen der Habichsburger oder das Hirschgeweih der Nellenburger. Früher hätte er lieber das Drachenei, das unter ihrer Burg lag, auf dem Wappen gesehen. Aber eine Burg auf dem Wappen bot Schutz und Sicherheit, und wer die Lenceburg kannte, wusste, dass sie unbesiegbar war, alles überragte und geheimnisvoll unter sich das Feuer des ungeborenen Drachens barg.

Der Eschibacher trug stolz sein Schwert zur Schau, das er heute vor der Messe mit der Schwertleite bekommen hatte. Nun standen sie alle unter der Burg auf dem Feld, die Trostberger, Küttiger, Heidegger, Eschibacher und die Ministerialen aus den Twingen. Sie verpflichteten sich der Grafschaft und die Grafschaft ihrer, und sie alle warteten gespannt auf die Schaukämpfe. Zum Hoftag in Solodoro war dafür sogar eine Tribüne gebaut worden. Hier noch nicht, aber wenn Ulrich die Menge überblickte, dann müssten sie für zukünftige Treffen an eine Tribüne denken. Jetzt arrangierten sie sich so, dass die Edelleute auf den Pferden saßen und die Kriegsknechte und das Gesinde davor standen. Aus Lencis und den umliegenden Dörfern waren die Bauern gekommen. Die schwarzen Priesterröcke von Stouffen fehlten zwar, dort hatte man noch gegen Spiel und Tanz von der Kanzel gewettert. Aber Lukas, der Burgkaplan, schwatzte mit der Müllerin.

Richenza sah in ihrem grünen Kleid und dem großen Bauch wunderschön aus. Aufrecht saß sie auf der Braunen. Die Haare unter dem durchsichtigen Schleier waren mit Heckenrosen verziert und kunstvoll hochgesteckt. Die Weiber warfen ihr bewundernde und die Männer heimliche Blicke zu. Dauernd war sie umringt von Edelleuten, die sie hofierten, und sie sprach mit ihnen mit einer Würde und Gelassenheit, als würde sie das täglich tun.

Ulrich fühlte sich hingegen eher klein und unbehaglich, den Schwertgriff in seinen schweißigen Händen. Der Atem flach, da seine Seite schmerzte, wenn er zu tief atmete.

»Arnold wird es so einrichten, dass du gegen einen gewinnst«, hatte Richenza ihm am Morgen versöhnlich zugeflüstert, was ihn nur noch mehr verwirrte.

Er würde als Erstes mit den frisch geschlagenen Rittern kämpfen, später würde sich auch Arnold auf dem Felde messen. Sein Bruder führte das Schwert geschickt und mit einer tänzerischen Sicherheit, um die ihn viele beneideten. Graf Arnold würde unter den besten sein, wie es sich für einen Grafen gehörte.

Mit lauter Stimme verkündete Hubert die Regeln des Kampfes. Ulrich packte seinen Schwertknauf fester und trat mit sieben anderen aufs Feld. Als Jünglinge würden sie noch am Boden und noch nicht zu Pferd kämpfen. Ulrichs Gegenüber war ein Junge aus Bremgarten mit einer Narbe über der Stirn. Er war der zweite Sohn des Ammanns und wurde nie zum Ritter geschlagen, aber auf der Burg zum Krieger ausgebildet. Der Junge war langsam, aber zäh, und Ulrich hatte beim Üben nie eine Chance gegen ihn gehabt.

Der Pfiff zum Angriff ertönte. Der Bremgartner griff sogleich an. Er hob das Schwert. Ulrich parierte und stieß ihn weg. Der Bremgartner trat zurück und schwang sein Schwert so bedachtsam, als müsse er zuerst überlegen, was zu tun sei. Verunsichert trat Ulrich nach vorne und zielte auf dessen Brust, der Bremgartner parierte, stolperte rückwärts und schon lag er auf dem Boden. Ulrich konnte ihm nur noch die Schwertspitze vors Gesicht halten. Von den Seiten her wurde geklatscht und gejubelt. Ulrich traute sich erst verdutzt in die Runde zu schauen, als sich der Bremgartner grinsend erhob.

Sie warteten, bis alle Kämpfe entschieden waren. Dann kam der nächste Anpfiff. Gegen den Eschibacher scheiterte Ulrich kläglich, auch gegen den Bruder des Küttigers und einen Allewilarer. Der Bremgartner gewann alle seine weiteren Kämpfe. Richenza musste am Morgen recht gehabt haben.

Mehr Niederlagen als Siege, das bedeutete, Ulrich hatte ausgekämpft. Er trottete mit gesenktem Kopf und trotzdem nicht gesichtslos vom Feld. Richenza rutschte von der Braunen, um ihm zu gratulieren. Ganz unstandesgemäß umarmte sie ihn und flüsterte ihm ins Ohr, dass sie lieber einen ganzen Ehemann als einen zerhackten Sieger habe. Ulrich wurde rot, wischte sich den Schweiß aus dem Gesicht und schwang sich auf den schreckhaften Schimmel.

Bald schon kamen die erfahrenen Kämpfer an die Reihe, die ihr Können zu Pferd und zu Fuß zeigten. Es krachte, wenn ihre Schilder aufeinanderprallten, Leder ächzte, Metall klirrte. Die Kampfrosse schnaubten und erhoben sich auf die Hinterbeine. Die Zuschauer schrien und spornten an. Fasziniert blickte Ulrich auf die unbändige Kraft und hoffte heimlich, dass keiner sich so verwunde, dass der metallene Geruch des Blutes ihm die Sinne verneble. Ab und zu tastete seine Linke nach Richenza, die gelassen den Kampf vor sich ins Auge fasste.

Zweimal sackte ein Krieger schreiend in die Knie, dann wurde er vom Feld getragen. Ein Bader richtete die Knochen. Auch die Kräuter-Liese von Lencis konnte Ulrich entdecken. Seit Richenzas Bauch dicker wurde, holte sie Liese regelmäßig auf die Burg. Diese zündete dann getrocknete Kräuterbüschel an, wedelte damit über Richenzas Bauch und murmelte Zaubersprüche. Auch jetzt konnte er zwei ihrer Amulette um Richenzas Handgelenk entdecken.

Wernher ritt heran, klopfte Ulrich auf die Schultern und lachte, schäkerte kurz mit seiner Schwester und lenkte sein Pferd wieder weiter. Der rote Habichsburger Löwe leuchtete auf seinem Überrock. Er würde hier bei den Lenceburgern nicht kämpfen. Aber Arnold tat es. Ulrich schwoll die Brust vor Stolz auf seinen Bruder, der nicht bullig, aber kräftig, geschickt und schnell war und so mühelos in die letzte Runde kam.

»Sie springen alle zur Seite, wenn Arnold in ihre Nähe kommt«, hörte er Wernher sagen, der erneut hinter ihnen aufgetaucht war. Ulrich konnte eine Verachtung in seiner Stimme hören, die ihn erstaunte. Richenza wandte sich ihrem Bruder zu. »Arnold kämpft gut«, fauchte sie. Es war das erste Mal, dass Ulrich sie etwas Gutes über seinen Bruder sagen hörte. Wernher lachte auf.

Cuno von Küttigen gewann den letzten Kampf gegen einen Heidegger. Er brüllte seinen Siegesschrei in die Runde, reckte seine Arme zum Himmel. Die Zuschauer tobten. Ulrich half Richenza vom Pferd. Sie schritt übers Feld, ihr durchsichtiger Schleier flatterte im Wind. Der Küttiger kniete nieder, und sie legte ihm unter dem Jubel der Zuschauenden ein fein besticktes Seidentuch um den Nacken.

»Die Gräfin ist wunderschön«, hörte Ulrich eine Stimme hinter sich. ‚Sie ist keine Gräfin', hätte er antworten können, tat es aber nicht. Richenza sah wunderschön aus.

Die Edelleute ritten danach begleitet von Fiedlern und Sängern hoch zur Burg, wo in Hof und Essraum Tische beladen mit Wein, Pasteten, Honigkuchen und gebratenen Zicklein, gefüllt mit Zwetschgen, auf sie warteten.

Ulrich zügelte seinen Schimmel, achtete darauf, dass das Feld geräumt und die beiden Verletzten auf einer Bahre hochgetragen wurden. Er grüßte den Ammann, erkundigte sich beim Müller, ob das Wasserrad wieder funktioniere, und fing den Köhler ab, um zu erfahren, wann er die verlangte

Kohle liefere. Mit den letzten Besuchern erreichte er die Burg. In der Vorburg hörte er Keuchen und Stöhnen, entdeckte den Burgkaplan in einer Ecke zusammen mit Lene.

Ulrich übergab die Zügel seines Schimmels einem Knecht und wusch sich den Staub aus dem Gesicht. In der Kemenate lag sein neuer blauer Überrock. Im Hof erklang eine tiefe Stimme, die sang von Bero, einem der Lenceburger Vorfahren, der seinen Sohn im Bärenkampf verloren und an dieser Stelle das Stift in Meuschter gegründet hatte. Übertönt wurde die Weise vom Gelächter der anstoßenden und tanzenden Burgschaft. Ulrich eilte die Stiege hoch in den Essraum. An der erhöhten Tafel erblickte er Arnold und Richenza, beide in samitenen Kleidern, hofiert von Edelleuten – Graf und Gräfin. Hinter ihnen an der Wand prangten die Hirschgeweihe. Ulrich blieb stehen und schaute dem Treiben zu. Richenza sprach mit den Eschibachs, die Küttiger umringten Arnold. Dort saßen die beiden Menschen, die ihm am nächsten standen. Doch es sah so aus, als bräuchte es ihn nicht. Nur wer genau hinschaute, konnte erkennen, dass zwischen den beiden eine Lücke bestand, die breiter war als sonst zwischen zwei Sitzenden.

Ulrich wischte sich die Hände an den Beinlingen ab. Sein Lederharnisch knarzte. Das Schwert hing schwer an ihm herunter.

Er durchquerte den Raum, grüßte auf beide Seiten. Richenza stellte ihm die Eschibachs vor, als er zu ihr trat. Ein kleiner Junge stand vor dem Paar und starrte Richenza mit riesigen Augen an, als sähe er die Muttergottes.

»Lancelin von Eschibach«, erklärte Richenza. »Die Eltern bitten darum, den Jungen auf der Burg zu lassen, damit ihm Manieren und Anstand beigebracht werden.«

‚Nicht noch ein Eschibacher', dachte sich Ulrich und nahm einen Kelch mit Wein entgegen, der ihm gereicht wurde. Andererseits war es ein gutes Zeichen, wenn die Dienstleute ihre Kinder schon von klein auf der Grafschaft anboten. Damit festigten sie das Band zwischen Herren und Gefolgschaft.

Er nickte der Eschibacherin zu, die ungelenk knickste. Wenn Eschibach den Zweitältesten schon in diesem Alter abgab, würde Allewilare schnell nachrücken und, wie er gesehen hatte, besaß der Trostberger drei Kleine, die noch kaum gehen konnten. Richenza legte sich die Hände ins Kreuz, als sie sich zu dem Jungen niederbeugte und ihn etwas fragte. Bald würden sie selbst ein Kind bekommen. Sie mussten sich gut überlegen, wie viele Pagen sie auf der Burg beherbergen konnten.

Hinter sich hörte er ein Auflachen und wandte sich um. Der Küttiger, das seidene Siegertuch um den Hals, prostete Arnold zu. Ulrich gratulierte ihm. Arnold stieß mit ihm an. Auch wenn Ulrich das Schwert noch nicht gezielt führen konnte, er war auf der Burg angekommen. Der Schreibstube in Meuschter trauerte er kaum mehr nach. Sein Blick wanderte hoch zum Hirschgeweih. Und in der Wonnenacht würde er keinen Gehörnten, der seine Frau anfasste, mehr ziehen lassen.

2. Teil
Eheleben
und ein Prinz wird verlobt.

1. Kapitel
Anno Domini 1055
Turecum

Die Kälte drang vom Steinboden in seine Knie. Ulrich war froh um seinen fellenen Umhang. Die feinen Kaninchenhaare am Kragen kitzelten in seinem Nacken. Er senkte den Kopf, versuchte, seiner Stimme einen festen Klang zu geben. Sein Vergehen wog schwer: An Pfingsten habe er vorgegaukelt, sein Arm sei verletzt und sich deswegen nicht an den Schaukämpfen beteiligt. Im Herbst, als Nellenburg zum Turnier eingeladen habe, sei Arnold für Lenceburg eingesprungen wie schon die Jahre zuvor. Ulrichs Stimme versagte. Seine Schmach. Er drückte sich davor, sich im Kampf zu messen, drückte sich davor, bei Scharmützeln in der vordersten Reihe zu kämpfen. Er war kein Edelmann.

Der Probst, der vor ihm saß, brummte etwas.

Ulrich wartete auf die Buße. Er bereute.

»Sonst sündige Gedanken?«, fragte der Probst. Ulrich schüttelte den Kopf. Es schien, als sei der Probst enttäuscht. Ulrich lehnte sich etwas zurück, um seine schmerzenden Knie zu entlasten. Kaplan Lukas auf der Lenceburg hätte ihn nun mit einer Buße aus der Beichte entlassen.

»Richenza ist wieder schwanger«, entfuhr es Ulrich, obwohl das gar keine Sünde war.

Diesen Morgen hatte Richenza sich übergeben. Ulrich hatte die Zeichen der Schwangerschaft schon länger in ihrem Gesicht erkannt, die spitzere Nase und die bleiche Haut unter den Augen.

»Gesegnet sei die Frucht deines Weibes«, sagte der Probst. »Ist es das dritte?«

»Das vierte«, antwortete Ulrich stolz.

Er brauche Richenza nur anzublicken, erzählte sich das Gesinde auf der Lenceburg, schon trage sie ein Kind. Ihm war es recht.

Die Schwangerschaften zeigte sie aufrecht mit vorgeschobenem Bauch und der Hand im Kreuz.

»Das Kind heißt Arnold«, hatte Arnold bestimmt, als der erste Sohn das Licht erblickt hatte. Er ignorierte Ulrichs Proteste. Richenza zuckte die Schultern, übergab das Kind einer Amme und erbrach sich kurze Zeit später am Morgen wieder, während Ulrich keinen Blick von dem Neugeborenen lassen konnte.

Ulrich nannten sie den zweiten. Der aber hustete, lag nach wenigen Monden kalt in den Decken und Richenza kauerte mit aufgerissenen Augen daneben. Als sie bebend in seinen Armen lag und er ihr übers Haar strich, wurde er sich das erste Mal gewahr, dass er breiter und größer war als sie. Seine Stimme war tiefer geworden, die Barthaare sprossen.

Richenza beharrte auf Ida, als die erste Tochter das Licht erblickte, hatte sichtlich Mühe, diese vor ihrer Abreise hierher nach Turecum auf der Burg zurückzulassen. Und nun wurde ihre Nase wieder spitz, und sie behielt das Frühstück nicht mehr im Magen.

»Das ist das vierte in fünf Jahren«, hatte sie diesen Morgen erklärt. Nun gebe es eine Pause.

Ulrich hatte, ohne zu verstehen, dazu genickt, hatte ausgerechnet auf ihren Busen gestarrt und sich an ihre Hüften unter seinen Händen erinnert. Ob schwanger oder nicht. Richenza war wunderbar zum Anfassen. Und nun ihr Begehr, jetzt, wo er bei jeder Rundung, die er erblickte, an Brüste und ausladende Hintern dachte. Jetzt, wo die Weiber an ihm vorbeitänzelten und ihn mit einem Augenaufschlag anstrahlten, als sei er Gawain, der Schönling von Arthurs Tafelrunde.

Vielleicht sollte er dies in der Beichte anbringen. Ulrich stockte.

»Werdet Ihr den Prinzen verloben?«, fragte Ulrich den Probst stattessen. Deswegen waren er, Arnold und Richenza nach Turecum gereist. Der Kaiser wollte hier zum Christfest die Verlobung zwischen seinem fünfjährigen Sohn und Bertha von Turin im Großmünster feiern.

Der Probst schüttelte den Kopf. Der Kaiser habe seine eigenen Bischöfe dabei, brummte er.

»Habt Ihr die kaiserliche Familie schon gesehen?«

»Neugier ist auch eine Sünde, mein Sohn«, antwortete der Probst, der kaum älter als Ulrich war. »Der Kaiser residiert in der Pfalz. Die Äbtissin von nebenan scharwenzelt um die Familie herum, als habe sie nichts Besseres zu tun.«

»Hat der Kaiser ...« Ulrich wusste nicht, wie er es in Worte fassen sollte. »Weiß er sich zu schützen?«

Letzten Sommer hatten sie Kunde bekommen, dass jemand den Kaiser habe vergiften wollen. Der Lothringer, Richenzas Onkel, oder andere Herzöge, die die Krone an sich reißen wollten. Instinktiv ballten sich Ulrichs Hände zu Fäusten. Falsche Hunde waren sie und würden hoffentlich elendiglich verrecken.

Nun wollte der Kaiser in Turecum Christfest und Verlobung feiern. Hier, in der noblen Stadt, der triaregna, dem Schaltplatz zwischen Schwaben, Burgund und der Lombardei. Drei mächtigen Herzogtümern des Reiches, die alle mit dem Kaiser verfeindet waren.

»Gott hält seine Hand über unseren gesalbten Kaiser«, sagte der Probst, räusperte sich, blickte etwas gequält zur Seite. »Ein frommer Herrscher.« Der Probst schien verlegen. »Der unseren Glauben herausfordert.«

Ulrich senkte seinen Kopf. Seit Agnes von Anjou dem Kaiser den lang ersehnten Sohn geschenkt habe, sei er noch asketischer geworden. Die demütige Selbstverleugnung Christi war sein Vorbild – nicht nur die Lothringer spotteten darüber, auch hier im Süden brachte man dem Gebaren wenig

Verständnis entgegen. Ein Kaiser sollte prunkvoll sein und die Herrlichkeit Gottes auf der Erde präsentieren. Schmale Kost und Askese überließ man den Mönchen. Selbst die Chorherren in Meuschter geizten weder mit Kleidung noch mit Essen. Ulrich versuchte, die aufdringlichen Gedanken zur Seite zu drängen, doch sie hatten sich in ihm fest gebissen. Arnold beharrte darauf: Der Kaiser durfte nicht kritisiert werden, der Gesalbte war Garant für den Frieden im Reich. Trotzdem hörte Ulrich das hämische Lachen von Wernher, dem Habichsburger, über den asketischen Kaiser, der angeblich die Füße seiner Diener wusch. Nicht nur Wernher, auch Richenza spottete.

»Ich habe sündige Gedanken«, stieß Ulrich hervor. »Über meinen Kaiser.«

»Ihr missgönnt ihm seine Herrschaft?«

»Nein!« Ulrich strich sich mit seinen kalten Händen über die Stirn, fuhr durch seinen frisch gestutzten Spitzbart. Seine Knie schmerzten vom langen Knien. »Ich bringe die Stimmen seiner Feinde nicht aus meinem Kopf.«

»Mein Sohn.« Ulrich spürte die Hand des Probstes auf seinem Haupt. »Neid und Hochmut sind Todsünden, die wir alle im Zaum halten müssen. Neugier und Lügen kommen bei Euch noch dazu. Betet zehn Pater Noster vor dem Altar der Märtyrer Felix und Regula. Auch wir werden für Euer Seelenheil beten.«

Laut rezitierte der Probst ein Pater Noster und gab ihm die Absolution.

Als Ulrich sich erhob, überreichte er dem Probst ein Silberstück. Arnolds Beichte hatte weniger lang gedauert. Sein Bruder saß sicherlich schon mit einem Kelch Wein in der warmen Stube. Richenza behauptete, sie habe auf der Lenceburg gebeichtet, das genüge. Sie hatte auf dem Münsterplatz zwei Amulette erstanden, die die Knochen der Heiligen Regula berührt hatten, und besuchte nun wohl den Gewürzhändler.

»Am See gibt es einige Güter, die uns den Zehnten noch nicht bezahlt haben«, riss der Probst Ulrich aus seinen Gedanken. Ulrich nickte. Als Kastvögte des Münsters sollten die Lenceburger dafür sorgen, dass die Chorherren zu ihren Rechten kamen. Sie waren nicht mit vielen Kriegern nach Turecum gekommen. Aber eine kleine Gruppe konnten sie losschicken, um nach dem Rechten zu sehen. Er folgte dem Probst in das Kontor.

2. Kapitel

Ulrich fragte sich, wie sie alle hier niederknien könnten, wenn das Etikett es vorgebe. Schulter an Schulter standen sie im Längsschiff des Großmünsters. Seide raschelte, schwerer Moschusduft hing in der Luft. Der höchste Adel des Reiches war versammelt. Freund und Feind des Kaisers. Dieser starrte mit spitzer Nase und stechendem Blick auf seinen fünfjährigen Sohn. Steif stand der Junge vor dem Altar neben seiner frisch Verlobten Bertha, beide in Brokat gekleidet, der rötlichblau im Kerzenlicht schimmerte.

Ulrich dachte kurz an seinen Erstgeborenen, der – ein bisschen jünger als der Prinz – jetzt wohl brüllend mit einem Holzschwert in der Hand in der Kemenate herumrannte und auf die Bettstatt eindrosch. Vom Prinzen hatte er bis jetzt nur Rücken und Hinterkopf erblicken können.

Neben ihm lehnte sich Richenza gegen seine Schulter. Er tastete nach ihrer Hand, erschrak, wie kalt sie war, und drückte sie. Wenn es ihr hier drinnen ob der vielen Gerüche und dem Gerangel nur nicht den Magen kehrte!

Vorsichtig strich Ulrich über Richenzas Taille. Bis jetzt war jede Schwangerschaft gut verlaufen. Dank ihrer Spende an die Kirche und den Amuletten der Kräuter-Liese.

Diese Neugeborenen mit ihrer zarten Haut und dem Geruch nach Anis verzauberten ihn. So schnell wuchsen sie heran, veränderten sich und starrten ihn mit aufgerissenen Augen an, wenn er von seinen Reisen aus den Vasallengebieten zurückkam. Ulrich konnte es jedes Mal nicht fassen, was für Wellen der Zuneigung durch seinen Körper fuhren, wenn er seine Kinder in den Armen hielt. Richenza schmunzelte dann meist. Anfänglich hatte er gedacht, es sei, weil er sich ungeschickt anstelle. Doch einmal beichtete sie ihm, er blicke wie ein Schaf, wenn er die Kleinen wiege und an ihnen herumschnuppere. Lieber ein Schaf als ein Wolf, dachte er. Doch eine Zeit lang hatte er keines mehr in den Arm genommen. Nun aber konnte er es kaum erwarten, bald wieder ein kleines Menschlein am Bauch zu kitzeln und die Kraft seiner Klammerfingerchen zu spüren.

Ein heller metallener Klang riss Ulrich aus seinen Gedanken. Die Glocken läuteten zur Wandlung. Wie aus dem Nichts ging ein Rascheln durch die Menge, langsam tastete Ulrichs Fuß nach hinten, suchte einen Platz. Wie aus einem Guss sanken die Edelleute in die Knie. Richenza hing schwerer in Ulrichs Armen, kniete mit ihm hin, wäre noch weiter gesunken, wenn er sie nicht gehalten hätte. Ein Blick in ihr Gesicht zeigte ihm ihre aufgerissenen Augen, die feuchte bleiche Haut. Er zog sie an sich, damit sie sich gegen ihn lehnen konnte.

Kniend konnte Ulrich nun keinen Blick mehr nach vorne erhaschen. Er nahm jedoch an, dass auch der Kaiser kniete. Barfuß wahrscheinlich, wenigstens trug er nicht sein Büßergewand.

Die Messe würde noch lange andauern. Wenn es nach dem Kaiser ginge, würden sie nur hier in der Kirche knien, anstatt Christfest und Verlobung ausgiebig zu feiern. Ulrich dachte mitleidig an den bewegungslosen Prinzen und seine Verlobte Bertha. Im Gegensatz zu den mächtigen Dynastien war Lenceburg zufrieden mit dieser Verlobung. Ancilia von Lenceburg, eine Großtante von ihm, hatte vor langer Zeit in die Turiner Familie eingeheiratet, welche nun in die Königsfamilie einheiratete. Ein Vorteil, den Arnold und er hoffentlich bald ausnutzen konnten.

»Amen«, ertönte es rund um ihn, und die Edelleute erhoben sich, streckten ihre schmerzenden Knie. Richenza stellte sich ohne seine Hilfe auf die Füße, nickte ihm etwas munterer geworden zu. Trotzdem behielt er ihre Hand in der seinen.

Von hier aus konnte er den Hinterkopf von Berthold von Lothringen erkennen. Hatte der Herzog wirklich den Kaiser vergiften wollen? Ulrich wusste nie, was er von solchen Gerüchten halten sollte. Der Kaiser hatte viele Feinde. Wie sonst sollte er sich behaupten, wenn er nicht die habgierigen Herzöge zurückstutzte?

Reglos starrte der Lothringer ins Leere. Harrte der Dinge. Doch mit seiner Kaiser-Verachtung stach er sich ins eigene Fleisch: Neben dem Prinzen stand keine Lothringerin, sondern Bertha von Turin! Ulrich holte tief Luft.

Unglücklicherweise war Berthold mit seinem Hass nicht allein. Zähringen fühlte sich übergangen, und der schwache Schwabenherzog würde alles tun, um Zähringen und Lothringen zu gefallen. Sie alle hatten sich auf Geheiß des Kaisers hier im Großmünster versammelt, um nochmals dem Prinzen ihre Treue zu schwören.

Endlich kam Bewegung in die vordersten Reihen. Ulrich drückte aufmunternd Richenzas Hand. Dummerweise würden sie beide weit hinten in der Reihe stehen, bevor sie dem Prinzen ihre Treue schwören und ihm zu seiner Verlobung gratulieren konnten. Wenigstens stand Arnold als Kastvogt des Großmünsters weiter vorne.

Stoffe raschelten. Ulrich wurde zur Seite geschoben. Mehrere Zähringer drängten nach vorne. Richenzas Blick war wacher geworden. Nun packte sie seine Hand und stemmte sich gegen die Menge. Richenza kannte das Machtgefälle der Familien besser als er. Sie würde genau darauf Acht geben, dass sie sich richtig einreihten. Zwischen den Umhängen konnte er das Rot aus dem Wappen der Habichsburger aufblitzen sehen. Wernher musste hinter ihnen stehen. Darauf würde er beharren. Jemand stieß gegen Ulrichs Rücken, fast wäre er gestolpert.

Graf Eggehard von Nellenburg drängte mit zwei seiner Söhne an ihnen vorbei. Den mussten sie vorbeilassen. Als

Vögte der Stadt Turecum hatten die Nellenburger mehr zu sagen. Richenza verzog keine Miene, als der ehemalige Schwiegervater sich vor ihnen aufstellte. Noch nie hatte sie ein Wort über ihre erste Ehe verloren. Nur auf ihrer Reise hierher wollte Richenza unbedingt in Bade nächtigen.

»Wir baden in den Verena-Quellen und bitten die Heilige um das Wohl unserer Kinder«, hatte sie begeistert vorgeschlagen. Die Lenceburger stünden ja nicht in Fehde mit Nellenburg, erwiderte sie, als er widersprach. Da dürften sie sich schon zeigen.

Wie immer hatte er ihren Argumenten nichts entgegenhalten können. Das warme Wasser – es war ganz angenehm gewesen. Nur die Hitze hatte ihn ganz lüstern gemacht und vor seinem Gefolge konnte er doch nicht Richenza begatten! Anschließend hatte Richenza verlangt, dass er einen Bader aufsuche, der ihm in den Mund schaue. Das hatte ihn gleich abgekühlt. Lieber ließ er sich von der Kräuter-Liese in den Mund blicken. Ulrich musste sich überlegen, wie er auf dem Heimweg die Quellen in Bade meiden konnte.

Sie kamen nur langsam vorwärts, wenigstens verließen die Vordersten das Kirchenschiff, was den Restlichen mehr Luft verschaffte. Es wurde gemunkelt, der Kaiser habe zur Feier der Verlobung weder Gaukler noch Spielleute eingeladen. Sie würden wohl nur lustlos einen Haferbrei hinunterwürgen.

Ulrich schielte nach vorne. Endlich konnte er die müden Gesichter der verlobten Kinder erkennen. Prinz Heinrichs Augen schienen immer wieder zuzufallen, eine Amme stützte ihn. Die Reihe der Edelleute, die vor ihm auf die Knie sanken und ihren Treueschwur reklamierten, war unsäglich lange. Aber es ging um den Frieden im Reich. Nur der strenge Arm des Kaisers hielt die Herzöge zurück, sich gegenseitig zu zerfleischen. Der Prinz schwankte, die Amme schüttelte ihn, raunte ihm etwas ins Ohr. Wenn er nur nicht zu heulen anfing, dachte sich Ulrich und blickte zu den Eltern, die starr danebenstanden. Ihren Blick auf die Edelleute gerichtet.

Bertha neben Heinrich schien auch nicht in einem besseren Zustand zu sein. Eine Hofdame stützte sie. Abermals fiel ihr Kopf auf die Brust. Ab jetzt würde sie am Hof unter den gestrengen Augen der Kaiserin aufwachsen. Ulrichs Gedanken flogen kurz zu Ida, seiner Tochter, die jetzt hoffentlich wohlig in den Armen ihrer Amme schlief. Die Herren von Fenis sowie die Oltinger zeigten sich interessiert an einer Vermählung. Richenza bevorzugte eine Verbindung in den Norden, schlimmstenfalls sogar mit Lothringen, was er grundlegend ablehnte. Arnold schmiedete wie immer seine eigenen Pläne: Nach ihm sollte Ida Nonne werden! Er stand mit der Äbtissin von Sickinga in enger Verbindung. Arnold hoffte, Schutzvogt von Sickinga zu werden. Das Kloster besaß Ländereien östlich von Schennis, und die Lenceburger könnten diese gut verwalten. Unglaublich! Über ein so mächtiges Kloster, dessen Äbtissin einen Kurfürstenstand hatte, hatte Lenceburg noch nie die Schutzmacht besessen. Zudem stand das Kloster mitten in den Ländereien des Rinfeldners. Ihres arroganten Nachbarn Graf Rudolf. Das würde den ärgern! Ulrich blickte um sich. Wo stand dieser eigentlich?

Erst als er seinen Blick nach vorne wandte, konnte er einen Ausruf des Erstaunens nicht unterdrücken. Im flackernden Kerzenschein kniete Rudolf von Rinfelden vor dem Prinzen. Schon ergriff er dessen Hand, um den Ring zu küssen – der Kaiser hatte wirklich für den Kinderfinger einen Ring herstellen lassen! Der Prinz blinzelte schläfrig. Rudolf hob feierlich die Hand zum Schwur. Die Finger zum Himmel gereckt, dem Allmächtigen entgegen.

»Fides.« Rudolfs Stimme hallte durch den Raum. Es war Ulrich, als würde sie lauter tönen, als die der vorherigen.

Der Rinfelder band sein Schwert und seine Treue an das salische Königshaus. Gott und alle Edelleute waren Zeuge.

Wie konnte ein Graf wie der Rinfeldner so weit vorne stehen? Vor Arnold, den Nellenburgern und sogar den Zähringern! Ulrich musste sich zurückhalten, um nicht mit den Zähnen zu knirschen. Rudolf musste auf seine Verwandtschaft mit dem burgundischen Königshaus gepocht haben. Ein Königshaus, das es nicht mehr gab! Burgund war schon längst ein Teil des Kaiserreichs geworden. Rudolf fehlte die noble Bescheidenheit. Habsucht war eine Todsünde! Er grub ein vergangenes Königshaus aus und wurde sogar noch erhört!

Wütend wandte sich Ulrich an Richenza. Auch sie beobachtete, was vorne beim Prinzen geschah. Im Gegensatz zu seinem war ihr Gesichtsausdruck ruhig. Ulrich wusste, warum. Sie mochte ihren Vetter. Dabei gierten Rudolfs lange Finger nach dem Frickgowe bis hin zur Araebene. Alles Land der Lenceburger! Das möchte Ulrich dem habsüchtigen Kerl schon lange austreiben. Nur wenn Rudolf so weit vorne stand, wurde das schwierig. Ulrich räusperte sich, schluckte seinen Ärger hinunter. Arnold hatte Rudolf sicherlich auch vor sich gesehen. Ulrich warf einen Blick auf die Herzöge, die hinter Rudolf standen. Schade, dass er deren Gesichter nicht sah. So einen Affront durfte sich ein Herzog nicht gefallen lassen.

Graf Rudolf hatte sich unterdessen erhoben, aufrechten Hauptes schritt er an den Edelleuten vorbei aus dem Münster. Das würde der Rinfeldner noch bereuen!

Sanft fasste Ulrich Richenza ins Kreuz, um sie die nächsten paar Schritte nach vorne zu geleiten.

Als sie endlich vor dem Prinzen standen, war auch Ulrich müde, hungrig und erschöpft. Bewundernd blinzelte er kurz zu Richenza hinüber, die kein Zeichen von Schwäche mehr gezeigt hatte und deren Wangen nun rosig leuchteten.

Die Augen des kleinen Prinzen blickten verschleiert. Waren da salzige Spuren auf seinen Wangen? Getrocknete Tränen?

Die Amme, die ihn stützte, blickte entschuldigend hinter ihm hervor. Trotzdem flatterte es in Ulrichs Brust, als er sich vor dem Kind auf die Knie fallen ließ. Plötzlich fühlte er eine Leichtigkeit und Erhabenheit. Noch nie war er so nahe vor einem Prinzen gekniet! Die Hand des Jungen berührte kaum sein Haupt, trotzdem war ihm, als fahre ein Blitz durch ihn. Der von Gott Auserwählte, der Garant des Friedens! Ulrichs Augen wurden feucht. Sein Vater und Arnold hatten dem Kaiser schon lange ihre Treue geschworen. Er war dabei immer mitgedacht gewesen. Aber nun kniete er, Ulrich, selbst da, um seinen Eid zu leisten. Das erst machte ihn zum Edelmann.

Feierlich hob er seine Hand. »Ich schwöre«, sprach er, so fest er konnte. »Fides!« Treue. Das Echo prallte von den Wänden wieder, vibrierte auf seiner Haut. Gott hörte es.

Er hob seinen Blick, um das Kruzifix hinter dem Altar zu suchen. Der harte Blick des Kaisers traf ihn. Ulrich senkte sogleich sein Haupt. Eine Hand packte seinen Arm, zog ihn hoch. Er verbeugte sich hastig und stolperte hinter Richenza her.

Die kalte Nachtluft ließ sie beide innehalten. Ulrich atmete tief ein. Er hatte es getan! Er hatte dem Prinzen und dem Königshaus Treue geschworen. Die Ordnung Gottes war hergestellt, er war ein Teil davon. Es war, als wäre er größer geworden, gewachsen, stärker. Er nahm Richenzas Hand und drückte sie, spürte den matschigen Schnee unter seinen Stiefeln kaum. Auch wenn heute weder mit Gesang noch Tanz gefeiert wurde. Was bedeutete das schon? Er mochte die endlosen Minnelieder, die von unerfüllter Sehnsucht und Liebe sprachen, nicht.

Er hatte dem Prinzen seinen Eid geleistet, und der Himmel hatte es gehört. Das war Herrlichkeit genug.

»Ulrich, darf ich dir Herzog Berthold von Lothringen, meinen Onkel, vorstellen«, riss Richenzas Stimme ihn aus seinen

Gedanken. Wirklich, sie standen vor dem untersetzten Herzog mit dem vollen Bart und den verkniffenen Augen. Ulrich verbeugte sich hastig, spürte plötzlich die Kälte. Der Kaiser weilte noch in der Kirche, trotzdem war es Ulrich nicht recht, wenn man ihn hier mit einem Feind des Kaisers parlieren sah.

»Arnolds jüngerer Bruder.« Der Herzog maß ihn mit einem durchdringenden Blick. Ulrich nickte, überlegte, wie er sich so schnell wie möglich entfernen könnte, ohne unhöflich zu erscheinen.

»Lenceburg besitzt die Schutzvogtei über das Münster hier«, erklärte Richenza. Berthold nickte, musterte immer noch Ulrich. Die kalte Nachtluft fuhr durch dessen Umhang, in den er sich wickelte.

»Eure Eltern wollten Euch als Bischof sehen, nicht als rechte Hand Eures Bruders«, sagte der Herzog, dem die Kälte nichts auszumachen schien. Ulrich nickte verdutzt. Er hatte nicht gewusst, dass der Lothringer so genau über ihre Verhältnisse unterrichtet war. »Jedenfalls bekam die Grafschaft Lenceburg durch Euch einen Erben.« Der Herzog warf einen Blick auf Richenza.

»Graf Arnold übernimmt mehr Schutzvogteien und braucht Ulrichs Hilfe«, erklärte Richenza an Ulrichs Stelle.

»Lenceburg ist eine freie Grafschaft, direkt dem Kaiser untertan«, ergänzte Berthold, und Ulrich war es, als wollte der Herzog damit mehr andeuten.

»Onkel«, Richenza hakte sich bei Berthold und Ulrich unter, zog beide mit sich über den verschneiten Platz. »Kommt Ihr vorbei, wenn wir das Kloster in Mure einweihen?«

Ulrich traute seinen Ohren kaum. Es dauerte doch noch Jahre, bis die Kirche fertig gebaut war und eingeweiht wurde. Zudem wurde Mure von den Habichsburgern eingeweiht. Wie konnte Richenza von „wir“ sprechen? Aber Richenza hatte diese weiche, schmeichelnde Stimme bekommen, der niemand widersprechen konnte. Berthold lachte und kniff ihr in die Wange. Dann warf er einen Blick zu Ulrich hinüber.

»Die Zähringer sind verschnupft, weil der Kaiser das Herzogtum Schwaben einem anderen gab. Eben hat sich Rudolf von Rinfelden weit nach vorne gelehnt. Er will das Herzogsamt wohl an sich reißen. Was sagt Ihr dazu?«

Ulrich schluckte. Die Unzufriedenheit über das Herzogsamt Schwaben. Was erlaubte sich Berthold, genau dieses Dilemma anzusprechen! »Der Kaiser entscheidet, wer Herzog in Schwaben ist«, erklärte er und spürte wieder das Vibrieren seines Treueeides auf der Haut. »Wie Ihr sagtet, ist Lenceburg eine freie Grafschaft. Das Herzogtum Schwaben geht uns nichts an.«

»Das sollte es Euch aber«, entgegnete der Herzog und lachte auf. Seine Augen aber blickten kalt.

»Ulrich!« Der Ruf seines Bruders ließ ihn zusammenzucken. Selbst Richenza zog ihren Arm aus seiner Armbeuge. Mit stechendem Schritt eilte Arnold auf sie zu und blieb vor ihnen stehen. Knapp verneigte er sich vor Berthold.

»Herzog«, stieß er hervor, als würde er ausspucken.

»Graf Arnold«, antwortete Berthold leise und verächtlich.

»Wir waren gerade dabei, in den Festsaal zu gehen«, sagte Richenza. Es tönte beinahe entschuldigend.

»Den Festsaal finden wir auch selbst«, zischte Arnold. Der Herzog verbeugte sich, grüßte und ging davon.

»Der Mundschenk testet eben das Essen, falls die Herren Herzöge nochmals vorhaben, den Kaiser zu vergiften«, fauchte Arnold Richenza an. Diese kniff ihre Augen zusammen. Ulrich kam es so vor, als wolle sie ihrem Bruder ins Gesicht spucken.

»Dem Hause Lenceburg täte es gut, seine Allianzen zu erweitern.« Richenzas Stimme klang gefährlich ruhig.

»Das Haus Lenceburg braucht diese Allianzen nicht«, erklärte Arnold genauso eisig.

»Und an wen wendet Ihr Euch, wenn der Kaiser untergeht? Ihr seid ein ehrloser Mann, Graf Arnold! Seid Euch dessen bewusst!«

Ulrich hielt den Atem an. Was erlaubte sich Richenza, seinen Bruder mit solchen Worten zu beschimpfen?

»Vielleicht bin ich ein ehrloser Mann.« Arnolds Gesicht zeigte keine Regung. »Aber ich weiß, was Treue bedeutet!«

Richenza senkte als Erstes ihren Blick. Fast gleichzeitig setzten sich die beiden in Bewegung und strebten dem Fluss zu. Nur Ulrich blieb stehen. Er verstand kein Wort von dem, was hier gesprochen worden war.

Auf der Holzbrücke holte er sie ein. Beide schritten mit verbissenem Gesichtsausdruck über die glitschigen Planken. Ulrich musste aufpassen, dass er im Schneematsch nicht ausrutschte. Trotzdem versuchte er, Blickkontakt mit Richenza aufzunehmen. Es sollte ihr doch klar sein, dass Lenceburg mit einem Feind des Kaisers nicht zusammenspannte! Dass sie Arnold deswegen „ehrlos“ nannte, war unerhört. Lenceburg stand auf der richtigen Seite. Doch Richenza reagierte nicht auf seine Blicke. Sie marschierte, stur vor sich hinstarrend, von der Brücke den Hügel zur Pfalz hinauf. Die Häuser standen eng beieinander, beugten sich düster über sie. Vor dem Festsaal flackerten einzelne Fackeln. Obwohl sie keine Waffen dabei hatten, durchsuchten die Wachen jeden Einzelnen. Dann wurden sie eingelassen.

Arnold und Richenza begrüßten die Anwesenden der Reihe nach mit leisen Stimmen. Beugten mal ehrfurchtsvoll die Köpfe, lächelten mal freundschaftlich. Ulrich folgte in ihrem Fahrtwasser, einerseits noch verwirrt, anderseits froh, weil Namen und Titel der Anwesenden ohne zu zögern von den Lippen Richenzas flossen. Trotzdem war ihm unwohl. Und da spürte er es: Trotz der Begrüßungen lastete eine schwere Stille im Raum. Die Menschen raunten, murmelten, wagten nicht ein lautes Wort. Weder Musiker noch Gaukler waren zu sehen. Wenige Talglichter erhellten den Saal. Die Tafel war nicht gedeckt. Selbst der Duft nach gebratenem Fleisch und heißem Honigwein fehlte. Hier wurde nicht gefeiert.

Der Lothringer hatte sich mit seinen Leuten in eine Ecke zurückgezogen, einige Schritte entfernt stand der Zähringer, umringt von seinen Mannen. Es schien, als wäre es gefährlich, sich zu den falschen Leuten zu gesellen.

Da durchdrang ein Lachen die Stille. Rudolf von Rinfelden näherte sich vorne an der erhöhten Tafel der Markgräfin Adelheid von Turin, der Mutter der Verlobten. Neckisch legte er den Kopf zur Seite und schien ihr aufzuwarten. Verärgert drehte sich Ulrich weg. Wegen Lenceburgs Verwandtschaft mit Turin sollten Arnold und er dort stehen. Aber Arnold drängte sich hinter die Nellenburger. Dort versammelten sich ein paar Burgunder, die Herren von Fenis und zwei Oltinger. Man nickte sich stumm zu. Man wartete auf den Kaiser.

Ulrichs Magen knurrte. Richenza hatte sich wieder gegen ihn gelehnt. Endlich wurden die beiden Türflügel aufgerissen.

»Der Kaiser!«, rief jemand.

Alle sanken auf ein Knie, beugten den Kopf. Ulrich schielte zur Seite. Alle knieten, auch der Lothringer. Dann blinzelte Ulrich nach vorne. Groß war er, Kaiser Heinrich, und hager. Der Bart lange, sein Gewand aus Brokat schimmerte. Doch zwischen den Knienden hindurch entdeckte Ulrich, ihm stockte der Atem, dass der Kaiser barfuß ging. War er wirklich vom Münster bis hierher mit bloßen Füßen durch den Schneematsch gewatet?

Kaiserin Agnes schritt neben ihm. In ihrem Schatten folgten die beiden Hofdamen mit den schlafenden Kindern im Arm. Die Familie begab sich zur erhöhten Tafel. Als sie sich setzten, erhoben sich die Edelleute und suchten ihren Platz an den unteren Tafeln. Ulrich und Richenza stellten sich hinter Arnold, da es für sie wie alle Zweitgeborenen keinen Platz gab. Kelche wurden ihnen gereicht, die mit dünnem Wein gefüllt waren. Knappen trugen Schüsseln mit Getreidebrei auf. Kein Fleisch, keine Leberpasteten gefüllt mit Sultaninen, kein Pfefferkuchen mit Nüssen und Honig. Niemand sagte etwas darüber. Ulrich blickte zur hohen Tafel. Der Kaiser thronte dort, überblickte wortlos den Saal.

Heute feierten sie das Christfest und die Verlobung des Prinzen. Aber sie saßen zusammen, als müssten sie Buße tun, als stünde ihnen das Ende der Welt bevor. So weit war es doch noch nicht. Oder?

3. Kapitel
Sechs Jahre später
Lenceburg
Anno Domini 1061

Arnold, sein Ältester, blieb stocksteif stehen. Ulrich wandte kein Auge von ihm. Gut machte es der Kleine. Gleich würden Knochen knirschen, wenn das Beil durch Haut und Muskel fuhr. Schon beim Gedanken an das Geräusch bekam Ulrich eine Hühnerhaut. Dieser dumpfe Aufprall, das Ächzen und dann der Geruch. Er durfte nicht hinhören, nicht einatmen, nicht daran denken. Sein Sohn blieb ruhig stehen, die Augen aufgerissen. Gut machte er es, gut. Nicht umfallen sollte Arnold, nicht zusammenklappen, wie es ihm, Ulrich, immer noch ab und zu geschah. Ulrich umklammerte sein Handgelenk hinter dem Rücken. Gerne hätte er eine Hand auf die Schulter seines Sohnes gelegt. Aber das ging hier nicht vor den Schöffen.

Es knirschte. Ulrich schaute in den Himmel, atmete durch den Mund, dachte an die kleine Ida, wie sie mit der Spindel kämpfte. Ein Zurückschrecken Arnolds ließ Ulrich den Kopf zu ihm wenden. Doch Arnold stand immer noch, bleich, mit Telleraugen. Er würde ein guter Graf werden.

Richenza war dagegen gewesen, dass er ihn nach Meuschter mitnehme. Doch sein Ältester trug zehn Lenze und musste in die Geschäfte seines Vaters eingeweiht werden. Richenza hatte erst zugestimmt, als Graf Arnold den Kleinen nach Sickinga hatte mitnehmen wollen. Lieber mit dem Vater nach Meuschter, hatte sie befunden.

Niemand hatte wissen können, dass der Ammann in Hotorf einen Brandstifter dingfest machen würde. Zwei Scheunen hatte dieser angezündet. Der Vorrat für den Winter war in Flammen aufgegangen, mit den Abgaben an den Grafen – Todesstrafe. Brandstiftung war schlimmer als Vatermord, das hatte Graf Arnold ihn gelehrt.

Ulrich erinnerte sich, dass er selbst einmal angeordnet hatte, Roggen zu verbrennen, um den bösen Geist darin zu vernichten. Seither hatte kein Bauer mehr die Engel singen hören. Die Menschen hatten ihm den Befehl verziehen.

Hier in Hotorf war schnell ein Schuldiger gefunden, etwas zu schnell. Ulrich hatte den Au-Bauer und seinen Nachbarn mehrmals befragt, sowie auch die Zeugen.

»Schau dir die gut an, die am lautesten nach Rache schreien«, hatte ihm sein Bruder geraten und oft Recht behalten. In Hotorf brauchten sie jede Hand für die Feldarbeit. Sie konnten keine Unschuldigen hinrichten. Schon gar nicht den Ältesten des Twingherrn. Aber der hatte unter Folter gestanden, nachdem er seine Tat im Suff der halben Gemeinde vorgegrölt hatte. Das Feuer, er wollte das Feuer tanzen sehen.

Ulrich hob seinen Umhang vor Nase und Mund. Sie mussten nicht mehr lange hier stehen. Der Henker arbeitete sauber.

Sein Ältester wandte sich zu ihm, blickte ihn an. Er nickte ihm zu. Alle Anspannung fiel von seinem Sohn.

»Er hat noch gezuckt, als sein Kopf schon ab war«, rief Arnold. Ulrich nickte. Brust und Rachen so zugeschnürt, dass er noch nicht sprechen konnte.

»Wie bei den Hühnern«, folgerte Arnold. Ulrich nickte nochmals. Arnold wirkte mehr überrascht als erschrocken. Hatte der Allmächtige ihm verziehen? Sein Sohn trug seine Schande nicht.

Der Küttiger nickte Ulrich zu. Die Hinrichtung war also offiziell zu Ende. Ulrich schritt zu den Schöffen, konzentrierte sich darauf, dass sein Blut nicht aus dem Kopf floss. Er räusperte und verabschiedete sich. Die Eltern des Brandstifters hatten sich von ihrem Sohn abgewandt. Sie sollten in ihrem Amt bleiben, das war Ulrichs Wille. Er erklärte nochmals, dass er weiterziehen müsse. Eine längere Reise nach Basilea stehe bevor. Kaiserin Agnes würde dort einen neuen Papst krönen, da durfte Lenceburg nicht fehlen. Arnold schickte er mit dem restlichen Gehalt zum Henker, der hier noch aufräumte. Der Kleine wusste, dass er Menschen mit unreinen Berufen nicht anfassen durfte. Je schneller er den Umgang mit ihnen übte, desto besser. Ulrich freute sich über den Eifer des Jungen. Sonst verhielt sich Arnold eher zu ruhig. Er verkroch sich im Burgfried, anstatt sich im Hof mit den anderen Knappen zu messen.

Burkhart, der ältere der beiden Trostberger Knappen, hatte Ulrichs Rappen schon gesattelt. Ulrich bemühte sich, schnell in die Nähe des Tieres zu kommen. Sein Geruch und die ruhige Art besänftigten seine Sinne.

Bald schon würde er sich mit seinen Mannen und Arnold auf die Pferde schwingen und losreiten. Morgen kamen sie auf der Lenceburg an, wo Richenza ihre gemeinsame Reise nach Basilea vorbereitete. Üblicherweise freute er sich auf eine solche Reise. Doch seit seinem letzten Aufenthalt auf der Burg wich er seiner Frau eher aus.

Vollkommen ahnungslos war er gewesen, als er vor Maria Himmelfahrt aus Schennis zurückgekehrt war. Katzbucklig wie immer hatte ihm der Meier die Zahlen gezeigt, obwohl das nicht nötig gewesen wäre, da Richenza ein genaues Auge auf die Abgaben warf. Aber damit die Sache ein Richtiges hatte, setzte er sich vor dem Meier an den Tisch, und dieser erklärte ihm die Zahlen und Ziffern. Danach hatte sich der Meier am Schädel gekratzt, hatte ihn angeschaut, wieder am Schädel gekratzt, und Ulrich hatte verstanden, dass da noch etwas anderes geschehen war. Selbst als er den Meier aufgefordert hatte zu sprechen, hatte der gehustet und geknurzt, als hätte er einen Knochen verschluckt. Und da war er langsam herausgerückt, dass Herr Lancelin oft hier weile, auf der Burg, öfter als bei den Eschibachs, seiner Familie. Und dass Lancelin schon in der Kemenate gewesen sei, nur er und die Gräfin. Das alles gehe ihn, den Meier, ja nichts an, hatte sich der ereifert, aber er sei ja nicht der Einzige, der so etwas bemerke. Ulrich war aus allen Wolken gefallen. Dass es auf seinen Reisen einige hübsche Mägdchen gab, die ihn des Nachts wärmten, das wusste jeder. Aber Richenza mit ihrer klaren Stimme und dem strafenden Blick? Seit der ersten Wonnenacht, die schon Jahre her war, hatte er nie einen Gedanken an mögliche Liebhaber verloren. Eher hörte er sagen, dass die Gräfin den Burgmannen beim bloßen Hinschauen die Eier austrocknen könne. Und nun Lancelin? Vor zwei Sommern hatte er dem Jungen den Ritterschlag gegeben, und just strich der um seine Frau herum?

Ulrich hatte dem Meier zugenickt und sich gewünscht, sein Bruder sei auf der Burg. Oder vielleicht auch nicht. Arnold gab in Sachen Richenza keine Ratschläge. Wenn Ulrich mit einem Anliegen aus seiner Ehe vor seinen Bruder trat, zuckte der nur die Schultern.

Ulrich hatte den Meier verlassen und war in den Essraum hochgestiegen. Ein Storch brutzelte auf einem Spieß, Fleisch als Willkommensgeschenk für ihn, Ulrich. Die Mägde verteilten schon Schalen mit Birnenmus und Getreidebrei mit Karotten. Richenza tadelte Rudolf, ihren Jüngsten, weil der mit einem Stock fast das Auge von Ida ausgestochen habe. Trude säuberte die Kleidung eines Kleinen, den er bei Gott nicht von den seinen unterscheiden konnte. Die Situation war so alltäglich, dass er nicht glauben konnte, dass hinter der Vermutung des Meiers etwas stecke. Bis dem Barden nach dem Fleischgang aufgetragen wurde, für Unterhaltung zu sorgen. Wie immer sang der von Minne, unerfüllten Sehnsüchten und all dem Firlefanz, den niemand glaubte. Und da erblickte Ulrich Lancelin. Die schimmernden Augen weit aufgerissen, sehnsüchtig auf seine, Ulrichs, Gattin gerichtet. Der Ritter zeigte diesen entspannten Gesichtsausdruck, als wäre er ein Schaf und als säßen nur er und Richenza im Raum.

Diese Minnesänger! Ulrich wollte weder knausrig noch frömmlerisch sein. Ein Sänger gehörte auf die Burg. Aber sie verdrehten den Frauen den Kopf, sangen von wagemutigen Recken, die in Drachenblut badeten, und Jungfrauen, die jahrelang nach ihnen schmachteten! Ulrich hatte nie verstehen können, was andere an den Liedern fanden. Aber nun saß er hier im Speisesaal und entdeckte, wie einer seine Gattin anschmachtete, als wäre sie ein goldenes Jungferchen und nicht die Burgherrin mit drei Kindern. Da musste einem ja der Kragen platzen! Aber nichts platzte, Ulrich blieb sitzen mit dem Kelch in der Hand und wusste nicht, was er tun sollte.

Dass Lancelin mit ihm nach Basilea gehe, war schon längst ausgehandelt, und Ulrich nahm sich vor, der Ritter begleite ihn künftig überallhin. Dann hatte der Besseres zu tun, als in die Kemenate seiner Gattin zu spazieren! Zudem konnte er bei der nächsten Fehde Lancelin an vorderster Front einsetzen. Dort sollte der seine Manneskraft beweisen und nicht anderswo.

Richenza, nein, Richenza hatte er nicht darauf angesprochen. Wie konnte er auch? Er konnte doch nicht seine Gattin fragen, ob sie den Lancelin zu sich ins Gemach gelassen habe, damit der sich an ihr vergreife, wenn im Hof zwei Bälger von ihm herumsprangen, was jeder einschließlich seiner Gattin wusste.

Der Gedanke streifte ihn, ob Lancelin es gewesen sei, der sich in der Wonnenacht über Richenza gebeugt habe. Aber, nein! Zu der Zeit war Lancelin noch ein kleiner Junge gewesen. Solch dummes Zeug sollte er nicht denken!

Schon lange hatte er nicht mehr ihre prallen Hüften angefasst, ihren Duft nach Apfel und Melisse gerochen, wenn sie sich mit ihrer weißen Haut am Nacken über ihn gebeugt hatte. Nun ging es in der Kemenate mit Kindern und Ammen zu und her wie in einem Hühnerstall. In der Bettstatt schliefen sie eng aneinandergedrängt, und Richenza knurrte, wenn seine Hand nach ihr tastete. Seit ihrer vierten Geburt hatte Richenza sich ihm nicht mehr hingegeben. Er akzeptierte es, mit einem bitteren Nachgeschmack im Mund.

An Weibern fehlte es ihm nicht. Prahlten doch einige damit, sich den Grafenbruder unter den Nagel gerissen zu haben.

Die Burg wurde beispiellos von Richenza geführt, ihr Interesse an seiner Arbeit hatte nie nachgelassen. Sie erkannte, wenn er mit blutleerem Gesicht im Innenhof ankam. Dann führte sie ihn hoch in die Kemenate, zog ihm die Stiefel aus und knetete seine Füße. Nie verlor sie ein Wort über diesen seinen Schandfleck. Und nie fiel ein Wort seinen Männern oder dem Gesinde gegenüber. Wenn sie seine Unterschenkel auf den Schoß hob und ihre Finger in seine Fußsohlen drückte, sah er vor sich das Bild der Muttergottes, wie diese das Jesuskind auf ihrem Schoß hielt und dieses an ihrer Brust nuckelte. Genauso geborgen fühlte er sich.

In Schennis hatte er einmal eine der Dirnen gebeten, seine Füße zu drücken. Diese hatte ihn spöttisch angeschaut und beim Kneten vor sich hin gekichert. Nie mehr hatte er jemanden darum gebeten.

Seit er nun mit seinem Sohn nach Meuschter gereist war, suchte er sich die Worte zurecht, wie er Richenza auf Lancelin ansprechen wolle. Aber was, wenn sie ihm nur ins Gesicht lachte?

Der Schrei eines Habichts riss Ulrich aus seinen Gedanken. Er stand hier auf dem Richtplatz und nicht in seiner Burg. Der Geruch nach geronnenem Blut war verflogen. Aufatmend nahm er die Zügel in die Hand und schwang sich auf seinen Rappen. Sein Sohn Arnold kam angerannt. Der Trostberger hob ihn in den Sattel. Erst dann stiegen seine Krieger auf. Ein längerer Ritt stand ihnen noch bevor. Er hatte vor, bei den Herren von Allewilare zu nächtigen. Ulrich gab seinem Rappen die Sporen, spürte noch so gerne die federnde Bewegung des Pferdes unter sich.

»Meide zum Übernachten Bauernhöfe, wenn du kannst«, hatte er seinem Sohn erklärt. Die Bauern würden ihre letzte Kuh für die Mannen des Grafen schlachten. Das Geld, das er ihnen dafür reichte, würde wohl für eine Kuh reichen. Aber in der Gegend gab es kaum Viehmärkte, und der Winter kam bald.

Zudem tue es den Twingherren gut, wenn er ab und zu unangemeldet bei ihnen vorbeischaue, hatte Graf Arnold ihn gelehrt.

Doch der Himmel verdunkelte sich schnell, bald schon fielen die ersten Tropfen auf die Reiterschar. Dann brach der Donner los. Sie flüchteten sich unter einen Felsen, der ihnen bald keinen Schutz mehr bot. Ulrich befahl weiterzureiten. Der Wald schützte sie besser. Doch der Regen gab nicht nach. Schon konnte er die Nässe durch seinen Lederharnisch spüren, vom Helm lief ihm das Wasser übers Gesicht. Ein Blitz zuckte durch den Wald. Arnolds Pferd wieherte und stieg. Ulrich konnte den Aufschrei seines Sohnes vernehmen, der sich an das Tier klammerte. Der Küttiger drängte sein Pferd an das von Arnold und konnte die Zügel fassen, bevor das Tier durchbrannte. Leichenblass und mit aufgerissenen Augen hielt sich sein Sohn an Hals und Mähne fest. Ulrich wendete seinen Rappen. Der Küttiger nickte ihm zu.

»Ich führe das Ross«, sagte er. Zusammen hoben sie den Jungen vom Pferd und hievten ihn vor Ulrich auf den Sattel. Er zitterte unter ihren Händen. Ulrich legte seinen Arm um die schmale Brust, drückte Arnold an sich, um ihn zu wärmen, murmelte beruhigende Worte in sein Ohr. Mit dem Küttiger und den Kriegern könnte er bei solchen Widrigkeiten bis Allewilare durchreiten. Doch auch die beiden Trostberger

Knappen sahen blass und erschöpft aus. Der Jüngere war am vergangenen Tag vom Pferd gestürzt und hatte sich Hände und Arme geschürft. Sie brauchten einen Unterschlupf für die Nacht.

»Gibt es hier in der Nähe nicht ein paar Bauernhütten?«, rief er dem Küttiger zu. Dieser nickte.

Ulrich befahl zum Weiterritt und gab seinem Rappen die Sporen. Die Äste hingen schwer hinunter, peitschen ihnen manchmal ins Gesicht. Durch den Regen verschwammen die Baumstämme und Ulrich war, als würden dazwischen Augen hervorlugen. Von Kobolden und Elben. Schnell murmelte er ein Pater Noster.

Unterdessen war es schon so dunkel geworden, dass sie den fahlen Schimmer aus einer Hütte kaum entdeckten. Ulrich befahl Burkhard, dem älteren Trostberger, bei der Kate anzuklopfen und sie anzumelden. Der Junge sprach den Dialekt der Bauern, zudem erschraken die Bauern nicht so sehr, wenn ein Jüngling vor der Türe stand und kein Krieger oder Kobold.

»Sag ihnen, wir suchen nur einen Unterschlupf, wir essen nichts«, wiederholte er. Die Bauern hatten oft Angst, dass eine Reiterschar wie die Heuschrecken über ihre Vorräte fallen würden.

Der Knappe ritt davon. Ulrich drückte Arnold fester an sich. »Bald wird es warm«, raunte er in sein Ohr.

Vor der Hütte war der Boden sumpfig. Gerne hätte Ulrich seinen Rappen hineingenommen, anstatt ihn hier im Regen stehen zu lassen. Doch wenn das Tier aufschreckte, würde es über die schlafenden Männer trampeln, das konnte er nicht verantworten.

Im fahlen Licht der offenen Türe konnte er ein gebücktes Männchen erkennen. Burkhard winkte und rief etwas. Ulrich schwang sich vom Pferd und versank gleich knöcheltief im Morast. Arnold rutschte in seine Arme. Rauch und Gestank nach Fäkalien schlugen ihm entgegen, als sie die Hütte betraten. In normalen Zeiten hätte Ulrich hier nicht einmal sein Pferd über Nacht eingestellt.

Der Küttiger folgte mit Ulrichs Sattel und Gepäck. Die anderen würden die Pferde anbinden und nachfolgen.

Der Bauer starrte ihn mit aufgerissenen Augen an, hinter ihm stand sein Weib, an das sich drei Kinder drängten. Im Hintergrund konnte er das Blöcken der Schafe hören.

»Herr Graf«, stotterte der Bauer und schien nicht zu wissen, ob er sich an den Küttiger oder an Ulrich wenden sollte. Ulrich störte es nicht, wenn viele im ersten Moment den Küttiger für den Grafen hielten. Dessen imposante Gestalt fiel auf. Wer genau hinschaute, erkannte, dass Ulrichs Gewand und Schwert edler, sein Tier prächtiger war. Hier war es zu dunkel für solche Feinheiten.

Er stellte Arnold auf die Erde, behielt die Hand auf dessen Schulter.

»Wir danken Euch für Eure Gastfreundschaft«, sagte er und wies den Bauern an, er solle seinen Männern helfen, einen geeigneten Ort für die Pferde zu finden. Das Männchen humpelte hinaus, erst jetzt bemerkte Ulrich, dass es einen Klumpfuß hatte.

Der irdene Boden war weich und feucht. Ulrich schaute sich um. Er tat es nur ungern, aber er würde die Bettstatt der Bauern in Beschlag nehmen. Sie waren schon genug durchnässt. Arnold würde sich auf dem feuchten Boden erkälten.

»Ein edler Herr«, raunte die Bäuerin den Kindern zu und drängte sie in eine Ecke. Sie kannten wohl nur die Herren von Allewilare. Ulrich war deren Herr, und danach kam für diese Menschen nur noch der Allmächtige. Er nickte ihnen zu und schob Arnold an die Feuerstelle, wo die letzten Kohlen verglühten. Nach und nach füllten seine Männer die Hütte. Die Familie starrte sie mit aufgerissenen Augen aus der Ecke an. Die Schafe waren verstummt.

Ulrich ließ alle Nahrung aus den Satteltaschen vor sich auslegen. Es war nicht viel: Eine Scheibe geräucherter Schinken, verkrümelte Brotfladen, halbleere Weinschläuche. Sie hatten wegen der unerwarteten Hinrichtung einen Tag Verspätung und waren davon ausgegangen, dass sie heute bei den Allewilarern bewirtet würden.

»Wir haben schon gegessen, das gehört den Bauersleuten für ihre Gastfreundschaft«, entschied Ulrich, obwohl ihm vom Geruch des Schinkens das Wasser im Munde zusammenlief. Er warf seinen Mannen einen ernsten Blick zu, wusste aber, dass sie sich an seinen Befehl halten würden. Sie stammten selbst aus solchen Verhältnissen.

Arnold lehnte sich an ihn. Ulrich hielt ihm den Weinschlauch hin. Auch Arnold würde fasten. Morgen Abend konnten sie sich auf der Lenceburg den Bauch füllen. Arnold war ein zäher Junge, auch wenn er zu scheu und zurückhaltend war. Das Essen verschwand in der Ecke der Bauersleute.

Ulrich wandte sich der Bettstatt zu. Das Stroh war schmutzig und wohl voller Ungeziefer. Der Küttiger legte die Satteldecken aus. Sie würden sich so eng wie möglich zusammenlegen, um sich zu wärmen.

Der jüngere Trostberger stöhnte kurz auf und krempelte seinen Ärmel zurück. Die Schürfungen, die er sich beim Sturz geholt hatte, bluteten. Ulrich führte ein Tuch an seine Nase, blickte weg. »Seid Ihr kräuterkundig?«, rief Ulrich der Bäuerin zu. Diese starrte stumm zurück.

»Wir brauchen Kamille«, sagte Burkhard, »Beifuß oder Wegerich und getrocknete Brennnessel.«

Das Weib erhob sich und verschwand im Regen. Die Mannen öffneten ihre Harnische und hockten sich hin. Arnold drängte sich an die Wand. Ulrich befahl ihm, sich zwischen die Trostberger zu legen, dort war es wärmer. Der Junge reagierte nur widerwillig.

Lag es an seinem Namen? Auch Graf Arnold trat nicht gerne unters Burgvolk. Dabei sollte sich ein Graf unters Volk mischen. Wenn er mit seinen Mannen auf der Lauer lag und sie sich gegenseitig in den Nacken atmeten, bevor man eine Bande Räuber aufmischte, sollte man sich vertrauen.

Die Tür wurde zugeschlagen. Die Bäuerin tappte zwischen den Kriegern hindurch zur Bettstatt. In den Händen tropften die Stauden. Sie zerrupfte diese, legte sie dem Trostberger auf die Wunde. Als sie dem Jungen etwas zumurmelte, erkannte Ulrich, dass ihr die Zähne fehlten.

Er wollte die Bauersleute nicht einschüchtern. Ein Sänger könnte ihnen den Abend versüßen. Aber seine Mannen sangen nicht. Lancelin hatte eine schöne Stimme. Aber an den wollte Ulrich nicht einmal denken.

Ulrich rüttelte Arnold an der Schulter.

»Wo hast du die Pfefferkuchen?«, raunte er. Er hatte Arnold aufgetragen, die Kuchen aus Meuschter seiner Mutter zu bringen. Sie waren scharf und trieften vor Honig, genauso wie Richenza es mochte. Sie würde sicherlich verstehen, wenn er die Kuchen nun mit den Bauersleuten teilte. Arnold kramte in einer Satteltasche. Ulrich zerteilte die Kuchen, Burkhard verteilte die Stücke. Die Bauern schnüffelten am fremden Essen, das seine Mannen verschlangen. So trat Ruhe ein.

Nur der Küttiger saß noch beim Feuer. Er misstraute allen Bauern und würde die erste Wache übernehmen. Gelegenheit mache Diebe, befand er. Ulrich ließ ihn gewähren.

Ulrich war froh, als nach einer langen, unruhigen Nacht die Dämmerung anbrach und sie ihre Sachen zusammensuchten. Die Luft war stickig gewesen, die Nacht voller unbekannter Geräusche. Er hatte kaum geschlafen. Wenigstens hatte er den regelmäßigen Atem Arnolds neben sich gehört. Nun war der Junge verschwunden. Draußen entdeckte er ihn neben dem Teich. Er starrte zwei Erpel an, die sich gegenseitig versuchten zu begatten, jedoch scheiterten, da beide den anderen besteigen wollten.

Ulrich lachte. »Das ist widernatürlich«, erklärte er seinem Sohn. »Die werden schon noch ein Weibchen finden.«

Arnold starrte ihn an.

4. Kapitel

Sorgsam öffnete Richenza die Tür des Kontors, blickte in den düsteren Raum. Hinten in der Bettstatt konnte sie Graf Arnold liegen sehen. Sie nickte Minna, die mit einer Schale Haferbrei hinter ihr stand, zu. Zusammen betraten sie den Raum.

Arnolds Gesicht war schweißnass. Sein Atem ging schnell und flach. Richenza legte ihre Hand auf seine heiße Stirn. Da öffnete er seine trüben Augen.

»Hol' Trude und die Kräuter-Liese«, befahl Richenza Minna. Diese legte die Schüssel auf den Tisch, hob einen Ärmel vor die Nase und eilte hinaus.

Richenza öffnete Arnolds Hemd und zog ihm die Stiefel von den Füßen. Der Graf ächzte.

»Müsst Ihr nicht machen«, keuchte er. Richenza zuckte mit den Schultern, blickte sich nach einem Fell um. Diesen Abend war der Graf nicht zum Essen erschienen, bleich und abgemagert war er schon lange. Sie legte das Fell über Arnold, wickelte es ihm um die Füße. Dann hockte sie sich hin und rührte im Brei. Der Graf verzog das Gesicht, öffnete aber gehorsam den Mund, als sie ihm den vollen Löffel vor die Lippen hielt.

Die Türe knarrte. Trude trat herein. Sie befühlte Arnolds Stirn, roch seinen Atem, befahl ihm den Mund zu öffnen.

»Essigwickel und einen Schafgarben-Aufguss«, befand sie, und leise flüsterte sie Richenza zu: »Pestwurz-Salbe?«

Diese schüttelte den Kopf. Besser, sie warteten auf die Kräuter-Liese. Trude eilte hinaus. Richenza hielt dem Grafen einen weiteren Löffel vor das Gesicht. Selbst jetzt, bleich und mit eingefallenen Augen, sah er noch schön und edel aus. Trotzdem mochte sie ihn nicht. Aber nun, wo er so wehrlos dalag, war er mehr der Bruder ihres Gatten, der Graf, und nicht das Böse, weswegen sie und ihre Kinder Schutzamulette trugen.

»Eure Krankheit ...«, sagte sie und bekreuzigte sich vorsichtig. Sie beide wussten, dass Richenza nicht von der Krankheit sprach, die ihn jetzt ans Bett fesselte. »Man sagt sich, dass sie sich in der Familie einnistet.«

Arnold schloss die Augen, schien plötzlich noch bleicher zu werden. Richenza wollte ihn nicht quälen. Aber sie war die Mutter von drei Kindern, flehte seit Jahren die Heiligen an, dass sich seine Krankheit nicht in ihre Körper schleiche.

»Man munkelt«, sagte sie etwas lauter, »dass Ihr die Krankheit riechen könnt. Was ist mit unserem Erstgeborenen?«

Er öffnete die Augen wieder. »Ihr konntet die Krankheit auch riechen.« War selbst jetzt noch Spott in seiner Stimme zu vernehmen?

»Bevor ich Euch das erste Mal begegnete, hatte ich die Gerüchte gehört, die Euch umgarnen wie den Kokon seine Raupe. Da war es einfach, Eure kranke Seele zu erkennen«, antwortete sie scharf. Er schloss die Augen wieder. Schon taten ihr ihre Worte leid. Sie legte die Schüssel beiseite, wollte sich entschuldigen, als die Türe knarrte. Trude kam herein, in den Händen eine Schüssel mit Essigwasser, ein Leinentuch darin. Sie wrang das Tuch aus, während Richenza die Decke hob und Arnolds Beinlinge hochschob. Trude wusch seine Unterschenkel und Füße, dann wickelten sie das Tuch um die Füße, legten die Decke darüber, und Trude eilte wieder hinaus. Richenza setzte sich. Sie wollte den Grafen nicht quälen. Aber die Angst um ihre Kinder raubte ihr den Schlaf.

»Ich weiß es nicht. Die Kinder sind noch zu jung«, nahm Arnold den Faden ihres Gespräches wieder auf. Richenza faltete ihre Hände. Sie musste zu den Heiligen beten.

»Ich möchte nicht, dass unser kleiner Arnold mit uns nach Basilea reist«, sagte sie.

»Das ist gut so«, flüsterte er nach einer Weile, und sie wusste nicht, ob sie darüber froh sein oder erschrecken sollte.

Die Tür knarrte wieder. Die Kräuter-Liese huschte herein. Dahinter Minna mit einem Talglicht. Sie hängte es auf und verschwand gleich wieder.

Liese beugte sich über den Grafen, schnüffelte. Diesen Winter war eines ihrer Augen ganz weiß geworden. Trotzdem hielt Richenza viel von ihrer Kräuterkunst. Noch jetzt trug sie zwei Amulette von Liese, eines gegen den bösen Blick, das andere gegen den Husten.

Die Heilerin zog ein paar Knochen aus der Tasche, warf sie auf den Boden, tastete sie mit den Fingern ab und murmelte ein paar unverständliche Worte. Dann holte sie einen Büschel Salbei hervor, hielt diesen ins Talglicht. Als er aufflammte, pustete sie ihn aus, wedelte mit den glühenden Blättern in der Luft herum und murmelte wieder etwas. Richenza war unterdessen zurückgetreten und beobachtete das Schauspiel. Wieder holte Liese etwas aus den vielen Falten ihres Rocks. Es sah wie eine getrocknete Kröte aus.

»Raus!«, fauchte sie Richenza an. Diese nickte und trat vor die Türe. Trude kam ihr mit einem dampfenden Becher entgegen, ein Tuch um Mund und Nase gebunden. Richenza riet ihr, zu warten und wandte sich der Kapelle zu. Besser sie betete zur heiligen Verena, dass ihre Söhne die Krankheit des Grafen nicht in sich trugen.

⁂

Arnold umarmte seine Mutter. Sie fuhr ihm durchs Haar, kontrollierte, ob er Mund und Gesicht gewaschen hatte, und wünschte ihm und Ida einen gesegneten Schlaf, den er, Arnold, dank seiner heilen Rückkehr aus Meuschter verdient habe.

»Erzählst du uns noch vom Roten Ritter?«, fragte Ida.

»Trude wird euch etwas erzählen.« Richenza deutete auf Trude, die mit dem schlafenden Rudolf, ihrem Jüngsten, im Arm hinter den beiden stand.

»Trude kennt die Geschichte nicht richtig«, antwortete Ida. Ulrich sah, wie Richenza zögerte. Den ganzen Winter über hatte sie den Kindern vom Roten Ritter, der den Gral suchte, erzählt. Arnold wünschte sich deswegen einen roten Umhang, doch auf der Burg war kein roter Stoff aufzutreiben – Lenceburg trug blau – was den Jungen zu Ulrichs Ärger trotzig und betrübt machte.

»Trude wird euch eine Geschichte über den Geisterzug nach Stouffen erzählen.« Richenza blinzelte Trude über die Köpfe der Kinder zu. Diese grinste.

»Ein Geisterzug?« Idas Interesse schien geweckt. Die beiden Frauen nickten. Ida packte die Hand ihres Bruders und zog ihn mit sich die Stiege zur Kemenate hoch. Ulrich blickte ihnen nach. Trude würde den beiden eine solche Angst einjagen, dass sie die ganze Nacht nicht schlafen konnten.

»Arnold sollte mit uns nach Basilea reisen«, sagte er zum wiederholten Mal.

»Nein!«

Mehr sagte Richenza nicht. Verärgert warf er den Hunden einen abgenagten Knochen hin. Er war jünger als Arnold gewesen, als er auf den Hoftag von Solodoro mitgenommen worden war. Anstandshalber reiste er mit Richenza ab Sickinga auf dem Rin, anstatt den ganzen Weg zu reiten. Eine langsame Reise für Weiber und Kinder. Und nun nahm sie nicht einmal Arnold mit!

Richenza schob die Schüssel mit dem Hirsebrei ans Tischende. Minna holte sie und brachte sie zu den unteren Tischen.

»Wir sollten Kaplan Lukas verheiraten«, wechselte Richenza das Thema. »Von dem rennen auf der Burg bald mehr Bälger herum als von dir.«

»Mit wem willst du Kaplan Lukas vermählen?«, fragte er überrumpelt und versuchte, sich in Erinnerung zu rufen, aus welcher Familie er stamme. Auf Richenzas Stirn zeigte sich ihre Falte.

»Mit Minna?«, sinnierte sie. Er unterdrückte ein Lachen. Das Mannsweib würde ihren Kaplan so auseinandernehmen, dass der kaum noch eine Messe lesen konnte. In Lencis gab es zwei hübsche Müllerstöchter, deren Vater froh war, wenn der Graf eine Aussteuer übernehmen würde.

»Die Meierstochter«, sagte Richenza. Nun blickte sie ernst. Er schüttelte den Kopf. Die Meierstochter spreizte zu gerne in den Heustöcken ihre Beine. Nicht nur für den Kaplan. Aber Richenza nickte.

»Die wird ihm Zügel anlegen«, sagte sie.

Und Hörner aufsetzen, dachte er, sagte aber: »Die Priester von Stouffen werden nicht erfreut sein, wenn wir den Kaplan vermählen.« Die Stouffer waren papsttreu. Das Kirchenoberhaupt verlangte, nicht nur die Mönche, sondern auch die Priester hätten im Zölibat zu leben.

»Die Stouffer sollen mit ihrer Meinung in Stouffen bleiben und endlich die Toten begraben«, meinte Richenza. Ulrich wusste, sie sprach von den Geisterzügen! Im Dorf kursierten wieder Gerüchte von Begräbnisgesellschaften, die es wegen des schlechten Wetters nicht bis zur Stouffer Kirche geschafft hätten. Die verlorenen Seelen irrten nun bis zum Weltenende in den Wäldern herum und suchten die Kirche. Ulrich bekreuzigte sich.

»Wenn Graf Arnold einverstanden ist, soll der Kaplan heiraten«, entschied er.

Sein Bruder lag noch krank im Kontor. Dass er nicht nach Basilea reisen wollte, hatte Ulrich jedoch überrascht. Würden sie in Basilea doch die Kaiserin und den Prinzen sehen!

»Du kannst Lenceburg gebührend vertreten«, hatte sein Bruder entschieden. Ulrich widersprach ihm nicht. Erst als

Arnold den Siegelring vom Finger ziehen wollte, protestierte Ulrich. Der Ring gehörte dem Grafen. In Basilea würden sie denken, Arnold sei tot. Ulrich würde Lenceburg ohne Ring vertreten, nun noch mehr, da sie seit dem Tod des Onkels nicht einmal einen Bischof nach Basilea schicken konnten.

Kaiserin Agnes rief nicht nur zum Hoftag, sondern zur Papstkrönung. Jeder Edelmann, der irgendetwas auf sich hielt, würde anwesend sein!

Richenza hatte dafür ihre Samit-Gewänder ausbessern lassen und für die Reise in Wachstuch gepackt. Sicherlich wollte sie noch den Proviant kontrollieren, und er würde den Abend mit einem Schachspiel gegen den Küttiger ausklingen lassen. Er nickte ihr zu und wollte sich erheben. Doch sie legte ihre Hand auf die seine und sagte: »Wir haben immer noch keine Kunde von Rudolf aus Rinfelden erhalten.«

»Herzog Rudolf hat wohl anderes zu tun, als seinen niederen Verwandten zu antworten«, giftete er.

»Ulrich«, sagte sie tadelnd.

Aber seinen Unwillen gegen den Rinfeldner wollte er nicht bremsen. Der Prahlhans hatte es geschafft, sich bei der Kaiserin anzubiedern! Sie hatte ihm das Herzogtum Schwaben samt Titel geschenkt! Somit stand Rudolf über Lenceburg. In seiner Gier war er sogar so weit gegangen, dass er die Prinzessin, Agnes' Tochter, aus einem Kloster entführt und geehelicht hatte. Der Kaiserin Schwiegersohn war er! Oder besser gesagt: Ihr ehemaliger Schwiegersohn.

Selbst Richenza, die Rudolf immer verteidigt hatte, war diesmal der Faden gerissen. Laut hatte sie gewettert, als sie erfahren hatte, dass Rudolf seine elfjährige Verlobte, Prinzessin Mathilde, entführt hatte. Kein Blatt hatte Richenza vor den Mund genommen, was sie von solchen lüsternen Raubbuben hielt. Ulrich war richtig erstaunt gewesen. Als Mathilde vor einem Jahr mit zwölf gestorben war, hatte Richenza einige wüste Verwünschungen über Rudolf fallen lassen, die er, Ulrich, vorher nie aus ihrem Munde gehört hatte.

Umso mehr hatte es ihn erstaunt, dass Richenza ausgerechnet auf ihrer Reise in Rinfelden Halt machen wollte. Dort würden sie dem Herzog kaum ausweichen können.

»Wir kehren in Rinfelden ein, auch wenn wir nichts gehört haben«, entschied Richenza.

Lautes Lachen drang von den tieferen Tischen herüber. Ulrich schielte kurz hinüber. Der Küttiger würfelte dort mit seinen Mannen. Die Mägde hatten ihre Spindeln unter den Arm geklemmt und standen um die Spieler herum. Lieber säße er jetzt dort unten.

»Wir entscheiden, wenn wir dort vorbeikommen«, antwortete er entschieden und erhob sich. Ihr Ritt durchs Frickgowe war nicht ungefährlich. Selbst seinen bewaffneten Männern lauerten teilweise noch Banden auf. Wenn sie Glück hatten, trafen sie in Sickinga auf ein Floß, das den Rin hinuntertrieb und sie sicher an den Stromschnellen vorbeitrug. Auf der Reise nach Basilea lauerten viele Gefahren. Sie hatten keine Muße für Familienbesuch. Das sollte Richenza doch wissen.

Als Ulrich an die unteren Tische trat, erklang eine Laute. Lancelin saß am Tischende. Gewandt zupften seine Finger über die Saiten. Ulrich blickte weg. Er hatte Richenza immer noch nicht nach dem Ritter in ihrer Kemenate gefragt.

5. Kapitel

Die Flößer stakten mit ihren langen Stangen das Floß vom Ufer weg, lenkten es in die Mitte des Rins. An seinen Sattel gelehnt, lag Ulrich auf den Stämmen und schaute zu, wie der Uferwald an ihnen vorbeizog. Unendlich lange kam ihm die Reise vor. Er warf einen Blick zu Richenza hinüber. Auch sie saß an einen Sattel gelehnt da, hielt die Augen geschlossen, war aber sicherlich hellwach. Ihre beiden Mägde Minna und Trude hockten neben ihr.

Ulrich konnte nicht verstehen, weswegen ausgerechnet die beiden seine Gattin begleiteten. Da diente ihnen die älteste Tochter des Allowilarers, die so frisch und unverbraucht wirkte. Oder die aus dem Küttiger Geschlecht mit der auffallend weißen Haut. Aber nein, Richenza wählte lieber dieses klapprige Hutzelweib Trude und das Mannsweib Minna. Er hoffte, dass sie die beiden wenigstens nicht in die Kathedrale in Basilea mitnehmen würde.

Trude hatte Richenza schon auf der Stein gedient. Es gab Gerüchte, dass sie die Amme Richenzas gewesen sei, was Ulrich nicht glaubte. Ihr Alter war schwer zu schätzen, aber viel älter als Richenza war sie nicht. Trude war so dürr und giftig, keiner schwängerte eine solche Frau. Unmöglich konnte er sich Trude mit einem Kind an der Brust vorstellen. Jedenfalls hatte Trude mit Richenza in Bade gelebt. Wernher hatte ihm erzählt, dass Richenza die Bedingung gestellt habe, nur auf die Lenceburg zu ziehen, wenn Trude sie begleite. Was Richenza an dem dürren Weib fand, konnte er nicht verstehen. Aber das Gesinde munkelte, Trude sei der Habicht Richenzas. Ihre Augen sahen alles. Und was sie sah, das wusste Richenza. Und dies glaubte er sogleich. Oft hatte er Trudes grauen Rock irgendwo hinter einer Ecke verschwinden oder mit der

Mauer verschmelzen sehen. Um ehrlich zu sein, musste Ulrich zugeben, dass er gerne auch ab und zu eine Trude losgeschickt hätte, um zu wissen, was seine Mannen alles trieben.

Dass Trude sie nun begleitete, erstaunte ihn maßlos. Weil: Wenn die Katze aus dem Haus, dann tanzten die Mäuse. Das sagte Richenza oft. Wenn seine Gattin und deren Habicht weg waren, wer wachte über das zurückgelassene Gesinde?

Minna hingegen war aus ganz anderem Holz. Untersetzt und breitschultrig saß sie da.

»Wenn man Minna in einen Harnisch steckt, würde keiner merken, dass eine Frau drin wär«, hatte er einmal gespottet. Richenza hatte ihn mit einem strafenden Blick gemustert. Sonst verstand sie solche Späße. Minna war vom Bremgartner Ammann auf die Burg gebracht worden. Seine Tochter solle bei Richenza Anstand lernen, anschließend würde er sie gut vermählen. Das war nun eine Weile her. Minna jedenfalls lernte genauso viel Anstand wie nötig. Sonst stand sie eher im Hof, warf mit Beil und Messer um sich, wenn sie nicht das Geflügel schlachtete.

Ulrich hatte den Trostberger schon erwischt, wie er mit dem Schwert gegen Minna antrat. Sie mit Beil und Messer in der Hand. Sogleich war er dazwischengetreten. Es sei nicht rechtens, wenn die Weiber auf der Burg die Waffen schwängen, hatte er laut erklärt. Der Trostberger war mit eingekniffenem Schwanz davongeschlichen. Minna aber hatte ihn mit so einem empörten Blick gemustert, wie es sonst nur Richenza tat. Minnas zukünftiger Gatte hatte ihm gleich leidgetan. Der müsste schon im Drachenblut baden und mit der Tarnkappe diese Walküre bezwingen. Minna jedenfalls war immer noch nicht vermählt, und Ulrich hatte seine Bedenken, ob dies je geschehen würde. Als er aber nach Ostern von einem längeren Aufenthalt aus Meuschter zurückgekehrt war und erfahren hatte, dass Richenza auf der Habichsburg weile und Minna sie begleite, beruhigte ihn das. Weil, das musste er zugeben, mit Minna an ihrer Seite Richenza nicht so schnell etwas geschehen würde.

Jedenfalls besser, als wenn Lancelin sie begleite. Ulrich warf einen Blick zum Ritter hinüber. Aufrecht saß er neben dem Küttiger und den Trostbergern, in viel zu engen Beinlingen, die Leier neben sich.

Das Floß ruckelte. Wasser schwappte darüber. Die Pferde wieherten unruhig. Ulrich kontrollierte, ob seine Satteltaschen noch trocken waren. Nicht dass sie mit nassen Kleidern vor Kaiserin und Papst treten mussten.

Ulrich musste zugeben, dass er die Abläufe am Hof, die zur Papstwahl führten, nicht alle verstanden hatte.

Ihn erstaunte vor allem, dass die Kaiserin nach fünf Jahren Regentschaft immer noch auf dem Thron saß. Der Kaiser war überraschend gestorben. Viele hatten damit gerechnet, dass er von seinen Gegnern umgebracht würde. Die Stille und Untätigkeit, die auf seinen Tod folgten, ließen aber auf einen natürlichen Tod schließen. Als wartete jeder darauf, dass sich ein anderer zur Tat bekenne und nun das Zepter an sich reisse. Doch nichts dergleichen geschah.

Kaiserin Agnes, die Witwe, hingegen, ließ die großen Häuser versammeln, um ihnen darzulegen, dass sie alle ihrem Erstgeborenen Heinrich die Treue geschworen hätten. Sie würde an seiner Stelle regieren, bis er mündig sei. Niemand hatte der Kaiserin geglaubt, und nun regierte die frömmlerische Frau fünf Jahre später immer noch!

Ulrich vermutete, dass Richenza ihretwegen nach Basilea reiste. Sie hatte nie viel von der Kaiserin gehalten. Nun konnte sich Ulrich des Eindrucks nicht erwehren, dass Richenza Kaiserin Agnes immer mehr bewunderte. Anders als ihr Gatte band sie die Herzöge mit Versprechen an sich, anstatt sie vor den Kopf zu stoßen. Und diese zogen für sie in den Krieg! Das Reich war innen und außen gesichert. Selbst mit diesem dickköpfigen Sachsenvolk im Norden hatte sie Frieden schließen können.

Wenn nur dieser hinterhältige Papst nicht wäre!

»Der will keine Frau auf dem Thron sehen«, behauptete Richenza, und Ulrich musste ihr beistimmen. Wie konnte es dem neuen Papst nur einfallen, von den Kardinälen in Rome gewählt, anstatt von der Kaiserin ernannt zu werden? Wer beschützte den Papst? Die Kaiserin tat es. Da hatte sie mitzureden, wer auf dem Papstthron saß!

Welche ein Affront gegenüber der frommen Kaiserin! Hatte der Papst wirklich gemeint, er könne ihr auf der Nase herumtanzen?

Der Kaiserin Entschluss, in Basilea einen Gegenpapst zu wählen, gefiel Ulrich außerordentlich. Die in Rome sollten den Mund nicht allzu weit aufreißen. Die kamen immer unverschämter mit neuen Ideen: Zölibat für Priester. Kirchliche Ämter sollten nicht mehr gekauft werden. Lächerlich! Gott belohnte die Menschen mit Reichtum. Also durfte man diesen für ein Bischofsamt ausgeben.

Wenn die Kirche bestimmte, wer Bischof würde, gäbe es am Ende Mord und Totschlag im Gerangel um das Amt. Denn ein Kaiser konnte einen Edelmann zähmen, die Kirche kaum.

Ein Schatten fiel auf Ulrich und riss ihn aus seinen Gedanken. Der Flößer stand neben ihm.

»Da hinten taucht die Burg des Rinfeldners auf«, meldete er. Fahrt einfach weiter, hätte ihm Ulrich am liebsten befohlen. Als hätte sie seine Gedanken gehört, trat Richenza neben den Flößer.

»Ein Ausflug an Land wird uns nicht schaden«, erklärte sie.

»Herzog Rudolf ist sicherlich schon abgereist«, entgegnete er. Richenza warf ihm einen warnenden Blick zu. Ulrich hob beschwichtigend die Hände. Er hatte verstanden: Lieber Rudolf in die Fänge laufen, als ein Begehren seiner Gattin nicht erfüllen.

»Wir gehen in Rinfelden an Land«, befahl er. Die Flößer trieben das Floß näher ans Ufer. Vor ihnen erhoben sich die Palisaden von Rinfelden.

Ulrich fasste seinen Rappen beim Zügel, strich ihm beruhigend über die Nüstern, flüsterte seinen Namen und ein paar Koseworte. Das Tier beruhigte sich sichtlich. Es machte einen Ausfallschritt, als das Floß auf Grund stieß. Dann führte Ulrich den Rappen zum Floßrand und gelangte mit einem Satz ans Ufer. Das Pferd folgte ihm. Er war froh, festen Boden unter den Füßen zu haben. Der Trostberger sprang mit Sattel und Banner hinterher. Lancelin führte Richenzas Pferd vom Floß. Der Küttiger kam hinterher.

Einiges Volk blieb stehen und gaffte. Da eilte der Zollwächter in den Farben Rinfeldens herbei und verbeugte sich, als er Banner, Schwert und Ulrichs Stickerei auf dem Umhang erblickte. Zu Ulrichs Unmut erklärte er, dass er sogleich einen Boten zum Herzog schicken werde, um die Ankunft des Grafen anzukündigen.

Richenza legte ihre Hand auf seinen Arm. Ulrich rief den Männern zu, sie sollten warten. Schnell nickte er dem Küttiger zu. Er sollte sie begleiten, bevor Lancelin dazwischen eilte. Sie schwangen sich auf die Pferde und ritten langsam auf das Stadttor zu, um dem Boten Zeit zu lassen.

Auf halbem Weg zur Burg sprengten ihnen zwei Wachen entgegen, die sie zum Herzog begleiten sollten, was Ulrichs Hoffnung ganz zunichtemachte. Aber die Wachen führten sie nicht zur Burg, sondern hinunter zur Schiffanlegestelle, wo der Herzog gerade dabei sei, sein Schiff zu besteigen, um nach Basilea zu segeln.

Ulrich entdeckte Rudolf schon von weitem. Dessen langes Haar leuchtete in der Sonne. Er war umringt von gut gekleideten Herren und einigen Damen. Lachend begrüßte er sie, umarmte sie, klopfte Ulrich auf die Schultern und fragte, ob sie wirklich auf einem Floß unterwegs seien. Richenza übernahm das Sprechen, was Ulrich recht war. Unter den anderen Ministerialen erkannte er Graf Wernher, der sich zwischen den Wartenden durchzwängte, um ihn und seine Schwester zu begrüßen.

Sein Schwager wollte wohl im Fahrwasser seines machtbesessenen Vetters Punkte bei der Kaiserin sammeln. Ulrich verlor kein Wort darüber, wollte gerade höflich den Vorschlag Rudolfs abschlagen, mit ihnen auf dessen Schiff mitzufahren, als Richenza schon zusagte. Schnell ertönten einige Befehle, damit ihnen ein Platz auf dem Schiff freigegeben wurde. Richenza bemerkte, dass Minna oder Trude besser noch mitkämen, und wollte schon den Küttiger losschicken. Aber Rudolf winkte ab, er wollte nicht warten. Richenza müsse sich in Begleitung ihres Gatten und so vieler Edelmänner keine Gedanken um ihre Ehre machen, versprach er zwinkernd. Der Küttiger solle mit den Pferden auf dem Floß nachkommen. Und schon standen sie auf den knarrenden Planken des Schiffes.

Ulrich hätte sich gerne zu den Dienstleuten gesetzt. Er erkannte den Bischof von Constanzia und zwei Nellenburger. Doch Richenza packte seinen Arm und bugsierte ihn neben Herzog Rudolf. Dieser sprach vom guten Wind, der sie bald nach Basilea bringen werde und von der Kaiserin, die wohl schon dort weile. Wernher, der neben ihm saß, pflichtete ihm bei.

»Leider erlaubt unsere fromme Kaiserin in Basilea keine Schaukämpfe.« Rudolf blinzelte Ulrich zu. »So viele Edelleute, und wir können uns nicht messen.«

Ulrich spürte, wie er erbleichte. Seit Pfingsten nach seiner Schwertleite hatte er nie mehr einen Schaukampf ausgefochten. Notfalls waren Arnold oder der Küttiger für Lenceburg angetreten. War dies den Edelleuten aufgefallen?

»An dem Tag, an dem Prinz Heinrich sich die Krone aufsetzt, wird es sicherlich Kämpfe geben«, fuhr Rudolf fort.

»Dann zeigen wir dem Jungspund, wie sich echte Krieger schlagen.«

»Ist Prinzessin Mathilde im Kindbett gestorben?«, wurde Rudolf ziemlich abrupt von Richenza unterbrochen. Die Gespräche auf dem Schiff verstummten. Rudolfs Miene verdüsterte sich.

»Base«, sagte er, und Ulrich konnte einen grollenden Unterton hören. »Seht Ihr nicht, dass ich trauere?«

Richenza beugte sich nach vorne, die Falte auf der Stirn. Da begriff Ulrich, dass sie diese Begegnung gesucht hatte. Fast schon hätte er sich amüsiert nach hinten gelehnt, wäre da nicht das ganze Schiff voller Speichellecker und Untergebener Rudolfs gewesen. Nun verstand er, weswegen sie sich Minna an ihre Seite gewünscht hatte.

»Ihr habt die elfjährige Prinzessin entführt und geschwängert!«, entfuhr es Richenza. Rudolf fiel bei seinen Beteuerungen, dass er nicht mehr länger auf die Liebe seines Lebens habe warten können, etwas aus dem Redefluss. Richenzas Blick blieb düster und umwölkt. Ulrich setzte seine hochmütigste und mürrischste Mine auf. So blickte er um sich. Auf der Lenceburg stickte ihre Ida komplizierte Muster in herrlichen Gobelin. Sie würde bald das gleiche Alter haben wie Mathilde, als sie von Rudolf entführt worden war. Keinem hier auf dem Schiff sollte einfallen, dasselbe mit seiner Tochter zu tun!

»Base«, Rudolfs Stimme klang leise, aber eindringlich. »Wäre es Euch lieber, wenn der Zähringer das Herzogtum Schwaben in seinen Klauen hielte?«

Richenza maß ihn mit einem dunklen Blick. Wernher wollte etwas ergänzen, schloss aber den Mund, als Rudolf ihn warnend anblickte.

»Ihr hättet mit der Heirat warten können«, entgegnete Richenza spitz. Rudolf schüttelte seinen Kopf.

»Berthold von Zähringen tobte. Die Kaiserin speiste ihn zwar mit einem Herzogtum ab, doch jeder weiß, dass dieses gar nicht existiert. Der Zähringer hätte zu den Waffen gegriffen und hier Krieg geführt, wenn ich nicht plötzlich der Schwiegersohn der Kaiserin geworden wäre und deswegen das Recht auf ein Herzogtum bekommen hätte.«

Ein genialer Schachzug also? Ulrich spürte, wie Richenza schwankte. Sie hatte Mathilde nie gesehen. Aber das Schicksal der Prinzessin erschütterte sie. Gerne hätte er ihr den Arm um die Schultern gelegt. So etwas tat jedoch kein Edelmann in der Öffentlichkeit.

»Gott hat gerichtet, Base. Die Kaiserin hat mir meinen Übermut schon längst verziehen«, erklärte Rudolf, und leiser zischte er: »Wenn der Zähringer das Herzogtum Schwaben an sich reißt, wird er die Grafen darin nicht so frei walten lassen, wie ich das tue!«

Ulrich reckte sich. Rudolf sollte es nicht einfallen, Lenceburgs Rechte einzuschränken! Schon lag Richenzas Hand auf seinem Arm.

»Lenceburg wird Rinfelden nie in den Rücken fallen«, erklärte sie laut. Aber ihm auch keine Hilfe bieten, ergänzte Ulrich in Gedanken. Diesem Emporkömmling würde er nie folgen, keinen Finger für ihn rühren. Rudolf blickte ihn an, als hätte er Ulrichs Gedanken gelesen.

»Wie geht es meiner Nichte?«, wandte sich Richenza überraschend an ihren Bruder. Wernher stotterte, nahm dann aber den Faden auf, um über unverbindliche Dinge zu sprechen.

Armer Wicht, dachte Ulrich. Die Ländereien der Habichsburg waren so verstreut, dass der Zähringer mit einem Fingerschnippen diese an sich reißen konnte. Wernher brauchte den Rinfeldner als Verbündeten im Rücken und Lenceburgs Gnade, wenn er sich frei bewegen wollte.

Rudolf saß in sich gekehrt da.

Ulrichs Blick schweifte zum Flussufer. Lange mussten sie hier noch wie Gefangene auf Rudolfs Boot ausharren. Andererseits sollten sie die Zeit nutzen, um zu erfahren, wer alles in Basilea zu treffen war. Es war nötig, bei Bekannten und Verwandten Beziehungen spielen zu lassen. Er wandte sich an seinen Sitznachbarn, Burkhard von Nellenburg, und fragte, wer nach Basilea reise. Dieser zuckte die Schultern, wiegte den Kopf.

»Die Erzbischöfe aus dem Norden werden anwesend sein«, antwortete er. »Die haben sich mit dem Papst zerstritten.«

»Der Papst ist unrechtmäßig ernannt worden«, berichtigte Ulrich. Der Nellenburger lachte.

»Ich glaube nicht, dass die Kaiserin der Kirche einen Stein in den Weg legen will. Aber den Erzbischöfen ist es ganz recht, sie wie eine Marionette vorzuschieben, um einen auf den Papstthron zu hieven, der tut, was sie wollen.«

Ulrich wandte sich ab. Es gefiel ihm gar nicht, wie der Nellenburger über die Kaiserin sprach. Sie war die höchste von Gott eingesetzte Instanz und keine Marionette.

6. Kapitel

Zu Ulrichs Erstaunen dauerte die Reise nach Basilea nicht lange. Der Wind blies kräftig in die Segel. Bald konnten sie die beiden Türme des Münsters auf dem Felsen entdecken. Als Ulrich mit Richenza festen Boden betrat, vermuteten sie, dass es noch eine Weile gehen würde, bis das Floß mit ihrem Gefolge, den Pferden und dem Gepäck nachkommen würde. Die Lenceburger besaßen in Basilea keine Unterkunft wie in Turecum. Und da Lenceburg keinen Bischof mehr stellte – Ulrich schluckte – konnten sie auch in keinem Bischofshaus unterkommen. Die Herren von Fenis, über die mütterliche Seite mit ihnen verwandt, hatten sich bereit erklärt, ihn und sein Gefolge aufzunehmen.

Ulrich rief einen der herumstehenden Fischer an, damit dieser sie sicher durch die Gassen Basileas geleite. Unterdessen bedankte sich Richenza angemessen bei Rudolf und verabschiedete sich.

»Base, es war mir eine außerordentliche Freude, Euch nach Basilea zu geleiten.« Rudolf verbeugte sich unangemessen tief, lächelte sie schelmisch von unten her an. Zu schelmisch für Ulrichs Geschmack. Richenzas Lider flatterten.

»Erlaubt mir«, Rudolf lächelte unbeirrt, »Euch zu Eurem Haus zu begleiten.«

Ulrich schluckte. Rudolf wusste genau, dass Lenceburg hier kein Haus hatte!

»Das ist sehr lieb von Euch, Vetter. Doch wir wollen Eure Zeit nicht mehr als nötig beanspruchen«, antwortete Richenza. Ulrich war wie immer erstaunt, wie schnell ihr die Floskeln über die Lippen flossen.

»Falls es Euch bei den Herren von Fenis zu eng würde, in meinem Haus hat es immer für Euch Platz.« Rudolf lächelte immer noch. Ulrich verstand den Seitenhieb: Lenceburg war nicht fähig, etwas Angemessenes für Richenza bereitzuhalten. Er trat vor. Richenza ergriff seine Hand.

»Wir wissen Eure Großzügigkeit zu schätzen«, sagte sie schnell. »Leider müssen wir uns beeilen, man erwartet uns.« Beide nickten sich zu. Schon zog Richenza Ulrich ins Gewühl.

»Was hat er gegen die Fenis? Wenigstens müssen wir nicht in einem Zelt vor den Toren Basileas hausen!«, spuckte er aus.

»Rudolf spielt mit dir, wie auf einer Laute«, zischte sie. Er wollte etwas Bissiges erwidern, ließ aber nur ein Brummen vernehmen. Dem Rinfeldner war nicht zu trauen.

Die Gassen waren eng und voller Leute. Handwerker hatten die Läden im Erdgeschoss ihrer Häuser heruntergekippt und boten Lederschuhe, Töpfe und sogar Zinngeschirr feil. Zwischendurch konnte man das Hämmern eines Schmiedes aus einer Werkstatt vernehmen.

Der Fischer wandte sich immer wieder um, um zu sehen, ob Ulrich ihm auch folgte. Zu dumm, dass die Pferde noch nicht angekommen waren. Nun mussten sie sich wie Bauern zu Fuß durch die Menschenmenge zwängen. Breitbeinig schritt Ulrich voran, die Hand sichtbar auf den Knauf seines Schwertes gelegt. So hatte Richenza hinter ihm genug Platz, um nicht angerempelt zu werden. Sie hatte den Schleier umgelegt, wie es sich für die Frauen ihres Standes geziemte, und tänzelte um den Unrat am Boden herum. Minna hätte sie begleiten sollen! Hier in den engen Gassen konnte er alleine zu wenig ausrichten.

Aus einer Seitengasse drang der Urin-Gestank der Gerber, sodass Ulrich sich den Ärmel vor Mund und Nase hielt. Eine Frau zeterte, schmutzige Kinder rannten an ihnen vorbei. Eine laute Stimme übertönte alles.

»... Tat des Widersachers!«, konnte Ulrich vernehmen. Da hörte er Richenza seinen Namen rufen, ihre Hand legte sich auf seinen Arm und hielt ihn zurück. Sie deutete auf den

Priester, der auf dem Platz vor ihnen auf einem Brunnenrand stand.

»Der Stellvertreter Christi herrscht in Rome!«, schrie er. »Gott erlaubt nicht zwei Päpste! Der Antichrist entzweit die Christenheit!«

Hinter dem Priester kamen die Menschen in Bewegung. Ulrich konnte eine Lanze ausmachen, mehrere Helme, dann blitzte das Rot der Stadtwache auf. Er rief den Fischer zu sich, packte Richenzas Hand und zog sie in eine Seitengasse.

Es gebe nur einen Stellvertreter Christ auf Erden, da stimmte er dem Priester zu. Aber der wurde von der Kaiserin gewählt.

Wütend blickte er zurück, wo die Menschenmenge um den Brunnen in Bewegung gekommen war, laute Rufe drangen bis zu ihnen, etwas flog durch die Luft. Richenza war bleich geworden. Er umfasste ihre Taille und zog sie mit sich.

»Wir sollten mit Rudolf Frieden schließen«, stieß sie hervor.

»Ich werde nicht in seinem Hause nächtigen«, entgegnete er hitzig.

»Das meine ich auch nicht. Aber unsere Feinde lauern anderweitig.«

❊❊

Richenza blieb knien. Der Priester blickte etwas ungehalten zu ihr. Immer wieder befahl er den Pilgern weiterzugehen. Aber Trude und Minna standen hinter ihr, bildeten eine sichere Mauer.

Eigentlich hatte Richenza gehofft, hier im Münster der Kaiserin oder ein paar Herzoginnen über den Weg zu laufen. Nun konnte sie ihren Blick nicht von der goldenen Altartafel wenden, die ein früherer Kaiser dem Münster geschenkt hatte. Es war, als blicke Christus zu ihr, von Weisheit gezeichnet, mit ruhigen Zügen, den Weltenapfel in der Hand, das Kaiserpaar zu seinen Füßen. Ihm zugewandt drei Erzengel und der heilige Benedikt. In Ergebenheit und mit entspannten Gesichtszügen. Die Ordnung der Welt.

Richenza konnte die Buchstaben ober- und unterhalb der Gruppe nicht entziffern. Das machte nichts, das Bild sprach für sich. Christi Herrschaft ordnete die Welt. Die Gelassenheit der Anwesenden zeigte es, aber auch die Anordnung auf dem Bild. Sowie das Glitzern des Goldes und der Edelsteine die Schönheit zeigte, wie sie nur in der Ordnung erstrahlen konnte. Richenza hatte noch nie etwas Vollkommeneres gesehen.

Die Ordnung der Welt. Als Adelige sorgten sie für Ruhe und Ordnung, der Frevel der Mägde und Knechte wollte eingeschränkt werden – und der Frevel der Kirchenmänner. Warum wohl musste Ulrich auch das Blutgericht über die Klöster und Kirchen halten? Gott wollte es so. Das war ihr Auftrag, und den erfüllten sie. Graf, Herzog, Kaiser. Wenn sie vor Gott traten, mussten sie über ihre Taten berichten, und es wurde gerichtet. Richenza blickte nochmals in das Antlitz Jesu, sein schmales Gesicht wirkte weise, gelassen und streng. Er trug die Bürde wie auch sie. Der Richter der Welt.

Diesen Morgen hatte sie Vetter Rudolf besucht. Ulrich zog es vor, zur Beichte zu gehen. Was er dauernd bei diesen Schwarzröcken zu beichten hatte?

Zusammen mit Rudolfs Bruder Adalbero und Wernher hatten sie Venushügel, Brötchen mit Honig und Dörrfrüchten, gegessen. Richenza hatte sich endgültig mit Rudolf versöhnt. Schon bald hatten sie über die Vorlieben der adeligen Damen und Herren gespottet wie früher. Richenza konnte nicht verstehen, weswegen Ulrich auf Rudolfs Sticheleien so überreagierte.

Rudolf hatte eine Leichtigkeit an sich, eine Unbefangenheit, mit der er die Menschen für sich einnahm. Er war eben ein Burgunder! Nur Ulrich schien ihm das übelzunehmen. Dabei war Rudolf zuverlässig, und er behielt die Übersicht. Wernher tat gut daran, sich in seiner Nähe aufzuhalten. Jetzt noch mehr, wenn der wild gewordene Zähringer anfing, Habichsburger Ländereien zu unterjochen.

Auch sie genoss Rudolfs Anwesenheit bis zu dem Moment ... Richenza spürte, wie das Blut in ihre Wangen schoss. Rudolf war an sie herangetreten und hatte ihr zugeraunt: »Gib darauf acht, dass Lenceburg keine Dummheiten macht.«

Erstaunt hatte sie ihn gemustert. Hatte Rudolf davon gesprochen, dass Arnold ihm das Kloster in Sickinga entreissen wollte, oder hatte sie etwas übersehen? Aber Rudolf hatte sein neckisches Lächeln aufgelegt. »Schick deinen Ältesten an meinen Hof, damit er dort kämpfen und Manieren lernt«, hatte er ihr angeboten.

»Ulrich will unseren Arnold nicht wegschicken«, hatte sie gestottert, und Rudolf hatte sie nachdenklich betrachtet. So schlecht hatte sie selten gelogen.

Eine Bewegung vom Altar her riss Richenza aus ihren Gedanken. Mehrere Chorherren hatten sich dort versammelt, verbeugten sich. Dann schwebten ihre tiefen Stimmen durch den Raum. Stundengebet.

Morgen würde hier der neue Papst gekrönt. Richenza erhob sich, ein Stich fuhr ihr durchs Knie. Kurz legte sie ihre Hand darauf. Sie wusste immer noch nicht, was sie von der Sache halten sollte. Ein zweiter Papst zerriss das Reich und drängte die Herzöge dazu, Farbe zu bekennen. Kaiserin Agnes hätte damit besser warten sollen, bis sie fester auf dem Thron saß. Aber sie ließ sich zu stark von diesen Bischöfen drängen. Das würde ihr noch das Genick brechen. Sie war eine Frau und sollte keinem Kirchenmann trauen!

Richenza nickte ihren Frauen zu. Auf einem Seitenaltar stand das Heinrichskreuz, unzählige Pilger knieten davor.

Auch Richenza kniete sich nochmals hin. Das Kreuz enthielt das Blut des Erlösers. Ein starker Schutzzauber, um ihre Frucht vor Arnolds Krankheit abzuschirmen.

Nach zehn Pater Noster erhob sie sich und wandte sich dem Ausgang zu. Minna trat vor, um die Münsterpforte zu öffnen. Das einfallende Licht blendete Richenza.

»Frau Gräfin!« Lancelin stand plötzlich vor ihr und verneigte sich. Sie reichte ihm die Hand. Gerne hätte sie ihm die Altartafel gezeigt. Doch die vielen Menschen im Münster würden sie nur stören. Ulrich hatte heute Morgen darauf bestanden, dass der Ritter bei ihm bleibe, er brauche seine Dienste. Seltsam, sonst hatte Ulrich sich nie um Lancelin gekümmert.

»Kann ich Euch meine Dienste anbieten?«, fragte er.

Sie lächelte ihm zu. Lancelin verstand sich vortrefflich in der vornehmen Ausdrucksweise. Zudem konnte er Rede und Mimik der Menschen lesen und damit spielen. Nicht so wie Ulrich, der plump auf jede Anspielung hineinfiel.

»Ihr dürft uns sicher durch Basilea geleiten«, sagte Richenza, leiser fügte sie hinzu. »Die Papst-Pfaffen predigen wieder. Besser, wir weichen ihnen aus. Zudem rate ich dir, bald Herzog Rudolf von Rinfelden aufzusuchen. Sein Barde singt vortrefflich.« Sie drückte seine Hand. Lancelin verbeugte sich nochmals.

Sie wollte gutes Tuch hier in Basilea erstehen. Auf dem Weg hierher hatte sie in der Goldschmiedgasse einige hübsche Fibeln gesehen. Es gab einiges zu tun, und in Lancelins Gesellschaft wurde es nie langweilig.

⁂

Die vielen Kerzen erleuchteten das Innere des Münsters. Die Stimme des Bischofs erklang voll und gleichtönig durch den hohen Raum.

Ulrich konnte die goldene Altartafel nur erkennen, wenn er sich auf die Zehen stellte. Das Heinrichs-Kreuz war aber gut sichtbar. Er hatte den Fenis gebeten, ihnen bei den Münster Chorherren eine Audienz zu gewähren, für die Beichte und damit er und Richenza allein vor dem Kreuz beten konnten. Aber dieser hatte abgewunken. Es logierten so viele Adelige in der Stadt, dass sie sich wie normale Pilger in die Reihe stellen sollten, um den Segen der Reliquie zu erhalten.

Sie standen im hinteren Teil des Münsters, das bei weitem nicht so vollgestopft war wie das Großmünster in Zürich an Heinrichs Verlobung. Einige Edelleute erlaubten sich, der Papstweihe fernzubleiben. Oder noch schlimmer: Den Entscheid der Kaiserin zu verfemen.

Richenza hatte ihm erzählt, dass ihr Onkel, der Lothringer, nicht anwesend sei. Wenn der Lothringer etwas gegen die Kaiserin tun konnte, dann stand er an vorderster Front! Der wollte selbst Kaiser werden, der falsche Hund!

Ulrich fehlte die Übersicht, er konnte nicht herausfinden, welche Herzöge und Bischöfe der Zeremonie fernblieben. Es wurde schon gemunkelt, Prinz Heinrich hätte bei der Papstwahl mitentscheiden sollen. Ein elfjähriger Prinz?

Wer hatte vor dem Großmaul in Rome Angst? Von den Herren von Fenis wusste Ulrich, dass es in Rome einen Archidiakon mit Namen Hildebrand gebe. Dieser behauptete, dass der Kaiser unter dem Papst stehe. Der Papst könne den Kaiser einsetzen, der Kaiser den Papst aber nicht. Schlangenzunge! Kaiser und König und damit alle Edelleute waren von Gott erwählt, nicht vom Papst.

Ulrich lehnte zur Seite, um zwischen den vielen Adeligen einen Blick auf den zukünftigen Papst zu erhaschen. Noch nie hatte er einen Nachfolger Petri gesehen. Der Umhang des eher schmalen Mannes glänzte golden. Die Tiara, die ihm bald gereicht würde und nun auf dem Altar thronte, war mit geschliffenen Edelsteinen besetzt, die im Kerzenlicht glitzerten.

Der Bischof hatte zu rezitieren aufgehört und hob die Arme. Es raschelte. Alle Edelleute sanken auf die Knie. Ulrich mit ihnen, das Haupt gesenkt. Im Hintergrund waren feine hohe Stimmen zu hören, die bald vom Bass einiger Mönche begleitet wurden. Eine tiefe Ehrfurcht erfüllte Ulrich. So war es, so fühlte es sich an, wenn ein Mann zu einem echten Papst, Papst Honorius, gewählt wurde. Dieser müsste als Erstes nach Rome ziehen und den falschen Papst vom Thron stoßen.

Soweit Ulrich verstanden hatte, war keiner der anwesenden Herzöge bereit, Papst Honorius Krieger für seinen Feldzug zu geben. Auch der Rinfeldner weigerte sich, den Papst mit Kriegern zu unterstützen, obwohl dieser der Kaiserin sicherlich das Blaue vom Himmel vorgelogen hatte. Wenigstens stimmte, dass Schwaben immer noch im Osten bedroht war. Rudolf brauchte seine Krieger für den Schutz seines Herzogtums.

Der neue Papst Honorius stammte aus einem angesehenen veronesischen Geschlecht, das ihn stützen würde. Aber war das genug? In Rome warteten nicht nur der falsche Papst und dessen Mob auf ihn. Südlich von Rome standen die Normannen, denen es nach der Stadt gelüstete und die nur friedlich waren, weil der falsche Papst ihnen Geld bezahlte, damit sie Byzanz angriffen und Rome in Ruhe ließen.

Ulrich holte tief Luft, schüttelte sich. Wie hatte er nur so mit den Gedanken abschweifen können? Honorius rezitierte lateinische Verse. Darauf sollte er hören und die erhabene Atmosphäre genießen, im Angesicht Seiner Heiligkeit.

Nach der Messe würde es sicherlich ein größeres Festessen geben als die karge Mahlzeit, die sie nach Prinz Heinrichs Verlobung zu sich genommen hatten. Wo stand der Prinz eigentlich? Ulrich reckte sich, konnte ihn aber nicht erblicken. Richenza warf ihm einen fragenden Blick zu. Er schüttelte den Kopf – so wichtig war es nicht, dass er den Hinterkopf des Prinzen erblickte. Er würde nur wieder Rudolf dort vorne entdecken und womöglich Wernher im Schatten des Rinfeldners und sich fragen, weswegen er selbst nicht dort vorne stand.

7. Kapitel

Im Gegensatz zu Richenza vermisste Ulrich keinen Barden, der mit einer weinerlichen Stimme Lobhudeleien von sich gab. Es war auch so laut genug im Saal. Etliche Gäste hatten sich schon verabschiedet. Ein Affront gegenüber der Kaiserin, die als Erste das Fest verlassen sollte. Es wurde immer offensichtlicher, wer die Papstwahl mied.

Die Kaiserin saß am hohen Tisch, das Haar unter Schapel und Schleier. Sie trug ein schwarzes Kleid, als wäre sie eine Nonne. Dauernd wurde sie umringt von Bischöfen, deren Tuniken im Kerzenlicht glitzerten. Wie eine Mauer standen die Männer um die Frau und schirmten sie ab. Die Kaiserin schüttelte oft den Kopf, verzog den Mund, schüttelte wieder den Kopf. Selbst Ulrich glaubte langsam, dass die Kaiserin zur Papstwahl gedrängt worden war. Prinz Heinrich und Prinzessin Bertha saßen stumm am anderen Ende des Tisches. Wenn sich ab und zu ein Bischof dorthin verirrte, wandte sich der Prinz demonstrativ von ihm ab.

Richenza sprach mit Burkhart von Fenis. Der Zweitgeborene seiner Gastgeber arbeitete als Kämmerer bei einem Erzbischof, wie er, Ulrich, es eigentlich auch hätte tun sollen. Eine Verlobung zwischen Ida und Burkhard rückte damit in die Ferne. Dafür zeigte sich Oltingen interessiert.

Ulrich hatte einige Turiner Adelige in burgundischer Zunge begrüßt. Adelheit von Turin, Berthas jüngere Schwester, schlief schon mit dem Kopf auf dem Schoß ihrer Mutter. Fast beneidete er sie darum. Ulrich unterdrückte ein Gähnen. Adelheits königliche Schwester, Bertha, konnte es sich nicht leisten, am Festessen zu schlafen. Sie wirkte eingeschüchtert und verschreckt. Kein Wunder in ihrem Alter. Ihr Verlobter, der Prinz, hatte sich unterdessen erhoben und sprach mit Rudolf von Rinfelden.

Aus Prinz Heinrich wurde Ulrich nicht schlau. Manchmal wirkte der Elfjährige geduckt und eingeschüchtert wie seine Verlobte. Dann wieder lachte er laut, machte ausladende Gesten und Gebärden wie in einem Schauspiel.

Ulrich blickte zu Richenza. Er konnte unmöglich vor ihr das Fest verlassen. Aber er wollte sie auch nicht in ihrem Gespräch stören. Bei solchen Anlässen hatte sie einen guten Riecher, mit wem man konversieren sollte. Er hob seinen leeren Kelch und winkte einem Pagen. Ihren Ältesten, Arnold, hätten sie mitnehmen sollen, damit er hier die Edelleute bediente. Er konnte Richenza nicht verstehen, warum sie Arnold von der Gesellschaft fernhielt. Sonst war sie es, die immer bemüht war, dass die Kinder Zucht und Anstand lernten.

Der Junge sollte unter die Edelleute kommen, deren Rang und Namen kennen lernen, und nicht nur das: Beim Bedienen erkannte er die Vorlieben der einzelnen Edelleute, was ihm später zu Vorteilen verhelfen würde. Hatte Ulrich bei seinen Einsätzen am Hoftag oder bei Festtagen doch schnell gelernt, welche Kelche immer sogleich gefüllt werden mussten und wo die Fleischplatten gleich leer waren. Der alte Nellenburger beispielsweise trank nie etwas, die Herren von Fenis aber schon. Arnold war ein schneller Denker, er würde ...

»Ulrich!« Erschreckt fuhr Ulrich hoch und blickte in Rudolfs Gesicht. Dessen Atem roch nach Wein. »Wir sollten unserer Hoheit Basilea, eine echte Burgunder Stadt, zeigen«, sagte er etwas zu laut. Ulrich schaute verwirrt von Rudolf zu dessen Bruder Adalbero. Auch dieser war irgendwo im Norden Kämmerer eines Bischofs.

Erst dann erblickte er das feixende Gesicht des Prinzen zwischen den beiden Brüdern, stand auf und verneigte sich.

»Ihr wollt jetzt draußen durch die Gassen ziehen?«, fragte er vorsichtshalber nach.

Rudolf hatte seinen Arm um Ulrichs Schultern gelegt und zog ihn mit sich. »Hier drin gibt es weder Gesang noch Tanz! Wir Burgunder müssen unserem König doch zeigen, dass es hier hoch zu- und hergeht«, rief er in sein Ohr. Ulrich irritierte, dass Rudolf ihn Burgunder nannte, war Lenceburg doch nur mütterlicherseits burgundisch. Ihm war unwohl. Außer Huren und Taschendieben würde Basilea zu dieser Zeit nichts zu bieten haben. Hier im Festsaal befanden sich die Edlen von Welt. Zudem war es sicherer, erst recht für einen elfjährigen Jungen. Er schaute kurz zu Heinrich. Der Blick des Jungen flatterte herum und behielt trotzdem etwas Starres. Seine Hände strichen über seine Taille, als fänden sie keinen Halt. Wie ein gefangenes Adlerküken. Hatte die Kaiserin ihr Einverständnis gegeben, dass der Prinz das Fest verlassen durfte? Ulrich wagte es nicht nachzufragen. Rudolf hatte ihm schon den Arm um die Schultern gelegt und zog ihn mit.

»Wartet!«, sagte Ulrich. Er wolle Richenza über sein Verschwinden unterrichten. Rudolf lachte auf. »Seid Ihr ein Kind, das sich bei der Mutter abmelden muss?«

Ulrich schoss das Blut ins Gesicht. Trotzdem blieb er stehen. Richenza stand mit dem Rücken zu ihnen, bemerkte nicht, dass er von Rudolf mitgezogen wurde. Nun gut, sie verlangte, dass er mit Rudolf ein gutes Einvernehmen pflege.

Adalbero stand schon in der Vorhalle. Rudolf verlangte laut nach seinem Schwert. Ulrich tat es ihm nach. Heinrich lachte schrill über etwas. Sicherheitshalber warf Ulrich einen Blick auf den Prinzen. Nein, ein Schwert hatte dieser nicht bekommen. Sollte er in seinem Alter auch nicht.

Als Ulrich die Waffe um seine Hüften gürtete und die Hand auf den Griff legte, schien er plötzlich nüchtern zu werden. Kampf und Gericht, als würde das kalte Metall dies seinen Händen erzählen. Aber jetzt gerade fühlte es sich so an, als müsse er sich damit verteidigen.

Wernher stand in der Gasse. Drei Rinfeldner Dienstleute aus der Altenburg neben ihm. Das Feuer der Fackeln in ihren Händen warf unruhige Schatten auf ihre Gesichter.

»Hat Kaiserin Agnes ihr Einverständnis gegeben?«, wagte Ulrich endlich zu fragen. Rudolf lachte. Er lachte etwas zu viel, befand Ulrich. Wernher und Adalbero schienen stumm, aber nüchtern zu sein.

Selbstverständlich habe die Kaiserin ihr Einverständnis gegeben, erklärte Rudolf. Sie befänden sich hier im Herzogtum Schwaben, seinem Herzogtum. Die Kaiserin habe den Papst hier geweiht, weil sie sich hier sicher fühle. Da tue sie auch, was er ihr rate. Rudolf legte seinen Arm um die hageren Schultern des Prinzen, zog ihn mit sich und erklärte ihm, dass sie sich nun endlich richtig mit Weibern, Tanz und Gesang vergnügen würden. Ulrich betrachtete dessen schmale Gestalt, die dünnen Beinchen, die in engen Beinlingen steckten, und blieb stehen.

»Herzog Rudolf«, sagte er so ruhig wie möglich. »Prinz Heinrich ist zu jung dafür.« Da lachte nicht nur Rudolf auf, sondern auch Heinrich. Es war die hohe Stimme eines Kindes, aber kein Kinderlachen. Höhnisch klang es, herausgepresst. Ulrich schauderte, seine Kinder hatte er noch nie so lachen hören.

Er sah zu Rudolfs Begleiter, deren Blicke ihm auswichen.

Konnte sich der Prinz an seinen streng-asketischen Vater erinnern? Der barfuß seine Dienstleute empfangen hatte und in dessen Hof weder Minnesänger noch Spielleute ihre Kunst hatten vorführen dürfen. Wollte er sich dagegen auflehnen?

»Eure Hoheit«, sagte Ulrich bestimmt. »Besser, wir kehren um.«

»Feigling«, lachte Rudolf, trat auf ihn zu und stieß ihn in die Brust. »Selbst das Schwert kannst du nicht führen. Obwohl – den Weibern scheint es nichts auszumachen.«

Das Blut wich aus Ulrichs Gesicht. Wie vor den Kopf geschlagen, trat er einen Schritt zurück, tastete nach seinem Schwertknauf. Kalt fühlte sich das Metall in seiner Hand an.

Adalbero tat so, als würde er von dem allem nichts mitbekommen. Wernher hingegen stellte sich zwischen die beiden, blickte Ulrich warnend an. Der fuhr über die Gravierung am Griff, fühlte den Edelstein. Er vertrat hier die Grafschaft und sollte sich nicht in irgendwelche Händel stürzen.

Ulrich verbeugte sich mit zusammengebissenen Zähnen, blieb krampfhaft stehen. Den Rücken würde er der Gruppe nicht zudrehen. Rudolf lachte nochmals auf. Dann zog er den Prinzen mit sich und mit ihm verschwanden seine Begleiter um die nächste Ecke. Dunkelheit blieb zurück. Irgendwo bellte ein Hund.

Ulrich zitterte. Er führte sein Schwert mehr schlecht als recht. Er war kein richtiger Edelmann. Hastig strich er sich übers Gesicht, den Spitzbart. Hätte er nicht besser den Prinzen begleiten und beschützen sollen?

Nach einer Weile drehte Ulrich sich um, trat wieder in die Halle, löste seinen Schwertgurt, überreichte die Waffe einem Diener und trat in den Festsaal. Gerne hätte er ein Wort mit Richenza gewechselt. Er konnte sie bei den Fenis nicht mehr erblicken. Die Turiner waren weg. Endlich entdeckte er Richenzas grünes Kleid vorne am Tisch der Kaiserin. Die Reihen hatten sich auch dort gelichtet. Kaiserin Agnes stand etwas abseits und sprach mit dem Abt von Cluny, Heinrichs Pate und ihrem Mentor, dem viele misstrauten.

Richenza hatte sich neben Bertha gesetzt. Den Kopf zu ihr niedergebeugt, schien sie vertraulich mit ihr zu konversieren. Ulrich zögerte, er wollte die beiden nicht stören. Er musterte die Gäste, suchte nach Edelmännern, zu denen er sich gesellen könnte, als er seinen Namen rufen hörte. Richenza winkte ihm zu. Er schlängelte sich zwischen den Tischen hindurch. Berthas Blick war auf ihn gerichtet. Dieser wirkte in dem bleichen, schmalen Gesicht starr, aber nicht so unstet wie der des Prinzen. Seit ihrer Verlobung vor sechs Jahren lebte das Mädchen am kaiserlichen Hof. Unter den Augen der gottesfürchtigen Kaiserin und neben einem Verlobten, dessen schrilles Lachen jetzt noch in Ulrichs Ohren gellte. Die Prinzessin tat ihm leid. Er verbeugte sich tief.

»Eure Hoheit, zu Euren Diensten«, sagte er. Bertha senkte nur kurz den Kopf, lächelte scheu und erlaubte ihm, sich zu setzen. Sie kannte die Etikette.

»Ulrich ist der Großneffe Eurer Großmutter«, erklärte Richenza, fügte noch zwei kleine Anekdoten über die Lenceburg hinzu, fragte Bertha, ob sie die Großmutter noch kennen gelernt habe. Diese antwortete so leise, dass Ulrich kein Wort verstand. Doch er begriff, dass es Richenza darum ging, der Prinzessin den Abend etwas zu versüßen. Er lächelte Bertha an, stellte sich seine Tochter Ida vor, wie diese hier sitzen würde, genauso scheu und verängstigt – und einsam, sehr einsam.

Da kam eine Hofdame der Kaiserin auf sie zu, erklärte, dass Ihre Hoheit, die Kaiserin, das Fest verlasse, und es war klar, dass Bertha sie begleite. Die Prinzessin verabschiedete sich artig. Ulrich und Richenza reihten sich ein, um dem Abgang der Kaiserin zu huldigen. Tief verbeugten sie sich und schauten der schmalen Prinzessin nach, wie sie im Gefolge der Kaiserin den Saal verließ. Da spürte er Richenzas Hand in seiner und wusste, dass sie wie er an die Kinder dachte. Und es war, als würde ein Duft von Melisse und Apfel zu ihm herüberwehen.

Lange hatte er nicht mehr ihre runden Hüften umschlungen. Ihre Lippen gekostet. Im Haus der Fenis war es eng. Zusammen mit ihren Dienstleuten und den Mägden schliefen sie in einer Kammer. Aber seine Mannen konnten auch im Gang schlafen. Vor allem Lancelin. Selbst Trude und Minna würden auf ihr Geheiß den Platz räumen.

8. Kapitel

Richenza stemmte die Hände in die Hüften, sah sich in der Kammer um. Trude war gerade dabei, die Truhe zu schließen. Gleich würde sie sich von den Fenis verabschieden.

Ulrich saß wohl schon auf dem Pferd.

Graf Arnold hatte einen Boten geschickt. Vor Surse machten Wegelagerer den Händlern das Leben schwer. Und Ulrich rannte. Dabei würde der Küttiger die Unholde mit Freuden allein verjagen. Falls überhaupt! Das war Heidegger Gebiet. Diese sollten für Recht sorgen! Aber Ulrich rannte, wenn der große Bruder mit den Fingern schnippte, und sie sollte allein zurückreisen. Die letzte Nacht hatten sie innig ineinander verbunden verbracht. Das erste Mal seit langer Zeit. Aber kaum brach der Tag an ...!

Fast war sie verleitet, Rudolf von Rinfelden um Begleitung zu bitten, um Ulrich zu ärgern. Aber Rudolf würde nicht abreisen, solange die Kaiserin in Basilea weilte. Und deswegen auch nicht Wernher, ihr Bruder. Wenigstens würde sie vor Martini zurück sein. Dann kamen die Bauern auf die Burg, um die Steuern abzugeben, und sie konnte dem Meier auf die Finger schauen.

Es klopfte. Richenza brummte ein Herein. Die Tür ging langsam auf. Zu ihrer Überraschung schlüpfte Lancelin herein. Unter dem Lederharnisch lugte eine blaue Tunika hervor. Die Beinlinge trug er enganliegend bis zu den Stiefeln, den ledernen Kopfschutz in der Hand. Er war für die Reise gerüstet.

»Verzeiht mein Stören, verehrte Gräfin.« Lancelin verbeugte sich elegant. »Ich komme, um mich von Euch zu verabschieden.«

»Ist etwas geschehen?« Sie hatte sich eigentlich gefreut, mit Lancelin zurückzukehren. Er war ein guter Sänger und Geschichtenerzähler.

»Die Räuber bei Surse. Es wurde mir aufgetragen, bei der Vergeltung mitzutun.«

»Ihr begleitet meinen Gatten?«

Lancelins Haupt senkte sich zustimmend.

Seit wann wollte Ulrich Lancelin beim Kampf an seiner Seite haben? Für solche Unternehmen nahm er den Küttiger und die Trostberger mit.

»Davon weiß ich nichts. Ich ging davon aus, Ihr werdet mit uns auf dem Fluss reisen«, sagte sie vorsichtig.

»Das wagte ich auch zu hoffen.« Lancelin hielt sein Haupt immer noch gesenkt.

Richenza reichte Lancelin ihre Hand, die er an seine Lippen führte.

»Des Rinfeldners Barde singt wunderbar«, flüsterte er. »Ich hoffte, mich für Euren Ratschlag gebührend bedanken zu können.«

Es war Richenza nicht danach, ein Lächeln auf ihre Lippen zu zaubern. Sie gab ihm ihren Segen und verabschiedete ihn. Er eilte mit gesenktem Haupt davon. Richenza hob ihre Röcke und trat zur Fensternische. Im Hof erblickte sie Ulrich, wie er mit dem Küttiger den Kopf zusammensteckte.

»Das wird eine langweilige Heimfahrt«, brummte Trude hinter ihr. »Jetzt bleiben uns nur die beiden alten Heidegger, die den Mund nicht aufmachen.«

»Bring' mir den Umhang«, befahl Richenza. Trude legte ihn ihr um die Schultern, und sie eilte aus dem Raum.

Ein kalter Wind blies ihr im Hof entgegen. Pferde wieherten, einige Krieger saßen schon im Sattel. Das Banner flatterte im Wind.

»Herr Ulrich, auf ein Wort!« Richenzas Stimme klang schärfer als geplant. Ulrich nickte dem Küttiger zu und folgte ihr einige Schritte beiseite.

»Mir wurde mitgeteilt, Lancelin von Eschibach werde Euch nach Surse begleiten«, begann sie.

Er nickte. Seine Augen verengten sich. Stimmte ihr Verdacht etwa?

»Das erlaube ich nicht«, sagte sie entschieden. »Ich brauche einen auf der Burg, der meine Befehle ausführt.« Sie erkannte das Erstaunen in seinem Gesicht. Oder war es Misstrauen?

»Ich kann nicht jeden hergelaufenen Gefolgsmann als Boten wegschicken, damit er in der nächsten Ortschaft meine Worte verdreht«, fügte sie hinzu. Nun wurde Ulrich verlegen, hatte sie etwa ins Schwarze getroffen? Hatte der Meier sie bei ihm angeschwärzt, und er glaubte diesem kleingeistigen Geizhals?

»Ulrich!«, zischte sie und ordnete ihre Worte noch im Kopf. »Denkst du wirklich, wenn ich einen wie Lancelin zwischen den Beinen will, dass ich den zu mir in die Kemenate nehme, damit jeder dahergelaufene Knecht zu dir rennt, um zu petzen?«

Nun wurde er wirklich rot, was sie noch mehr ärgerte.

»Lancelin reist mit mir auf die Burg«, knurrte sie. »Oder du organisierst mir einen, der verschwiegen und treu ist und genauso eine geschickte Zunge hat wie Lancelin. Gott weiß, wie lange du in Surse weilst.«

»Ich habe Lancelin schon befohlen mitzukommen. Wir reiten gleich los«, entgegnete Ulrich.

»Du bist der Herr«, fauchte sie und schluckte ihre weiteren Worte hinunter. Sie wollte ihn hier im Freien nicht anbellen. Aber in Meuschter unterhielt er eine Kebse und wohl auch eine in Schennis. Das hatte sie ihm nie vorgeworfen. Was gab ihm das Recht, nun plötzlich den eifersüchtigen Ehemann zu spielen? Sie warf ihm einen warnenden Blick zu, raffte ihre Röcke und ließ ihn stehen.

Ulrich schaute ihr nach, wusste nicht, ob er erleichtert oder wütend sein sollte. Hinter ihm wieherte ein Pferd. Burkhard führte gerade seinen gesattelten Rappen herbei. Der andere Trostberger eilte über den Hof und hielt Ulrichs gereinigtes Schwert und die Handschuhe bereit. Er nahm sie ihm aus den Händen, zog sie selbst über, gürtete die Waffe. Dann schwang er sich auf seinen Rappen. Von hier aus überblickte er seine Truppe.

»Wir sind zu viele«, entschied er und deutete mit dem Kopf auf Lancelin. »Ihr reist mit meiner Gattin«, befahl er, wendete sein Pferd und trieb es durch das Tor.

3. Teil
Lasset die Kinder zu mir kommen.
Ein Prinz heiratet und will sich scheiden lassen.

1. Kapitel
Anno Domini 1065
Lenceburg

Richenzas Hände fuhren über den feinen Stoff. Lange hatte ihr das grüne Kleid gedient, wie oft war es ausgebessert worden. Nun waren Ärmel und Säume abgeschabt, der Stoff an den Ellbogen so dünn, dass man hindurchsah, den Glanz hatte er noch nicht verloren.

»Die Stickerei am Hals erneuern wir, und um die Hüften nehmen wir es enger«, sagte Richenza. Trude nickte eifrig. Sie würde einige Flicken auf das Kleid nähen und es stolz tragen.

Richenza blickte an ihrem grauen Wollkleid hinunter. Diesen Winter hatten die Mägde ihre Finger wund gesponnen. Im Kontor hatten sie einen Webrahmen für die Meierstochter aufgestellt. Auch die Köhlerin und weitere Bauersfrauen waren bereit gewesen, für die Burg zu weben. So war einiges Tuch zusammengekommen. Ulrich brauchte ein neues Übergewand, ihr Albrecht wuchs und wuchs.

»Gräfin Richenza?« Sie hatten Kaplan Lukas nicht eintreten hören. Er verbeugte sich, was er nur bei schlechten Nachrichten tat.

»Darf ich Euch sprechen?«, sagte er und sah wirklich besorgt aus. Hatten die Stouffer Priester wieder über die Burgschaft gewettert? Richenza nickte Trude zu. Zusammen mit dem Kaplan trat sie in den Innenhof. Fast wären sie über die kleine Richenza gestolpert, ihre Jüngste. Nach der Papstweihe in Basilea war sie in ihrem Bauch gewachsen. Mit ihren kurzen Beinen torkelte das Mädchen über den Innenhof, ein Wollflies hinter sich herziehend. Minna in ihrem Schlepptau grinste der Mutter zu. Richenza strich der Kleinen übers Haupt. Sie glich ihrer Ida kaum, die sie vor zwei Jahren ins

Kloster nach Sickinga geschickt hatten. Richenza vermisste die Tochter. Ida hatte ihrem älteren Bruder mit ihrer spitzen Zunge das Wasser reichen können und den kleineren im Zaun gehalten. Sie wäre eine gute Gräfin geworden.

Zu Richenzas Erstaunen wandte Kaplan Lukas sich nicht dem Wohnturm, sondern der hölzernen Kapelle zu. Sie bekreuzigten sich beide, als sie den Raum betraten.

»Euer Erstgeborener kam in die Beichte«, begann Lukas ohne Umschweife.

»Arnold?«, fragte Richenza und wusste sogleich, dass sie nicht mehr hören wollte.

»Euer Arnold«, bestätigte der Kaplan und holte tief Luft. Richenza hob die Hand, um ihn zu bremsen.

»Sein Onkel, Graf Arnold ... «, stammelte sie. Lukas blickte verblüfft drein, dann senkte er den Blick. »Gott sei seiner Seele gnädig«, raunte er und bekreuzigte sich.

Sie hatte ins Schwarze getroffen. Das Blut wich ihr aus dem Gesicht, gerne hätte sie sich gesetzt.

»Hat Arnold ...?«, wollte sie nun trotzdem wissen. Der Kaplan schüttelte den Kopf. »Nein, nein, er hat nichts getan. Sündige Gedanken quälen ihn. Wie sein Onkel ...« Der Kaplan wusste nicht mehr weiter.

Richenza fuhr sich über die Stirn und schüttelte die Hand weg, um den bösen Blick abzuwenden. Ihr Sohn war widernatürlich. Er hatte die Krankheit! Trotz all ihrer Gebete hatte sie sich in ihren Leib geschlichen.

»Ich habe ihm eine Buße auferlegt«, sagte Lukas. »Mit Beten und Fasten kann er sich von jeder Sünde reinigen.«

Richenza nickte gedankenverloren. Sie hatte Graf Arnold gepflegt. Er hatte bis zu seinem Tod gekämpft. Weder Beten noch Fasten hatten ihm geholfen. Aber Graf Arnold hatte ihr verraten, wie man die Krankheit bändigen konnte. Ihr Atem stockte. Nächstes Jahr bekam ihr Arnold die Schwertleite. Sie hatten ihn verheiraten wollen. Ihre Hände wurden plötzlich kalt.

»Arnold soll seine Buße tun«, sagte sie etwas zu scharf. Vielleicht hatte der Kaplan Recht, und es nützte. Sie strich mit ihren Händen über ihr Wollkleid.

»Und kein Wort gegenüber Graf Ulrich.«

»Kein Wort«, bestätigte der Kaplan. Eine leichte Entrüstung in der Stimme, dass sie ihn überhaupt darauf hinwies.

Richenza versuchte den Kaplan anzulächeln. Es gelang ihr nicht. Die Heirat mit der Meierstochter hatte ihn gebändigt. Das Kinderglück war ihnen versagt, aber die beiden kümmerten sich umeinander. Kaplan Lukas tat seine Arbeit.

»Danke und meldet mir wieder ...« Sie fuhr mit der Hand durch die Luft, der Kaplan bejahte eifrig. Sie verabschiedete sich und verließ die Kapelle. Gerne hätte sie sich in die hinteren Gärten zurückgezogen, um nachzudenken. Aber der Küfer sollte vorbeikommen, ein Fass leckte. In der Küche stellten sie Schmalz her, was überwacht werden sollte. Trude besserte die Kleider aus, hatte aber vorher nach der Kräuter-Liese gerufen. Die schwangere Lene hatte Krämpfe bekommen, viel zu früh, das sah nicht gut aus.

Sie erblickte Arnold mit drei Knappen vor dem Tor, die sich im Schwertkampf übten. Er stand etwas abseits, Holzschwert und Schild in der Hand, die Beinlinge schon wieder zu kurz, weil er hochgeschossen war, der Bartwuchs fehlte noch. Obwohl sein Arm von einem Sturz geheilt war, hielt er ihn seither seltsam angewinkelt. Er schaute den Knappen zu und schien trotzdem nicht hinzuschauen. Genau wie sein Vater mochte er das Schwert nicht. Richenza grüßte und versuchte, ihren halbwüchsigen Sohn nicht anzustarren. Es durfte nicht sein! Er war nicht krank! Wenn er genug Busse tat, würde ihm das die sündigen Gedanken austreiben.

Wenigstens war sein Vater nicht hier. Ulrich reiste nach Worms, wo Prinz Heinrich heiratete, die Schwertleite bekam und so zum Manne und zum König wurde.

2. Kapitel
Worms

Die Mönche traten singend aus dem Dom, stellten sich singend um die hölzerne Bühne. Hinter ihnen schritt Kaiserin Agnes aus dem Dom und stieg auf die Bühne, hinkend, das Gesicht voller Falten. Sie sah älter aus als damals in Basilea. Ulrich wusste, warum: Nach der Papstweihe in Basilea hatte sie sich ins Kloster zurückziehen wollen. Doch dann war der Prinz entführt worden.

Ulrich fuhr sich durch den buschigen Bart. Seine Wange war seit Tagen geschwollen. Er sollte hier in Worms einen Bader aufsuchen. Da erblickte er die hohe Tiara des Erzbischofs von Colonia, der nun die Bühne betrat. Dahinter folgte der von Bremen.

Ulrich hatte den Prinzen in Basilea erlebt. Der Junge brauchte eine starke Hand. Aber dass der Erzbischof von Colonia ihn deswegen entführte? Ulrich wollte über die hohen Herren nicht urteilen. Doch nach der Entführung hatten plötzlich Klöster im Namen des Königs ihren Besitzer gewechselt, waren Ländereien zu Gunsten des Erzbischofs neu verteilt worden.

Im Namen des Königs? War Heinrich nicht ein Prinz und wurde erst jetzt – heute – zum König erwählt?

»Wehe dem Land, dessen König ein Kind ist«, hatte der Bischof von Basilea auf der Reise hierhin zu Ulrich gesagt. Sie hatten auf dem Schiff viel Zeit gehabt, um sich auszutauschen. Der Bischof von Basilea, die Oltinger, die Herren von Fenis: Die Burgunder standen um ihn herum. Er war froh, dass er mit ihnen gereist war. Mit dem Oltinger teilte er das Zelt.

Weiter vorne hatte er Rudolf von Rinfelden mit Wernher und den Nellenburgern erblickt. Den Rinfeldner drängte es wieder nach vorne zu den Mächtigen! In der ersten Reihe stand groß und aufrecht mit einem Schwert am Gurt Markgräfin Adelheid von Turin, Berthas Mutter. Eben war Bertha im Dom mit dem Prinzen vermählt worden. Neben Adelheid stand ihre zweite Tochter Adelheit. Ulrich hatte vernommen, dass der Rinfeldner um ihre Hand anhalte. So würde er wieder Schwager des Königs und in der Hierarchie nach oben rücken. Ulrich ballte die Hand zur Faust. Adelheid von Turin schien dem Handel gegenüber nicht abgeneigt, und der Schnösel bekam, was er wollte.

Der Oltinger knuffte Ulrich in die Seite, deutete auf die Bühne. Prinz Heinrich war mit seiner Braut zwischen seine Mutter und die Bischöfe getreten. Sein brokatener Umhang glänzte, ein goldenes Band lag um das Haupt. Aber der Oltinger hatte vor allem auf den Schildträger hinter Heinrich gedeutet. Den Lothringer, Richenzas Onkel. Damit zeigte er, dass er sich dem neuen König unterwarf. Ulrich nickte dem Oltinger zu. ‚Eine Feindschaft im Reich weniger. Und viele andere mehr', dachte er, als er zu den Bischöfen von Colonia und Bremen hinüberblickte.

Der Prinz war in die Höhe geschossen, immer noch mager, immer noch ohne Bartwuchs wie sein Arnold. Ulrich versuchte sogleich, den Gedanken an seinen Sohn beiseitezuschieben. Doch das gelang ihm nicht. Die Fenis hatten ihre Erstgeborenen dabei, selbst neben Wernher stand der Sohn! In einem Jahr würde Arnold seine eigene Schwertleite bekommen. Arnold müsste hier stehen und dem neuen König seine Treue schwören! Mit erhobener Hand vor allen Edelleuten des Reiches, so wie Ulrich damals in Turecum.

Aber Richenza blieb eisern. »Ich schicke meinen Sohn nicht an einen Hof, wo Kinder entführt werden!«, fauchte sie. »Sie werden ihm dort den Kopf verdrehen und womöglich gleich als Knappen auf einen ihrer Feldzüge mitnehmen!«

Sie beharrte darauf, dass Arnolds Arm immer noch nicht verheilt sei. »Einer dieser zölibatären Bischöfe wirft ein Auge auf unseren Knaben und … «, weiter sprach sie nicht. Irre Vorstellungen einer Mutter! Aber Richenza hätte sich vor Arnolds Pferd geworfen, wenn er ihn mitgenommen hätte. Also ließ er den Jungen zähneknirschend auf der Burg zurück und wusste nun nichts zu antworten, wenn er auf seinen Erstgeborenen angesprochen wurde.

Ulrich schreckte hoch. Die Mönche hatten mit den Gebeten aufgehört. Der Erzbischof von Colonia trat in die Mitte, hob seine Hand, segnete den Prinzen. Ulrich konnte die Worte nicht vernehmen, die er sprach. Doch er ahnte, dass es Worte der Mahnung waren: Der Prinz bekam seine Waffen, wurde so zum König, der sich für den Schutz von Armen und Schwachen und für den Schutz der Kirche einsetzen sollte.

Der Erzbischof deutete auf die Zuschauenden. Wie von selbst sank Ulrich und mit ihm alle Edelleute auf die Knie. Der Prinz blieb stehen. Schwert und Dolch wurden ihm gereicht, der Lothringer brachte den Schild und kniete sich hin. Jetzt wurde er zum König!

Ulrich wagte kaum zu atmen. Nun herrschte wieder Einigkeit im Reich! Eine starke Hand sorgte für Recht und Ordnung. Alle würden sich darunter beugen!

Der Gegenpapst, den Kaiserin Agnes in Basilea geweiht hatte, hatte es nicht einmal nach Rome geschafft. Aber jetzt, da ein König herrschte, würde der die Kirchenoberen wieder zurückpfeifen.

Ein Aufschrei ließ Ulrich nach vorne blicken. König Heinrich hatte sein eben erhaltenes Schwert gezogen und drang damit auf den Erzbischof ein, dieser taumelte nach hinten, fiel hin. Kaiserin Agnes, die geschrien hatte, rannte zu ihrem Sohn, umschlang ihn, riss ihn vom Erzbischof zurück. Eng umschlungen schwankten die beiden, rangen, hielt Agnes Heinrich von dem Mann weg, der ihr den Sohn entführt hatte.

Ulrich starrte nach vorne und wusste nicht, was zu tun sei. Endlich blieb König Heinrich stehen, senkte sein Schwert und lachte auf. Das schrille Lachen drang über den Platz. Es klang wie in Basilea.

Der Erzbischof hatte sich schon wieder erhoben, rückte sein festliches Gewand zurecht. Agnes sprach auf ihren Sohn ein. Dahinter konnte Ulrich den Erzbischof von Bremen entdecken, der zufrieden wie eine Katze vor der Maus feixte.

»Es ist besser, wenn wir dem jungen König erst beim Festmahl die Treue schwören.« Der Bischof von Basilea hatte sich erhoben und bewusst dem Schauspiel den Rücken zugedreht. Auch Ulrich erhob sich. Aus den Augenwinkeln konnte er sehen, wie Rudolf von Rinfelden zu Adelheid von Turin eilte. Ulrich wechselte mit dem Oltinger einen Blick.

»Nach Euch, Graf Ulrich«, sagte dieser und verbeugte sich leicht. Graf Ulrich, noch immer klangen die Worte in Ulrichs Ohren fremd. Er sah, wie sich die Grüppchen der Edelleute aufzulösen begannen und schlängelte sich durch die Menge. Um den Domplatz standen mehrstöckige Holzhäuser. Bevor er in die Gasse einbog, drehte er sich nochmals um. Der Erzbischof von Colonia befand sich nicht mehr auf der Bühne. Der von Bremen hatte seinen Arm um König Heinrich gelegt und führte ihn die Stiege hinunter, Agnes gestikulierend neben den beiden. Auf der Bühne blieb einsam Bertha zurück, Braut und neue Königin, die ihrem Gatten nachblickte. Aus der Ferne konnte Ulrich ihren Gesichtsausdruck nicht lesen. Richenza würde darauf bestehen, zu ihr zu gehen. Ulrich drehte sich um.

In den Gassen war es eng und stickig. Huren standen an die Wände gelehnt da, die Wirtshäuser waren seit Tagen überfüllt. Ulrich eilte, die Hand am Schwertgriff, durch die Gassen, achtete auf die Lachen aus Urin und den Kot. Hinter ihm folgten der Oltinger und die anderen Burgunder. Mit dem Schwert am Gurt würden sie weder fliegende Händler noch zwielichtige Zuhälter belästigen. Einige Gassen weiter gab es gute Waffenschmiede, dahinter folgten die Waschhäuser, wo sicherlich ein Bader zu finden war. Doch nicht jetzt. Die Häuser wurden kleiner, die Menschen zerlumpter, bald passierten sie das Stadttor. Davor hatte sich eine große Zeltstadt ausgebreitet.

Es klapperte, Ulrich erblickte zwei Aussätzige, die ihre in Lappen eingewickelten Hände ausstreckten. Der Oltinger verdeckte Nase und Mund und drängte weiter.

Das Lenceburger Banner, das neben dem Oltinger das Zeltdach zierte, konnte Ulrich von weitem entdecken. Der Küttiger, davor am Boden kauernd und in der Glut schürend, bewachte es. Der Oltinger würde sich nun seinen Harnisch anlegen. Es fanden noch Schaukämpfe statt. Ulrich hatte sich nicht dafür gemeldet. Über den Vorfall von vorhin würden sie nicht sprechen. Man sprach nicht über die Oberen. Ulrich hatte Zeit bis zum Festmahl am Abend. Der Schmerz in der Wange war dumpfer geworden.

Er zog sich ins Zelt zurück, setzte sich auf die Felle und stützte seinen Kopf ab, das schrille Lachen des Königs in den Ohren. Gerne hätte er mit Graf Arnold darüber gesprochen. Aber Arnold war tot, schon seit einem Jahr.

Schon länger war Ulrich allein von Twing zu Twing geritten, um für Ordnung und Recht zu schauen, die Bittsteller anzuhören und zu urteilen.

Zu Ulrichs Erstaunen hatte sich Richenza um seinen Bruder gekümmert. Tagelang saß sie an seinem Lager und pflegte ihn. Jedes Mal, wenn Ulrich heimkam, sah sein Bruder noch magerer und bleicher aus. Eines Tages, als er von Meuschter heimkehrte, brachte Richenza ihn sowie ihren ältesten Arnold ans Lager des Grafen. Seine Nase stach spitz aus dem Gesicht, die Augen waren noch stärker eingesunken. Die Finger so dünn, dass der Siegelring in Ulrichs Hand rutschte. Warm fühlte der sich an, und er wog schwer.

Ulrich erkannte die Absicht. »Nein!«, rief er. »Du bist noch nicht tot.« Sein Bruder lächelte schwach. Sein Ältester stand stumm, mit aufgerissenen Augen am Bettende. Richenza trat neben ihn. Für einen kurzen Moment streifte ihn der Verdacht, ob sie den Grafen dazu gedrängt habe.

Sein Vater hatte den Ring getragen. Graf Arnold hatte ihn getragen. Mit dem Daumen fuhr er über die Eingravierung. Die beiden Türme der Burg – das Siegel der Lenceburg.

»Auf eurem Siegel prangen zwei Türme und nicht einer«, hatte Richenza Graf Arnold einmal vorgeworfen, als er nach der Beendigung des Klosters Mure keine Handwerker für die Lenceburg angeheuert hatte, um einen Palas zu bauen oder eine Sodbrunnen zu graben, wie sie es wünschte. Das hatte Arnold kurz aus der Fassung gebracht. Ulrich wusste, das Siegel zeigte nicht die Lenceburg an sich, sondern die Standhaftigkeit und Sicherheit ihres Geschlechtes.

Nun hielt er den Ring in den Händen. Er spürte den Blick seines Bruders, er spürte den Blick seines Sohnes auf sich.

Unsicher streifte er den Ring über. An seinem Finger saß er satt. Die Wärme seines Bruders strahlte noch darin. Graf Ulrich! Seine Eltern hatten für ihn ein anderes Schicksal bestimmt.

Wie ein kleiner Junge brach er in Tränen aus, kniete sich vor das Lager seines Bruders und heulte.

Zwei Hände legten sich auf seine Schultern. Die fiebrige Hand seines Bruders und die schmale, aber kräftige Hand Richenzas. Da schüttelte es ihn noch mehr. Zugleich durchströmte ihn eine Wärme, denn er konnte sich nicht erinnern, ob sie drei je in einer solchen Innigkeit beisammen gestanden hatten wie in diesem Augenblick. Als er den Blick seines

Sohnes auf sich spürte, strich er sich die Tränen aus dem Gesicht und schämte sich deren.

Arnold starb einige Tage später. Der Burgkaplan schloss ihm die Augen, ölte und segnete ihn. Dann brachen sie mit seinem Leichnam auf nach Meuschter zur Gruft der Lenceburger. Es war eine stattliche Anzahl Menschen, die sich dorthin begab. Die Dienstleute, seine beiden Söhne, Ida, Richenza mit der kleinen Richenza und er.

Seither war er der Graf, und Arnold fehlte ihm, denn da war kein anderer über ihm, der ihm die Last seiner Entscheidungen abnahm.

Und Richenza blieb dickköpfig. Warum war sie nicht mit ihm hierher nach Worms gereist? Früher hätte sich Richenza ein solches Ereignis nie entgehen lassen.

3. Kapitel
Lenceburg

Die Angeln quietschten leise, als Richenza das Gatter zum Falkengehege öffnete. Schon lange hielten sie darin keine Falken mehr. Sie war froh darum. Die Vögel mit den kalten Augen hatten ihr nie gefallen. Zudem hatten sie Hühner und Gänse verstört. Graf Arnold hatte die Falken halbherzig gepflegt. Ulrich hatte sich nicht darum gekümmert, sodass der letzte Falke im Topf gelandet war. Minna hatte das Gehege einmal ausgeräuchert und über den Winter einige Gänse darin gehalten. Nun hausten Tauben darin, fanden ihre Schlupflöcher zum Ein- und Ausfliegen und ließen ihren wertvollen Mist zurück. Seit langem war es der Rückzugsort ihres Ältesten.

Oft hatte sie sich gefragt, warum er gerade diesen dunklen und schmutzigen Ort gewählt hatte. Außer dem Gurren der Tauben war nichts zu hören, und kein Mensch würde ihn hier suchen. Vielleicht war es das.

Arnold kauerte in der hinteren Ecke, die Arme um die Beine geschlungen. Daran hingen die Schutzamulette der Kräuter-Liese – die hatten alle nichts genützt.

Richenza schloss das Lattentor und blieb stehen, um Arnold die Möglichkeit zu geben zu reagieren. Er rührte sich nicht. Sie hob ihr Kleid, trat ein paar Schritte auf ihn zu und kauerte sich dann hin. Sie wollte ihm auf Augenhöhe begegnen.

Arnold ließ sich Zeit. Kurz fragte sie sich, ob die Ratten kommen und an ihnen schnüffeln würden, wenn sie lange hier reglos verharrten. Dann wischte sie den Gedanken beiseite. Was kümmerte sie sich um Ratten, wenn ihr Sohn hier kauerte.

»Ich bin ein Sünder«, brach es endlich aus Arnold heraus. Sie konnte ihm nicht widersprechen. In der Dunkelheit versuchte sie, einen Blick auf seinen Arm zu erhaschen. Die Schienen trug er schon lange nicht mehr. Trotzdem bewegte er den Arm vorsichtig und hielt ihn manchmal, als wäre die Verletzung noch immer nicht verheilt.

»Dein Onkel ...«, begann sie, und es fehlten ihr die Worte. Viel hatte sie gebetet, Gott alles versprochen, nach Worten gesucht. Und nun kauerte sie da und wusste nichts zu sagen.

Unzucht, Sodomie – das Blutgericht urteilte darüber, und das Blutgericht war Ulrich, Arnolds Vater.

»Dein Onkel war auch ein Sünder«, stieß sie endlich hervor und wusste, wie seltsam das klang. Sie alle waren Sünder, das predigten die Priester Tag und Nacht.

»Er hatte dieselbe Krankheit wie du«, ergänzte sie und schämte sich sogleich über ihre spitze Stimme. Tief in ihr nistete die Angst, dass sich des Grafen Sünden in ihren Leib eingenistet hatten. Nein!, so durfte sie nicht denken.

Trotz der Dunkelheit spürte sie Arnolds Blick auf ihr. Mager war der Junge geworden, er aß kaum etwas, kauerte lieber im Taubenmist. Wie ein Eremit sah er aus und nicht wie der Erstgeborene eines Grafen.

»Graf Arnold, Gott hab' ihn selig«, sagte sie mit festerer Stimme, »sagte mir einmal, es sei das Beste, wenn ein Mann mit solch sündigen Gedanken ins Kloster eintrete oder nach Rome reise.« Sie schluckte, lauschte auf seine Reaktion und schämte sich plötzlich, dass sie in Gedanken alles schon geplant hatte. War dies Gottes Strafe, dass dieses Unheil nun eintraf?

»... um für seine Erlösung zu beten«, ergänzte sie, schämte sich noch mehr und wusste nicht, warum.

»Was wird Vater sagen, wenn ich ins Kloster gehe?«, fragte Arnold zu ihrem Erstaunen. Sie tastete nach seiner Hand, drückte sie.

»Er wird darüber hinwegkommen.«

Sie kannte dieses Biest nicht, das in ihrem Sohn nagte. Sie wusste nur, dass er dagegen ankämpfte und immer schwächer wurde. Schon zu lange.

Im letzten Herbst glaubten sie, es sei ein Unfall gewesen, als er aus dem Fenster der Kemenate in den Hof gefallen war. Gott hatten sie gedankt, als sie nur einen Arm einschienen mussten. Nun zweifelte sie, ob er zufälligerweise ausgerutscht war. Der Kampf in ihm raubte ihm die Lebenskraft. Sie hatte gebetet, dass Graf Arnold mit seiner Vermutung falsch liege. Doch es schien, dass der ehemalige Graf von Lenceburg Recht behalten sollte. Als der Meier ihr berichtet hatte, dass er ihren Arnold in unzüchtiger Handlung mit dem Pferdeknecht entdeckt habe, hatte sie unverblümt erklärt, dass dies eine Tat jugendlicher Unschuld und deswegen zu verzeihen sei. Der Meier hatte ihr noch so gerne beigepflichtet.

Unzucht unter Männern gehörte vors Blutgericht. Aber ihre Liebe zu ihrem Sohn war größer als Recht und göttliche Ordnung. Ihr Ältester musste geschützt werden und wenn er damit das Erstgeburtsrecht verlor.

❊❊

Ulrich sprang vom Fährboot aus auf den Steg. Er ließ sich das Seil zuwerfen, der Küttiger folgte ihm nach, zusammen banden sie das Boot fest. Hinter ihnen am Ende des Steges eilte ein Trostberger weg, um für den Grafen die Pferde aus dem hinteren Boot zu holen. Der andere Trostberger rief den Fährleuten etwas zu. Vor zwei Sommern hatten sie ihre Schwertleite bekommen und waren zu Ulrichs gewohnter Begleitung geworden. Der Trostberger hatte noch zwei weitere Söhne, die er dem Grafen schicken wollte. Ihrem schmalen Arnold tat es gut, solche Recken neben sich zu haben, um sich an ihnen zu messen.

Einige Fischerboote waren am Steg angebunden, weiter hinten hingen die Netze. Zwei Knaben, die wohl die Netze ausbessern sollten, starrten sie mit offenem Mund an. Der Geruch nach geräuchertem Fisch schwängerte die Luft.

Ein Pferd wieherte. Es war Ulrichs Brauner, der wohl auch gerne wieder Land betrat. Ulrich ging ihm entgegen. Noch vor Sonnenuntergang wollte er auf der Lenceburg ankommen. In der Fastenzeit war er bei Schnee nach Worms aufgebrochen. Nun war Maria Himmelfahrt vorbei. Die Sommerernte eingetragen, Äpfel und Birnen wurden gepflückt.

Er streichelte dem Pferd die Nüstern. Es schnaubte. Ein Trostberger eilte mit Sattel und Zaumzeug herbei. Mit geübten Handgriffen sattelten sie die Pferde.

Unterdessen hatten sich die Fischer in einem weiten Kreis um sie versammelt, gafften den Herrn und seine drei Krieger an. Ulrich nickte dem Dorfältesten zu. Hoffte, dass sich dieser nicht mit einer Bitte an ihn wandte. Es zog ihn zur Burg. Zum Glück blieb dieser stumm.

Ulrich schwang sich auf seinen Braunen. Seine Männer taten es ihm gleich, er hob die Hand und gab dem Pferd die Sporen.

Zügig ritten sie die Anhöhe hinauf. Von dort konnten sie von weitem die Lenceburg erkennen, wie sie auf ihrem Felsen über der Ebene thronte. Es war dieses Gefühl von Leichtigkeit, von Wärme, das ihn immer überkam, wenn er die Umrisse seiner Burg erkannte. Auf sein Zunicken hob der Trostberger das Banner über ihre Köpfe. Alles Volk sollte erkennen, dass der Graf zurückkehrte.

Der Weg war breit und ausgeritten. Sie kamen schnell vorwärts. Schon ritten sie an der breiten Eiche vorbei. Jemand, wohl der Köhler, hatte rote Fäden und gewundene Weidenzweige daran gehängt. Im Gegensatz zu den Stouffer Priestern hatte Ulrich nichts gegen den Heidenkram. Der Köhler war ein anständiger Mann, der seine Arbeit tat. Wenn er im

Wald Geister besänftigen wollte, sollte er das tun. Er lebte in der Wildnis neben Kobolden und Elben.

Und als hätte jemand Ulrichs Gedanken gehört, sprang eine schwarze Gestalt in den Weg und fuchtelte mit den Armen, dass Ulrichs Brauner zur Seite sprang und sich wiehernd auf die Hinterbeine stellte.

»Der Herr Graf, Gott sei Dank, der Herr Graf!«, schrie die Gestalt. Kein Kobold, aber der Köhler.

Ulrich brauchte seine ganze Kraft, um den Braunen zu bändigen. Küttiger und Trostberger hielten hinter ihm die Pferde gezügelt.

»Was ist denn los?«, rief Ulrich. Der Köhler fuchtelte weiter mit den Armen, schrie und stotterte. Erst als Ulrich mehrmals nachfragte, konnte er vernehmen, dass der Bruder des Ammanns dem Köhler das Heim genommen und nun mit seinem Weib in seinem Ehebett liege und ihn, den Köhler, nicht mehr in die eigene Hütte einlasse.

Ulrich wechselte einen Blick mit dem Küttiger. Die Köhlerin war ein prachtvolles Weib, welches schon mit vielen Männern im Ehebett gelegen hatte. Aber dass der Köhler nun nicht mehr in seine Hütte gelassen wurde, das ging nicht.

»Warst du damit schon beim Ammann?«, fragte Ulrich. Da fing der Köhler an, dass er sich beim Ammann nicht über des Ammanns Bruder beklagen könne, und Ulrich verstand dieses Versäumnis.

»Hast du dich auf der Burg beklagt?«, fragte er also. Der Köhler schüttelte den Kopf, der Graf sei ja abwesend gewesen, und schon jammerte er wieder über sein Schicksal. Unterdessen hatte der Küttiger sein Pferd nach vorne getrieben.

»Cuno wird dich zu deiner Hütte begleiten und sehen, was sich machen lässt«, sagte Ulrich so laut, damit er das Jammern des Köhlers übertönte. Der Küttiger hielt dem Köhler seine Hand hin, sodass der sich aufs Pferd schwingen konnte, was dieser abwies. Er war wohl noch nie auf einem Pferd gesessen.

»Wenn sich nichts machen lässt«, sagte Ulrich mehr zum Küttiger als zum Köhler, »dann kommt ihr auf die Burg.« Der Küttiger grinste. Die Köhlerin würde den Amannbruder hoffentlich zum Teufel schicken, wenn sie erfuhr, dass der Küttiger und die Trostberger wieder hier waren.

Der Köhler bedankte sich und schlug sich mit dem Küttiger zwischen die Büsche.

Ulrichs Brauner fiel wie von selbst in einen Trab. Selbst er spürte wohl, dass sie bald zuhause ankamen. Auf der Allmend erblickte Ulrich die Schweine, die nach Eicheln wühlten. Die Hirten sprangen auf die Füße, zogen ihre Mützen und verbeugten sich. Schon nahten die Felder und Gärten des Dorfes. Jetzt mussten sie oben auf der Burg das Lenceburger Banner erkennen! Jetzt würden sie erfahren, dass er nach Hause kam.

Ein unsichtbares Band zog Ulrich zum Felsen. Er stieg nicht ab, als der Weg steil hinauf führte. Ein Graf sollte nach so langer Abwesenheit hoch zu Pferd in seine Burg hineinreiten. Sein Brauner wechselte keuchend die Gangart vom Trab zum Schritt. Er tätschelte dessen Hals, raunte ihm ein Lob zu.

Die Wächter grüßten laut vom Tor. Im Vorhof begegnete er weder Krüppeln noch Bettlern. Lange hatte es in der Gegend keine Fehde mehr gegeben, seine Krieger blieben heil und unverletzt. Mehrere Sommer waren die Ernten ertragreich ausgefallen. Zudem hielt ihm Richenza den Finger darauf, dass er die Familienmitglieder der Verurteilten unter die Dorfbevölkerung verteilte.

Vor dem inneren Tor erblickte er zwei Knechte. Schon wurden die Torflügel weit geöffnet, dass er hineinreiten konnte in den weiten Hof vor dem Wohnturm. Es klapperte, als die Pferde in den Hof ritten. Von verschiedenen Richtungen eilte das Gesinde herbei, um beim Absteigen und Versorgen der

Pferde zu helfen. Der Meier trat aus dem Bergfried. Hinter ihm folgte der Kaplan, der noch an einem Knochen nagte.

Ein Junge rannte ihm entgegen, griff in die Zügel seines Braunen und begrüßte ihn freudig. Es war Rudolf. Das ließ ihn stocken. Müsste sein Jüngster nicht in Meuschter bei den Domherren beten und die Psalmen lernen?

Er schwang sich vom Pferd, strich dem Kleinen über den Schopf und blickte sich um. Eine Gruppe Frauen näherte sich von den Gärten her, unter ihnen erkannte er Richenza im grauen Kleid neben Minna. Die Gräfin war nicht die größte, aber die Aufrechteste mit ihrem forschen Gang.

Sie lächelte ihn an. Doch das Lächeln hatte etwas Starres. Trude hinter ihr trug ein Kind. War es seine Jüngste, die kleine Richenza?

Da stand Richenza schon vor ihm. Sie verneigten sich voreinander, wie es die Etikette verlangte. Richenza hieß ihn willkommen, berührte ihn nicht wie sonst. Sie fragte, ob er ein Bad wünsche, was er wie immer bejahte. Minna hastete schon weg, um die Ledereimer zu holen. Rudolf hüpfte von einem Fuß auf den anderen. Richenza hatte ihm wohl eingebläut, dass er den ankommenden Vater nicht mit Fragen belästigen solle. Auf ein Nicken wurde ihm die kleine Richenza gereicht. Er nahm die Kleine in den Arm, beugte sich über sie, begierig ihren Geruch einzuatmen, der nur seine Kleinen ausströmten. Aber das starre Gesicht seiner Frau irritierte ihn. So legte er das Kind in die Arme seiner Amme.

Meier und Kaplan tauchten hinter ihr auf, verbeugten sich, dahinter kamen die Krieger und das Burgvolk, welches ehrfürchtig grüßte.

Richenza machte dem ein Ende, indem sie erklärte, dass der Herr Graf sich erst von der Reise ausruhen werde. Dankbar folgte er ihr hoch in den Bergfried. Sonst hängte sie sich bei ihm ein und löcherte ihn nach einer solchen Reise mit Fragen. Neben ihrem Strahlen entstand dann die altbekannte Falte auf der Stirn, vor Anstrengung darüber, was sie alles von ihm wissen wollte. Heute blieb sie stumm.

»Ida geht es gut. Sie lässt alle grüßen«, setzte er deswegen an, um etwas zu sagen. Auf seiner Rückreise war er in Sickinga vorbeigeritten, um nach dem Rechten zu schauen.

Die Hunde bellten und sprangen ihm entgegen, als er den Saal betrat. Wenigstens sie schienen sich zu freuen, dass er zurückgekommen war.

In der Luft hing der Duft der Kräuterbüschel, die an Maria Himmelfahrt gesegnet worden waren. Breitbeinig setzte er sich hin. Eine Magd eilte herbei, half ihm die Stiefel von den Füßen zu ziehen. Ein Kelch mit Wein wurde vor ihn hingestellt, eine Schale mit kaltem Fasan folgte. Die Trostberger hatten sich auf die andere Seite gesetzt. Er winkte ihnen zu, dass sie sich bedienen sollten.

Von der Stiege her hörte er Schritte. Arnold schlich aus der Kemenate hinunter. Warum versteckte der sich mitten am Tag? Langsam näherte er sich. Der Kopf gesenkt, das Haar fiel ihm ins Gesicht.

»Willkommen, Herr Vater«, murmelte sein ältester Sohn und verbeugte sich. Er hatte ihm schon so oft gesagt, dass er nicht murmeln solle, offen und klar habe er zu sprechen, mit ehrlichem Herzen. Wie Rudolf vorhin auf dem Hof!

Ulrich nahm sich zurück, nickte ihm zu. Er wollte den Jungen jetzt nicht belehren, wollte selbst ein Bad nehmen und sich dann den dringenden Sachen widmen. Der Meier hatte gewiss zu berichten. Richenza stand wohl wie immer schon mit einer ganzen Liste bereit. Dann hatten sich sicherlich schon Bittsteller gemeldet. Zudem hatte er in Sickinga vernommen, dass im Frickgowe ein paar Höfe überfallen worden seien. Darüber musste er Genaueres erfahren.

Arnold blieb mit gesenktem Kopf neben ihm stehen. Er schien nicht zu wissen, was er mit sich anfangen sollte.

»Ich muss mit Euch sprechen, Herr Vater«, stieß er endlich hervor. Das war erstaunlich: Sprechen konnte er doch jetzt, alles sagen, was er wollte! Arnolds Blick flatterte zur Seite, dorthin, wo Richenza stand, mit ihrer steilen Falte im Gesicht.

Da verstand Ulrich, dass Richenzas starres Gesicht und Arnolds verschämtes Murmeln miteinander zusammenhingen. Er musterte seinen Ältesten, der sich benahm wie ein Sünder. Die Trostberger waren verstummt.

»Nach dem Bad«, entschied Ulrich, und wie auf ein Zeichen kamen zwei Mägde herein und leerten ihre vollen Eimer in den Kessel über dem Feuer.

Arnold verbeugte sich und schlurfte zur Stiege, die hoch zur Kemenate führte. Was hatte er verbrochen? Ulrich sah zu Richenza, die ihren Ältesten mit sorgenvollem Blick beobachtete.

Endlich dampfte das Wasser. Richenza half ihm weder beim Ausziehen, noch setzte sie sich zu ihm ans Bad. Als Gräfin gehörte es sich nicht, das zu tun. Früher hatte sie es trotzdem getan. Leise hatten sie dann über dies und das gesprochen wie zwei geheime Verbündete. Mit einem Schwamm war sie ihm über den Rücken gefahren und hatte neckische Bemerkungen über Flecken und Härchen gemacht, die sie entdeckt hatte.

Das Wasser war noch warm, als er aus der Wange stieg. Die Trostberger würden sich darüber freuen. Minna hatte ihm eine Tunika und Beinlinge hingelegt. Der Harnisch war schon weg. Ulrich fühlte sich frisch und trotzdem angespannt, als er zur Kemenate hochstieg. Oben angekommen, erblickt er seinen Ältesten auf der Bettstatt sitzen. Er hielt seinen geheilten Arm, als wäre er noch gebrochen. Richenza stand in der Fensternische, der Lederschutz war beiseite gezogen. Sonst war niemand anwesend. Ulrich stellte sich vor seinen Sohn, fühlte sich dabei unwohl und setzte sich auf die Truhe.

»Ich danke Euch, Herr Vater«, sagte Arnold. Seine Stimme klang hell und klar. Viel zu hell für einen Jüngling in seinem Alter, die Trostberger hatten tiefere und stärkere Stimmen. Arnold holte tief Luft, blickte wieder zu Richenza, die mit dem Rücken zu ihnen stand und hinausblickte, als würde sie dies alles nichts angehen.

'Nun sag' endlich, was du getan hast', dachte sich Ulrich.

»Vater«, brach es endlich aus Arnold heraus. »Ich möchte nicht Graf werden. Lasst mich in ein Kloster gehen und dort beten.«

Ulrich blickte fassungslos hoch. Das hatte er nicht erwartet.

»Du bist mein Ältester«, antwortete er. »Du wirst Graf der Lenceburg.« Gott hatte es so bestimmt, fügte er in Gedanken bei.

Arnold zuckte zusammen, als wäre er geschlagen worden.

»Ich bitte Euch darum«, stotterte er mit seiner hohen Stimme. Ulrich erhob sich aufgebracht. Was für einen Unfug hatte sich der Junge in den Kopf gesetzt? Er blickte zu Richenza, die immer noch mit dem Rücken zu ihnen stand. Billigte sie etwa ein solches Getue?

»Du hast hier nichts zu bitten und nicht zu wollen«, sagte er bestimmt. »Du bist der Erstgeborene und wirst Graf der Lenceburg!«

Arnold blieb mit gesenktem Kopf sitzen, seine Schultern bebten. Weinte er etwa?

»Das ist mein letztes Wort«, donnerte Ulrich. Seine Stimme klang ungewohnt laut. »Und nun verlass' den Raum und zeig' dich deiner würdig!«

Arnold blinzelte zu Richenza hinüber. Doch diese rührte sich nicht. Seine Unterlippe zitterte wirklich. Bald würde er sein Gesicht verlieren!

Eine Bewegung vom Fenster her ließ beide herumfahren. Richenza hatte sich umgedreht, blickte sie beide mit ernstem Gesicht an, sagte nichts. Sollte sie auch nicht! Das hier war sein Sohn, und dieser hatte seiner Bestimmung zu folgen. Seit wann konnten Grafensöhne wählen, was sie in ihrem Leben machen wollten? Seit wann konnte überhaupt jemand wählen? Das Chaos brach aus, wenn man nicht mehr auf sein Blut und seine Geburt setzen konnte.

Bald musste Ulrich zum Gericht nach Turecum aufbrechen, dann kam der Junge mit ihm! Es tat ihm nicht gut, hier auf der Burg den Weibern unter den Rock zu kriechen.

Arnold erhob sich, verbeugte sich und schlich wie ein Hund mit eingezogenem Schwanz zur Stiege.

Wütend blickte Ulrich zu Richenza. Seit wann duldete sie solchen Blödsinn? Sie hatte auf der Burg Besseres zu tun, als auf die Launen ihres Sohnes zu hören.

Wie kam Arnold überhaupt auf die Idee, sich seinem eigenen Geburtsrecht zu widersetzen? Hatte er etwa? Nein, Ulrich hatte seinen Ältesten oft beobachtet. Dieser hatte nicht seine Schande übernommen. Bleich wurde er, wenn sie den Verurteilten den Kopf abschlugen. Aber weder sank er zu Boden, noch erbrach er sich. Diese Schande trug nur er, Ulrich, in sich.

Langsam, fast schleichend kam Richenza zu ihm herüber, setzte sich auf die Bettstatt. Den Blick in die Ferne gerichtet, das Gesicht sorgenvoll.

»Arnold«, sagte sie und räusperte sich. Er wollte von ihr gar nichts hören! Arnold war sein Erstgeborener und dabei blieb es.

»Er trägt dieselbe Krankheit wie dein Bruder«, brach es aus Richenza heraus, und er spürte ein kaltes Kribbeln an seinen Fußsohlen. Richenza sprach nicht von der Krankheit, die Arnold in den Tod geführt hatte. Sprach sie etwa ... Aber wie konnte sie davon wissen?

Da war nur ein Erinnerungsfetzen aus der Zeit, als er noch als kleiner Junge auf der Burg gelebt hatte: Arnold, sein Bruder, war erwischt worden ... Ulrich fegte den Gedanken beiseite. Arnold hatte nie mehr ... Wütend blickte er zu seiner Gattin hinüber. Wovon sprach sie?

»Als ich den Grafen pflegte«, begann sie. »Beichtete er mir, dass er bei unserem Ältesten dieselben Anzeichen erkenne.« Sie schlug die Hände vor das Gesicht. »Graf Arnold sagte mir, dass ihn die Krankheit nie losgelassen habe. Ein Leben lang kämpfte er dagegen, damit die Schande nicht auf die Lenceburg fiel. Für unseren Sohn sei es das Beste, wenn wir ihn so weit weg wie möglich, am besten in ein Kloster, schicken würden.« Ihr Gesicht war nass, als sie die Hände davon löste. Er verstand nicht, was sie quälte, das alles war doch ein einziges Missverständnis!

»Ulrich!«, fügte Richenza etwas heftiger hinzu. »Du weißt doch, warum dein Bruder so oft nach Sickinga reiste! Die Burgschaft hier – alle wussten es!«

Er war wie vor den Kopf gestoßen. Sickinga? Arnold hatte mit der Äbtissin verhandelt. Was hätte er sonst dort tun sollen?

Richenzas Blick bohrte sich in seinen, als wollte sie sich dort festklammern. Das Kribbeln kroch seine Füße hoch. Was hatte Graf Arnold sonst noch in Sickinga gesucht?

»Ich wollte es auch nicht glauben«, flüsterte sie. »Doch dann, am Abend vor Maria Himmelfahrt ... Der Meier hat unseren Sohn erwischt, mit dem Stallknecht.« Sie stockte. Ulrich schauderte. Es durfte nicht sein. Sein Bruder ... Er werde eine Burgunderin hierherholen, hatte er damals vor Ulrichs Heirat gesagt, wenn Richenza nichts tauge. Aber Richenza trug ein Kind nach dem anderen aus. So hatte sich Ulrich keine Gedanken darüber gemacht, ob Arnold eine aus dem Burgund hole, weil ein Junge mit Arnolds Namen schon auf der Burg herumgerannt war. Ulrich schluckte. Er hatte sich nie gefragt, warum Arnold nicht mehr heirate. Niemand hier hatte sich gefragt. Oder?

Aufgebracht wandte er sich Richenza zu. Warum unterstellte sie seinem toten Bruder so etwas?

»Ulrich«, ihre Stimme war leiser geworden. »Der Meier wird schweigen. Selbst das ganze Gesinde hier auf der Burg wird schweigen. Dein Bruder lebte seine Schweinereien nur in Sickinga aus.«

‚Nein!', hätte Ulrich am liebsten geschrien.

»Aber, was wirst du tun, wenn die Unzucht deines Sohnes einmal an dich als Richter herangetragen wird? Wie wirst du dann urteilen?«

‚Sei ruhig, Weib!', wollte er brüllen, doch kein Wort verließ seinen Mund. Arnold hatte ihn einmal nach Bremgarten geschickt, um über zwei Männer zu urteilen, die Unzucht miteinander getrieben hatten. Stolz war er gewesen, dass sein Bruder ihm eine solche Aufgabe anvertraut hatte, und trotzdem hatte er sich gefragt, weswegen Arnold nicht hingehe. Von der Horde waren die Männer schon gejagt und gepeinigt worden. Ihre Leichen waren schrecklich anzusehen gewesen. Tod durch das Schwert, wer Unzucht mit Tieren oder Männern trieb, so hieß das Gesetz. Ulrich atmete tief durch. Das alles durfte nicht sein! Sein Sohn war keiner von denen!

»Ich habe mit dem Kloster St. Blasien Kontakt aufgenommen.« Richenzas Stimme war ungewohnt sanft. Ulrich erhob sich brüsk. St. Blasien, ein Kloster der Habichsburger! Wie kam sie auf St. Blasien? Ein Kloster, das weit entfernt und nicht einmal in seinem Herrschaftsgebiet lag?

»Unser Rudolf brennt darauf, von dir in den Dienst genommen zu werden.«

Ulrich konnte es nicht fassen. Richenza unterstützte die widerliche Laune seines Sohnes! Nun verstand er auch, warum sein Jüngster hier im Burghof herumtollte und nicht die Wachstafeln in Meuschter zerschabte.

»Rudolf gehört in die Stiftsschule und wird dort eine Ausbildung zum Geistlichen bekommen«, fauchte er. »Wie könnt Ihr es wagen, über meinen Kopf ...« Ihm fehlten die Worte. Da ritt er nach Worms, um dem neuen König die Treue zu schwören, und unterdessen fielen ihm Frau und Sohn in den Rücken.

»Rudolf wird morgen nach Meuschter zurückgeschickt! Ich will nie mehr etwas von dieser Sache hören!«, donnerte er, erhob sich und eilte zur Stiege. Doch Richenza war schneller. Sie überholte ihn und stellte sich ihm in den Weg.

»Ich habe mit Graf Arnold auf dem Krankenbett gesprochen«, fauchte sie. »Es handelt sich nicht um eine Laune deines Sohnes! Es ist mehr als eine Krankheit ... Dein Bruder beschrieb es, wie ... Er sagte, er könne auch nicht die Augenfarbe wechseln.« Es verschlug ihr die Stimme. Ulrich erinnerte sich, wie Richenza seinen Bruder von Anfang an gemieden hatte. Beide hatten sich gemieden. Er schluckte. Richenza hatte es gewusst, von Anfang an. Und wenn sie es wusste, wer tat es dann auch noch?

»Unser Sohn wird morgen nach St. Blasien aufbrechen«, sagte Richenza mit fester Stimme.

Er lachte hart. »Und weswegen sollten die Blasier einen verdorbenen Lenceburger aufnehmen?«

»Sie werden nie erfahren, dass er ein Lenceburger ist«, erwiderte sie. »Er hat einen Teil meiner Mitgift im Gepäck. Sie werden ihn, ohne nachzufragen, aufnehmen, so wurde es ausgehandelt. Rudolf wird an Arnolds Stelle treten. So wie du an die Stelle deines Bruders getreten bist.«

Wie konnte sie nur so über seine Familie bestimmen? Ulrich packte Richenza bei der Taille, stieß sie zur Seite und hastete die Stiege hinunter. Unten im Saal herrschte Stille. Seine Männer saßen mit unbeteiligtem Gesicht da und versuchten so zu tun, als hätten sie nichts von dem Gebrüll mitbekommen. Sein missratener Sohn war nirgends zu sehen. Wenn der es wagte, morgen die Burg zu verlassen, würde Ulrich ihn eigenhändig verfolgen, einfangen und zurückschleppen.

Am Tisch konnte er den Küttiger entdecken. Hatte er beim Köhler für Ordnung gesorgt? Er müsste mit ihm noch über das Frickgowe und die überfallenen Höfe dort sprechen. Schon glaubte er den metallenen Geschmack von Menschenblut auf der Zunge zu spüren. Seine Schande, die Schande seines Bruders und nun sein Sohn. Warum strafte sie Gott so sehr? Oder war es gar nicht Gott, sondern die Rache des Drachens, dessen Ei noch hier im Felsen harrte?

Er ballte die Fäuste, durchquerte hastigen Schrittes den Saal und polterte in den Hof hinunter. Dort lief er zu den Ställen. Sein Brauner war schon abgesattelt und fraß Hafer aus einem umgebundenen Sack. Er tätschelte dem Pferd den Hals, löste den Sack und führte es hinaus. Er schwang sich auf das ungesattelte Tier, wie er es als Kind getan hatte, trieb es an und sprengte aus dem Hof hinaus. Hinter dem Tor strauchelte es. Er sprang vom Rücken und führte es im Laufschritt hinab.

Vor sich sah er die zwei Leichen, die er wegen Unzucht hätte verurteilen sollen. Von den Horden waren die Unholde schon gejagt und zu Tode geprügelt worden. Als er angekommen war, hatte man ihm nur noch zwei blutig entstellte Körper gezeigt, sodass es ihm im Halse gewürgt hatte.

»Blutgericht«, hatte er den Ammann angefahren. »Der Graf richtet, nicht die Horden.«

Der Ammann hatte nur verächtlich zu Boden gespuckt.

»Sodomie – Arschficker«, sagte er. »Dafür brauchen wir keinen Grafen.«

Siebzehn Lenze hatte er damals gezählt. Das Haar des Ammanns hatte schon graue Strähnen gezeigt. Ulrich hatte dem Ammann erklärt, dass dieser nicht die Autorität habe, über das Leben anderer zu entscheiden. Ein Ammann könne die Blutschuld nicht tragen, welche die Familie des Getöteten verlange. Doch Ulrich hatte gewusst, dass die beiden Täter nur Knechte gewesen waren, deswegen hatten es die Bauern gewagt, sie totzuschlagen.

Darum hörte ihm der Ammann mit einem spöttischen Lächeln auf den Lippen zu. Wütend drehte Ulrich sich um, um den Schauplatz zu verlassen. Doch der Küttiger hielt ihn zurück.

»Versammelt diese Halsstarrigen und fällt Euer Urteil über die Toten«, raunte er Ulrich zu. Er blieb zitternd stehen. Wie ihm das widerstrebte! Wütend riss er sein Pferd an den Zügeln herbei und stieg auf. Vom Sattel aus ordnete er seine Krieger und den Henker an, alle Bewohner an Ort und Stelle zu versammeln. Sie trieben die Leute aus den Hütten und Ställen, holten sie vom Feld und selbst von der Allmend in den Twing. Sie alle mussten sich auf den Platz vor die Leichen stellen, die schwarz vor Fliegen waren.

Dann donnerte Ulrich von seinem Pferd herunter, dass sie sich der Blutschande schuldig gemacht hätten, und eröffnete das Gericht über die beiden Gelynchten. Die Zeugen mussten vortreten, aussagen und schließlich fällte er das Urteil: Unzucht und Sodomie – Tod durch das Beil. Der Henker köpfte die beiden Leichen. Alle mussten zusehen. Im Vergleich zu anderen Hinrichtungen blieben die Zuschauer totenstill.

Auf der Rückreise konnte Ulrich durch seinen Schwindel und die Übelkeit erkennen, dass ihm der Küttiger anerkennend zunickte. Aber auf der Burg erzählte er weder seinem Bruder noch Richenza, was geschehen war.

4. Kapitel

Richenza blickte aus dem Fenster der Kemenate Ulrich nach, wie er aus dem Innenhof floh, blickte noch, als er schon längst nicht mehr zu sehen noch zu hören war. Dann hob sie ihr Kleid, stieg hinunter in den Saal an der stummen Mannschaft vorbei, weiter in den Hof hinunter und wandte sich dem Falkengehege zu.

Arnold kauerte in der hinteren Ecke, eine Katze auf dem Schoss. Richenza ließ sich neben ihm nieder.

»Er wird sich beruhigen«, sagte sie, »und er wird dich ziehen lassen.«

Arnolds Gesicht war tränenverschmiert.

Sie hätte Arnold gerne umarmt, wusste aber, dass er ihre Berührungen schon länger mied. Es war schwer, dem eigenen Kind den Schmerz nicht nehmen zu können.

»Wir befolgen den Rat deines Onkels. Graf Arnold war ein würdiger und weiser Graf«, erklärte sie und fügte in Gedanken hinzu: Er trug auch deine Bürde. Aber dies wusste ihr Sohn schon.

Sie würde ihn lange nicht mehr sehen. St. Blasien war ein edles Kloster. Außerhalb der Reichweite der Lenceburger. Wenn, dann würde Arnold dort Frieden finden. Sie musste es glauben. Seine Hand hatte die ihre ergriffen. Vorsichtig legte sie ihre andere darauf.

»Morgen wirst du mit dem Salzhändler über die Habichsburg nach Rinfelden ziehen. Im Herrenstift dort gibt es genug Brüder, die dir den Weg nach St. Blasien zeigen.« Er nickte. Sie hatte es ihm schon unzählige Male erklärt.

Morgen würde er die Kleidung eines Händlers tragen und nicht mehr die eines Grafensohnes. Der Abt von St. Blasien war unterrichtet, dass ein Jüngling ohne Namen mit zwei goldenen Kelchen bei ihnen ankommen würde. Er würde ihn, ohne zu fragen, aufnehmen. Die St. Blasier Mönche waren diskret, das wusste jeder Habichsburger.

»Schick' den Jungen ins Kloster oder nach Rome, dort wird er seinen Frieden finden«, hatte Graf Arnold ihr geraten. Nach Rome würde sie keines ihrer Kinder schicken! Nicht in diese sündige Stadt, wo ein falscher Papst lebte, wo Pilger Angst haben mussten, als Sklaven in den Orient verkauft oder von den Normannen erschlagen zu werden!

Ihr Arnold hatte schnell zugestimmt, als sie ihm vom Kloster erzählt hatte. Fast zu schnell, fast freudig. Als sei ihm der Grafensohn eine Last. Seither aß er wieder.

Keine Würde, keine Ehre, nur Unterwerfung und Demut werde er dort erleben, hatte sie ihm erklärt und zu ihrem Erstaunen Tränen der Erleichterung in seinen Augen gesehen.

Und viele Männer lebten dort, hatte sie in Gedanken ergänzt. Es wurde ja viel gemunkelt, was die Mönche in ihren Klöstern trieben. Doch davon hatte sie weder Graf Arnold noch ihrem Sohn etwas sagen wollen.

»Und unser Rudolf?«, hatte sie einmal gewagt, den Grafen zu fragen. Trug der Jüngere auch diese Sünde in sich? Arnold hatte mit den Schultern gezuckt. Rudolf würde nachrücken und das Erstgeborenen-Recht übernehmen. Die Heirat mit den Oltingern würden sie verschieben müssen.

Richenza drückte ihrem Ältesten die Hand.

Handelte sie richtig?

Sie ging nicht gerne zur Beichte. Der Burg-Kaplan hatte nicht über ihre Taten zu urteilen. Doch diesmal sehnte sie sich nach Vergebung.

**

Ulrich kehrte erst zurück, als die Tische schon abgeräumt waren. Eine Magd stellte ihm eine Schüssel mit geräuchertem Schinken hin. Sie hatten den wohl für die Rückkehr des Grafen aufbewahrt. Lustlos kaute er daran, warf einen Teil den Hunden zu, die sich darum stritten. An den hinteren Tischen würfelten die Männer, schlugen mit den Händen auf die Platte und johlten. Richenza hatte sich vermutlich mit den Kindern in die Kemenate zurückgezogen. Üblicherweise hätte er mit Arnold noch eine Partie Schach gespielt. Der Junge war gut darin. Aber nicht heute.

Richenza wusste, dass er die Lieder der Sänger nicht mochte und hütete sich wohl, am ersten Abend seiner Rückkehr einen singen zu lassen. Als hätte sie seine Gedanken vernommen, trat sie aus der Kemenate und stieg zu ihm hinunter. Stumm beobachtete sie, wie er den Schinken verspeiste, schenkte ihm sogar Wein nach. Jetzt war nicht der Augenblick zu sprechen, das wussten sie beide. Aber er kannte seine Frau, sie würde nicht locker lassen.

Deswegen strich er mit dem Ärmel über den Mund, schob die Schüssel beiseite und erhob sich. Zusammen stiegen sie hoch in die Kemenate und dann weiter auf die Brüstung des Bergfrieds. Richenza hatte beide Mäntel schon bereitgelegt.

»Unser Ältester wird wie mein Bruder lernen, seine Triebe zu bändigen«, begann Ulrich unverblümt. Ein erstgeborener Lenceburger erfüllte seine Pflicht!

Richenza schüttelte den Kopf. »Dein Bruder war ein weiser Mann«, erklärte sie. Ulrich verschlug es die Sprache. Nie hatte Richenza so ehrfürchtig von seinem Bruder gesprochen.

»Ich werde seinen Ratschlag befolgen«, fuhr sie fort.

»Und warum sprach mein Bruder nie mit mir über diese Schande!«, fuhr er auf.

»Ulrich!« Richenzas Stimme brach und damit die Fassade, die sie so lange aufrechterhalten hatte. Schluchzend wischte sie sich die Tränen vom Gesicht. Verlegen drehte sich Ulrich weg, überlegte sich, ob er die Hand auf Richenzas Schulter legen sollte, entschied sich aber dagegen, weil er immer wütender wurde. Wütend auf seinen Bruder, der ihm so viel verschwiegen hatte, wütend auf seinen missratenen Sohn, wütend auf Richenza, die hinter seinem Rücken solche Entscheidungen fällte, und wütend auf sich, der wie ein Trottel dastand!

Wie hatte er sich gefreut, heimzukehren und Richenza von der Hochzeit zu erzählen. Ihr Grüße von ihrem Onkel zu überbringen, sodass sie hoffentlich bereute, nicht mitgekommen zu sein. Er hatte ihr von Ida erzählen wollen, wie ihre schmale, bleiche Tochter im Kloster noch schmaler und scharfzüngiger geworden war, wohl wie ihre Großmutter - darüber hatte er mit Richenza lachen wollen. Aber nein! Sie zerbrach die Ordnung seiner Familie, zog ihn in dieses Elend hinein, förderte die Unzucht und legte nicht einmal den Mantel des Schweigens darüber!

»Du bist Arnolds kleiner Bruder.« Richenza hatte endlich ihre Stimme wieder gefunden. »Du hast ihn verehrt!«

Ulrich senkte den Kopf.

»Alle wussten, wohin es Graf Arnold trieb. Als ich auf der Stein lebte, munkelte man darüber, auch auf der Habichsburg ...«, stieß sie hervor. »Das Gesinde beobachtet unseren Ältesten genau, und nicht nur das Gesinde tut das! Was denkst du, was die hinter vorgehaltener Hand auf den anderen Burgen flüstern?«

Ulrich hätte ihr gerne widersprochen, unterließ es aber. Langsam beschlich ihn eine Ahnung – eine Erinnerung. Sie reichte in die Zeit zurück, bevor er in Meuschter Schreibtafeln bekritzelt hatte. Sein Bruder kniend in der Kapelle, den Rücken entblößt, blutige Striemen darauf. Ulrich war in der

Nacht aufgewacht, hatte den Bruder neben sich vermisst und in der Kapelle gefunden. Er musste im Eingang stehen geblieben sein, denn das Blut hatte er nicht gerochen, nur die Striemen gesehen und die Peitsche mit den Dornen, die in den Rücken geschnitten und weitere Striemen hinterlassen hatte. Irgendeinmal hatte sich sein Bruder mit ausgestreckten Armen auf den steinernen Boden gelegt. Lange? Ulrich konnte es nicht sagen. Bewegungslos hatte er ausgeharrt, bis sich sein Bruder erhoben und ihn entdeckt hatte.

»Ulrich?« Arnold war auf ihn zugeeilt, die Arme ausgestreckt, war dann aber vor ihm zurückgeschreckt, als dürfe er den eigenen Bruder nicht berühren.

»Geh zurück in die Kemenate. Ich büße hier für meine Sünden.«

Sünden? Ulrich hatte nicht nachgefragt, hatte seinem Bruder gehorcht und ihn in der Bettstatt neben sich vermisst.

Er wischte sich über die Stirn, versuchte, die aufkeimenden Bilder zu ordnen.

Und nun sein Sohn – nicht auch sein Sohn! Es war, als würde er Arnolds Striemen auf seinem Rücken spüren.

»Dein Bruder trug schwer an seinem Kreuz. Er wünschte sich, dass unser Ältester fortziehe, um seinen Gral an einem anderen Ort zu finden«, flüsterte Richenza.

‚Was hat das mit dem Gral zu tun?', wollte er auffahren. Da fiel ihm ein, dass Richenza den Kindern oft die Geschichte des roten Ritters erzählt hatte. Vor allem die Episode, in der Herzeloide, die Mutter des Gralssuchers, ihren Sohn im Wald aufzog, um ihn vor der Ritterschaft zu schützen, und jene, wie Herzeloide an Herzschmerzen starb, als er sie verließ. Richenza liefen dabei jedes Mal die Tränen über die Wangen und den Kindern auch. Da rutschte Ulrich näher an sie heran und legte seinen Arm um ihre Schultern.

»Wo ist Arnold jetzt, mein Sohn?«, flüsterte er, als sie regelmäßiger atmete. Ihr Zögern erschreckte ihn. Es dauerte lange, bis sie sich erhob, ihr Kleid zurechtrückte und ihm die Hand hinhielt.

5. Kapitel
Drei Jahre später
Anno Domini 1069
Turecum

Minna schritt breitbeinig vor Richenza durch die Gasse. Eine Axt stak in ihrem Gürtel. Die Hitze ließ die Luft flimmern. Es stank nach Pisse und ungewaschenen Leibern. Richenza strich sich den Schweiß aus der Stirn. Hinter ihr folgten Lancelin und die beiden Krieger mit den Pferden. Aufgehoben zwischen Minna und Lancelin, konnte der Gräfin von kaum jemandem ein Haar gekrümmt werden. Graf Ulrich musste sich keine Sorgen machen. Nun gut, Ulrich konnte sich keine Sorgen machen. Er weilte in Sickinga, und die Botschaft, dass sie sich in Turecum befinde, war wohl noch nicht bei ihm angekommen.

Herzogin Adelheit hatte Richenza überraschend hierher bestellt. Adelheit hätte ruhig zur Lenceburg reisen können, aber Herzoginnen bemühten sich nicht. Oder eher: Adelheit wollte wohl ihr Treffen auf neutralem Boden halten. Richenza grübelte seither, warum.

»Links einbiegen!«, rief sie Minna zu. Diese befand sich das erste Mal in Turecum. Wenigstens besaßen die Lenceburger als Kastgrafen des Großmünsters hier ein Haus.

Richenza hob ihren Rock, schlängelte sich zwischen den Pferdeäpfeln hindurch. Diese würden bald von emsigen Fingern eingesammelt und getrocknet werden, um als Brennmaterial zu dienen.

»Bei der Schenke abbiegen. Dann siehst du das Haus mit unserem Wappen«, rief sie Minna hinterher.

Sie hätte ihren Rudolf mitnehmen sollen. Aber Ulrich ließ diesen kaum aus den Augen. Seit ihrem Streit vor drei Jahren. Richenza versuchte, nicht daran zu denken, aber umso mehr sie sich anstrengte, desto weniger gelang es ihr. Wie hatte Ulrich nur so blind sein können? War er das aus Vaterliebe? Sie hatte ihm Arnold nicht weggenommen. Arnold war von selbst gegangen. Schon lange, schon seit seiner Geburt. Aber Ulrich hatte weder Knaben noch Jüngling so sehen wollen, wie er war. Er hatte nur das Bild erblickt, das er sich vorgestellt hatte.

Richenza schüttelte sich. Sie musste sich auf den Weg konzentrieren und auf die Herzogin. Als sie Adelheit in Basilea bei der Papstwahl zum ersten Mal gesehen hatte, war sie noch ein Kind gewesen und niemand hatte gewusst, dass Rudolf von Rinfelden diese einmal zur Frau nehmen würde. Ein guter Schachzug! Er hatte Adelheit von Turin geheiratet, die Schwester der Königin, war Schwager des Königs geworden und wieder in den innersten Kreis der Königsfamilie getreten.

Eines Königs jedoch ... Richenza stolperte fast über einen Bettler, der in der Gosse saß. Sie hob ihren Saum und eilte weiter. Eines Königs, von dem man nur Ungutes hörte. Wie letzthin an diesem Festessen, als König Heinrich die falsche Sitzordnung eingehalten habe und die Männer dann mit dem Schwert ihre Rechte eingeholt hätten. Ein Gemetzel am Festmahl des Königs!

Und wie er Königin Bertha behandelte! Und die widerlichen Dinge, die man über ihn munkelte: Des Königs wollüstiges Verhalten, seine Ehrlosigkeit, die von ihm geschändeten Frauen. Geschichten, die Richenza bei Tische verbieten musste, weil sie so widerwärtig waren.

»Seine Feinde ziehen des Königs Ehre in den Schmutz«, erklärte Ulrich. »Sein jugendlicher Übermut überschlägt sich manchmal.«

Dein König ist kaum älter als unser Arnold und verhält sich schweinischer als er, dachte sie dann wütend. Zu lange hatte sie nichts mehr von Arnold gehört. Sie sollte der Kirche ein paar Kerzen spenden und um ihrer aller Seelenheil beten.

An der Hochzeit von Rudolf von Rinfelden und Adelheit hatte Richenza mit Adelheit kaum gesprochen. Umso seltsamer, dass diese in Turecum weilte und die Gräfin von Lenceburg zu sich rief. Richenza hatte ein ungutes Gefühl. Als Gräfin durfte sie eine Herzogin nicht vor den Kopf stoßen. Noch weniger die Herzogin von Schwaben.

Ein lautes Pochen riss Richenza aus ihren Gedanken. Minna hatte ihr Haus erreicht und klopfte. Die Türe öffnete sich knarrend. Das verschlafene Gesicht ihres Verwalters zeigte sich. Der schreckte zurück, als er sie erblickte. Richenza hatte sich nicht angemeldet. Ein Verwalter sollte darauf gefasst sein, dass jemand aus der Lenceburger Familie auftauchte. Doch sie wusste, wie viel zu tun war, um einen Haushalt auf Vordermann zu bringen. Sie nickte dem Mann deswegen versöhnlich zu, schritt ins Haus, ohne sich genau umzusehen. Trotzdem bemerkte sie den ungefegten Boden und die schmutzigen Schalen auf dem Tisch. Der Mann hatte doch Weib und Kind. Wo waren die?

Er rief gerade aufgeregt einen Frauennamen, wartete auf eine Reaktion. Richenza hatte keine Geduld, befahl ihm, sie beim Gewürzhändler in der Judengasse anzumelden. Er nickte und stob davon.

Minna war schon die Stiege hochgepoltert, wohl um ihre Liegestätten zu inspizieren. Ein Knecht eilte zu den Pferden. Richenza winkte die beiden Krieger herein, befahl der auftauchenden Wirtin, ihnen etwas vorzusetzen. Sie wollte noch ihre verschwitzte Kleidung wechseln.

»Meldet der Herzogin, dass ich auf dem Weg bin«, befahl sie Lancelin. Dieser entgegnete, Turecum sei zu gefährlich, um eine Gräfin allein ziehen zu lassen. »Minna wird mich begleiten«, doppelte Richenza nach. Lancelin beugte den Kopf und eilte davon.

❊❊

In der Judengasse drängten sich weniger Menschen als vor dem Münster. Richenza folgte dem Verwalter an den vielen Türen vorbei. Die Häuser hatten zwei Eingänge, einer für die Juden, der andere für die Christen. Richenza wusste nicht viel über die Juden. Diese hatten den Herrn Jesus Christus umgebracht und führten seltsame Rituale durch. Aber Aron reiste zuverlässig zur Lenceburg, brachte die verlangten Gewürze und betrog weder beim Abwägen noch beim Preis.

»Geh' zum Juden, wenn du etwas in Erfahrung bringen willst«, hatte ihre Mutter immer gesagt. »Sie sind gut vernetzt und stellen sich auf keine Seite.«

Die Tür knarrte. Mosche erwartete sie dahinter, verneigte sich tief. Ein Duft von Nelken und Zimt schlug Richenza entgegen. Der Fensterladen war hochgezogen. Durch die Ritzen fiel das Sonnenlicht. Säcke und Kisten stapelten sich an den Wänden. In einer Ecke standen eine Truhe und mehrere Schemel auf einem Teppich. Richenza deutete dem Verwalter an, draußen zu warten.

»Frau Gräfin«, begrüßte Mosche sie und geleitete sie durch den kühlen Raum zur Truhe. »Lange ist es her.«

»Seit der Verlobung des Prinzen und jetzigen Königs«, antwortete Richenza.

»Aaah.« Mosches Gesicht sah plötzlich kummervoll aus.

Richenza setzte sich. Die Mutter hatte ihr beigebracht, die Juden zu achten. Trotzdem fühlte sie sich unwohl. Sie wusste nicht, was sie anfassen durfte und was nicht. Zum Glück trug sie ein Schutzamulett der Kräuter-Liese: Haselwurz und Schafsgarbe in Salbei eingewickelt. Das schützte vor dem bösen Blick.

»Darf ich Euch Rosenwasser anbieten? Sowie Pfefferkuchen mit einem Hauch Muskatnuss?«

Richenza konnte nicht widerstehen, atmete den Rosenduft ein, ließ sich das Gebäck auf der Zunge zergehen.

»Letzte Woche haben wir wohlschmeckende Muskatnuss bekommen«, erklärte Mosche. Das erinnerte Richenza an den Zweck ihres Besuches.

»Herzogin Adelheit weilt in Turecum«, sagte sie. Mosche nickte. Richenza blickte ins Rosenwasser, ließ die Stille arbeiten.

»Vor drei Tagen erreichte sie die Pfalz«, ließ sich Mosche endlich vernehmen.

Dann musste Adelheit ihren Boten zur Lenceburg geschickt haben, bevor sie hier eingetroffen war. Richenza berührte das Kräuter-Amulett an ihrem Hals. Sie war Hals über Kopf losgeritten, als sie die Botschaft erhalten hatte. Wie dumm von ihr. Nun saß sie ohne Geldstücke vor dem Gewürzhändler.

»Warum reiste die Herzogin hierher?«, fragte sie. Mosche schüttelte den Kopf, entschuldigte sich für sein Unwissen.

»Davon können wir nichts berichten«, erklärte er. »Ihre Schwester Bertha hingegen ...«

Richenza schlug das Kreuz. Sie hatte die Gerüchte gehört. Aber Mosche konnte ihr sicherlich Genaueres sagen.

»Tragt Aron auf, das nächste Mal zusätzlich ein Duzend Muskatnüsse auf die Lenceburg zu bringen.«

Sie hatte einige Goldmünzen beiseitegelegt, um Brokat zu kaufen. Rudolfs Schwertleite fand nächste Pfingsten statt, da sollten Graf und Gräfin nach etwas aussehen. Darauf würden sie nun verzichten. Ulrich würde sich über den Muskat freuen.

»Königin Bertha«, nahm Richenza den Faden wieder auf. »Gesegnet sei sie.«

Mosche wiegte den Kopf, musterte sie.

»Unheilvolles hat König Heinrich am Hoftag verkündet«, ergänzte Richenza, damit er endlich den Faden aufnahm.

»Unheilvolles«, echote Mosche.

»Dann wisst Ihr davon?«

Mosche nickte.

»Der göttliche Bund der Ehe mit Füßen getreten!« Richenzas Stimme klang lauter als gewollt. König Heinrich hatte vor dem versammelten Hoftag gefordert, seine Ehe zu annullieren.

»Der Bund der Ehe kann nicht gelöst werden«, erklärte Mosche. Richenza betrachtete ihn überrascht. War das bei den Juden auch so?

»Königin Bertha ist weder verwandt mit ihm«, fuhr Mosche fort, »noch hat sie ihn betrogen. Der König befand einzig, er könne sie nicht leiden, was kein Grund ist, eine Ehe zu beenden.«

Am liebsten wäre Richenza aufgestanden. Das Thema erregte sie mehr, als sie sich eingestehen wollte. Der König verlangte, von der Fessel der Ehe erlöst zu werden. Die Fessel der Ehe? Ha! Der Teufel scheute auch das Weihwasser!

»Was wurde am Hoftag beschlossen?«, fragte sie.

»Nur der Papst kann über die Ehe eines christlichen Königs entscheiden. Die Boten sind zu ihm unterwegs.«

Richenza nickte, fuhr über ihr Amulett. Der Papst würde hoffentlich nicht auf eine solche Unverschämtheit eingehen. Wenn dieser König nicht mit Gewalt ... »Was sagt Ihr zu den Gerüchten, die ...« Sie wusste nicht, wie sie dies vor einem Mann aussprechen sollte.

»Der König hat viele Feinde.«

Das sagte Ulrich auch immer! Trotzdem. Richenza sah, wie nun Mosche nach Worten suchte.

»Es wird gesagt, jedes Gerücht habe einen wahren Kern«, fügte er bei. Richenza bekreuzigte sich. Der König treibe es mit Eseln und lasse sich Edelfrauen bringen, über die er mit Gewalt herfalle. Und nun? Der göttliche Bund der Ehe mit

Füßen getreten! Das Volk würde es nachahmen. Die Familien zerstören. Kein Erstgeburtsrecht war mehr sicher!

Richenza nahm einen Schluck Rosenwasser, spürte der Süße und Bitterkeit im Rachen nach.

»Solange der Papst die königliche Ehe nicht annulliert, wird Bertha nicht in Schande fallen und damit auch nicht Adelheit. Ist sie trotzdem schon auf der Flucht?«, fragte sie.

Mosche zeigte ihr seine offenen Handflächen. »Die Herzogin hält sich bedeckt«, sagte er.

Enttäuscht stellte Richenza ihren Kelch auf die Truhe. Dann musste sie unverrichteter Dinge zur Herzogin gehen.

⁂⁂

Die Planken der Holzbrücke über die Lindmag knarrten unter ihren Füßen. Richenza folgten die zwei Krieger, vor ihr ging Minna. Im Gegensatz zu Minna störte sie sich nicht am Gewusel in den Gassen. Die meisten Bürger wichen ihr aus, wegen des stechenden Schrittes und natürlich der angemessenen Kleidung. Einige verbeugten sich sogar. Minna hingegen schien sich unwohl zu fühlen. Ihre Bewegungen waren fahrig, oft wandte sie den Kopf, um irgendetwas zu erhaschen. Zudem tastete sie dauernd nach ihrem Beil, als würden sie gleich angegriffen.

Der Aufstieg zur Pfalz brachte sie ins Keuchen. Über der Lindmag stand sie auf einem mächtigen Plateau. Richenza stellte befriedigt fest, dass die Lenceburg majestätischer auf einem höheren Hügel thronte.

Die Wachen traten zur Seite, als Minna die Gräfin von Lenceburg anmeldete. Im Hof trafen sie auf Lancelin.

»Adelheit reist mit vier Kriegern und einer Hofdame von niederem Stand«, raunte er, als er sie in ein Vorzimmer geleitete.

»Unangemessen für eine Herzogin«, flüsterte Richenza. Und gefährlich, ergänzte sie in Gedanken. Leicht konnte man eine Herzogin mit vier Kriegern gefangen nehmen und ein Lösegeld erpressen.

»Die Krieger haben sich nach Lasttieren und Reiseproviant erkundigt«, ergänzte Lancelin. Dann ging Adelheits Reise weiter. Aber wohin und warum?

Stumm musterte Richenza die Holztäfelung. Eine Tür knarrte. Eine Dame schlüpfte ins Zimmer. Richenza kannte sie nicht. Auch trug sie kein Wappen, dass man sie einem Geschlecht zuordnen konnte. Die Frau verbeugte sich, ohne sich vorzustellen, und bat Richenza, ihr zu folgen. Lancelin schenkte sie keinen Blick – ein Gespräch unter Frauen. Richenza straffte ihre Schultern und folgte der Frau.

Herzogin Adelheit von Schwaben war weder in Brokat noch in Samit gekleidet. Sie trug ein dunkles Wollkleid, darunter mehrere Röcke. Die Farben Schwabens fehlten. Nur eine Fibel voller Edelsteine und die Ringe an der Hand wiesen darauf hin, dass sie eine Dame edler Herkunft war.

Sie eilte Richenza entgegen, umarmte sie und küsste sie auf beide Wangen. Von der Überschwänglichkeit irritiert, ließ Richenza es geschehen. Adelheit hatte Idas Alter, sie könnte gut ihre Tochter sein. Standesgemäß verbeugte sich Richenza und sprach die üblichen Begrüßungsfloskeln. Aber Adelheit winkte ab und führte sie in eine Fensternische, wo einsam eine Stickerei lag.

»Ich bin froh, dass Ihr Euch herbeibemüht habt, Gräfin!« Unter dem feinen Schleier konnte Richenza Adelheits dunkelbraunes, hochgestecktes Haar erkennen. Sie hatte dunkle große Augen und feine Züge. Adelheit war eine elegante, junge Frau, die nicht in eine düstere Pfalz, sondern in einen Festsaal gehörte.

Richenza neigte nur kurz den Kopf, wartete ab, was kommen würde.

»Ich möchte ganz ehrlich sein: Ich befinde mich auf der Flucht und muss nun Freund von Feind unterscheiden«, fuhr Adelheit fort und beugte sich vertraulich zu Richenza. Diese lehnte sich zurück.

Auf der Flucht? Hatte der Papst die königliche Ehe annulliert und war Adelheits Familie in Schande gefallen?

»Rudolf, mein Gatte ...«, fuhr Adelheit fort. Richenza blickte sie verwirrt an. Was hatte Vetter Rudolf mit der Sache zu tun?

»Er beschuldigt mich des Ehebruchs«, flüsterte Adelheit verschämt. Sie öffnete den Mund, um noch etwas hinzuzufügen, schloss ihn dann aber wieder.

Richenza holte tief Luft. »Ehebruch«, flüsterte sie und verstand: Rudolf von Rinfelden ging geschickter vor als der König. Ehebruch. Die gängige Praxis, eine Ehefrau loszuwerden, von deren Familie sich der König abgewandt hatte.

Rudolf! Richenza hätte ihm gerne ihre Meinung gesagt. Er hatte Adelheit geehelicht, weil sie Berthas Schwester war. Kaum tönte der König an, Bertha zu verstoßen, wollte Rudolf Adelheit loswerden. War ihm denn nichts heilig?

Doch der Papst bestimmte, ob Ehen getrennt wurden oder nicht! Richenza drehte sich zur Herzogin: »Ihr reist nach Rome.«

Wenn Adelheit vor dem Papst bezeugen konnte, dass Rudolf log, war Ehe und Ehre gerettet.

»Ich brauche Eure Hilfe«, sagte die Herzogin flehentlich. Richenza berührte ihr Amulett und schlug vor: »Begleitet mich auf die Lenceburg, um von dort Eure Reise vorzubereiten.« Adelheit brauchte verlässliche Krieger, Maultiere, kundige Führer und Geld. Die Wege waren unsicher. Romepilger wurden überfallen, entführt, oder gar Schlimmeres widerfuhr ihnen.

Die Herzogin erklärte, dass sie von Turecum aus alles arrangieren werde, Proviant und Lasttiere seien schon gekauft. Sobald sie das Burgund durch- und die Alpen überquert hätten, seien sie im Einzugsgebiet von Turin. Dort würde ihre Mutter helfen.

Richenza nickte angespannt. Was wollte die Herzogin von ihr?

»Auf der Reise sollten mich Hofdamen von Stand begleiten, die vor dem Papst meine Treue bezeugen«, erklärte Adelheit.

»An Eurem Hof gibt es solche Damen«, erwiderte Richenza höflich. Adelheit schluckte, wich ihrem Blick aus.

Also hatten diese Damen Adelheit verraten, folgerte Richenza. Rudolfs Arm war lange und mächtig. Aber gegen sie, seine Kusine Richenza, würde er nicht vorgehen. Ihr Blick wanderte zum Mauerschlitz, durch den etwas Licht fiel. Ihre kleine Tochter wartete auf sie. Ihr Rudolf bekam nächstes Jahr die Schwertleite. Ulrich würde den Herbst über in Schennis weilen. Sie konnte Adelheit nicht begleiten!

»Leider binden mich meine Verpflichtungen«, sagte sie und bemühte sich, traurig zu klingen.

»Ich dachte auch nicht an Euch«, erwiderte Adelheit. Ihre Hände verknoteten sich. »Rudolf behauptet, dass ich mit Wernher, eurem Bruder ...« Sie blickte zu Boden.

Wernher hatte Rudolf mit Adelheit betrogen! Seit Jahren war er nicht mehr auf der Habichsburg bei Regulinda aufgetaucht. Aber ein Techtelmechtel mit Adelheit ...

»Es wirft kein gutes Licht auf mich, wenn mich die Schwester des Beschuldigten begleitet«, stieß Adelheit hervor. »Ich dachte an Ida, meine Kusine.«

Ida? Damit hatte Richenza nicht gerechnet! »Ida weilt im Kloster Sickinga«, antwortete sie ungehalten. Zudem war Ida eine sehr entfernte Kusine. Aber seit Berthas Verlobung mit dem Königshaus hatte Lenceburg sich nicht zurückgehalten, auf die Verwandtschaft mit dem Hause Turin zu pochen.

Adelheit lächelte. »Eure Älteste legte noch keine Profess ab. Eine Pilgerreise nach Rome verbessert ihre Stellung im Kloster und ermöglicht ihr damit die Wahl zur Äbtissin.«

Richenza schüttelte den Kopf. Sie überlegte, was sie der Herzogin erwidern konnte, ohne unhöflich zu erscheinen. In den letzten Jahren hatte sie Ida nur selten gesehen. Im Kloster duldete man es nicht gerne, wenn sich die Novizinnen an die Familie banden. Bei ihren wenigen Besuchen hatte Ida einen gelösten, fast schon heiteren Eindruck gemacht. Ihr Gesicht unter dem Schleier war entspannt, ihr Blick ruhig gewesen. Als würde ihr die Weltentsagung guttun.

Unmöglich konnte sie ihre geschützte Tochter in die Hände der Herzogin geben – ob Ehebrecherin oder nicht. Ida war sich die Intrigen eines Hofes nicht gewohnt. Und noch weniger konnte sie nach Rome reisen, wo jeder Halsabschneider und Frauenschänder hinpilgerte.

»Ida steht kurz davor, ihr Gelübde als Nonne abzulegen«, erklärte Richenza. »Sie kann Euch nicht begleiten.«

»Gräfin!« Adelheits Stimme hatte etwas Tadelndes. »Die Zähringer haben eben eine Tochter nach Sickinga gebracht. Die Sickinger Äbtissin besitzt den Fürstinnenstatus. Eine einfache Grafentochter wie Ida benötigt bei der Äbtissinnenwahl die Unterstützung eines Herzoghauses.«

Richenza versuchte, sich nichts anmerken zu lassen. Waren sie zu naiv gewesen, als sie Ida ins Kloster gesteckt hatten?

»Ich brauche Eure Hilfe«, fuhr die Herzogin fort. »Wenn der Papst meine Ehre nicht wieder herstellt, dann …« Ihre Stimme brach.

Richenza senkte den Kopf. Es ging um mehr als nur um die Ehre der Herzogin. Wenn jeder Edelmann seine Angetraute verstieß, wie es ihm gerade recht war, saß keine von ihnen mehr sicher im Sattel. Sie betrachtete die junge Frau, die mit den Tränen kämpfte. Mit elf Jahren war Adelheit mit Rudolf vermählt worden. Kein gutes Alter, um einen Hof zu führen, wo Höflinge auf Kosten der Herzogin einen Zugang zu Rudolf erlangen wollten. Mit seiner Leichtigkeit und dem Charme hofierte und begleitete Rudolf den König, anstatt bei seiner

Gattin zu weilen. Zu schnell konnte da um eine junge Herzogin üble Nachrede entstehen.

»Die Äbtissin von Sickinga teilte mir mit, dass Ida ...«, wieder blieben Adelheit die Worte im Halse stecken. Sie hatte die Äbtissin also schon kontaktiert. Diese hatte ihr keine Abfuhr erteilt, sonst säße Richenza nicht hier. Nein, die Äbtissin hatte der Herzogin mitgeteilt, dass sie eine Novizin aus dem Kloster nicht ohne Zustimmung der Eltern ziehen lassen dürfe. Richenza sah, wie die Falle langsam zuschnappte. Ulrich war der Schutzvogt des Klosters, aber die Äbtissin war Reichsfürstin. Gegen ihr Wort konnte Lenceburg nichts ausrichten!

»Wo ist Eure eigene Tochter?«, fragte Richenza.

»In Sicherheit«, schluchzte Adelheit.

Richenza bemerkte, wie es ihr den Hals zuschnürte. Sie selbst hatte lauthals verkündet, dass man der Scheidung des Königs Einhalt gebieten müsse.

»Ich begleite Euch, anstelle meiner Tochter«, sagte sie entschlossen. Aber Adelheit schüttelte den Kopf.

»Teilte Euch die Äbtissin mit, dass sie Ida nach der Romereise wieder ins Kloster aufnehmen werde?«, fragte Richenza. Adelheit nickte, erhob sich, öffnete eine Schatulle und holte ein Pergament hervor. Richenza hätte die Buchstaben entziffern können, aber sie verstand kein Latein.

‚Gibt es wirklich keine andere Lösung?', überlegte sie sich. An die Zähringer konnte sich Adelheit nicht wenden, da diese das Herzogtum Schwaben für sich beanspruchten. Habichsburg war in die Angelegenheit verwickelt. Die Nellenburger hatten keine Töchter im richtigen Alter, genauso wenig der Bischof von Basilea; Toggenburgs Töchter waren vergeben und beide schwanger. Blieben nur noch sie, die verwandten Lenceburger. Grafen, die direkt dem König Untertan waren und deswegen eine verstoßene Herzogs-Gattin unterstützen konnten. Und vielleicht auch sollten. Denn eine verstoßene

Herzogs-Gattin konnte zurückkehren und Lenceburgs Ländereien bedrohen.

»Ich gebe Euch Ida mit«, sagte Richenza. Es hörte sich an, als fälle sie ein Todesurteil. Lancelin musste sie begleiten, oder noch besser Ulrich. Nein, korrigierte sich Richenza. Ulrich konnte seine Aufgaben nicht vernachlässigen. Aber seine besten Krieger, die Trostberger und der Küttiger, alle ihre Krieger sollten mit Ida mit! Nein - Richenza durfte das Leben ihrer Tochter nicht in die Hände von Dienstleuten legen. Sie schloss die Augen. Erst jetzt bemerkte sie, wie hintertrieben Adelheits Plan war.

»Unser Rudolf wird Ida begleiten«, stieß sie hervor und bevor Adelheit etwas erwidern konnte: »Unser Sohn.« Im Frühling wollte Ulrich ihn zum Ritter schlagen und zum Manne machen.

Sie erhaschte Adelheits scheuen, fast schamhaften Blick und erhob sich.

»Wann werdet Ihr abreisen?«, fragte Richenza etwas zu schroff.

»Wir werden vor Maria Himmelfahrt aufbrechen, bei Euch vorbeikommen und anschließend durchs Burgund ziehen.«

Das Fest fand in zehn Tagen statt. Die Herzogin hatte es eilig. »Einverstanden!«, sagte Richenza knapp und wollte sich zum Gehen wenden. Da packte Adelheit ihre Hand.

»Schwört mir!«, stieß die Herzogin hervor. »Schwört mir bei Eurer Ehre und Eurem Namen, dass Ihr mir Ida mitgebt.«

Richenza starrte auf Adelheits zitternde Lippen.

»Ich gebe Euch mein Wort«, sagte sie mit schwankender Stimme. Die Herzogin sank zusammen, versuchte, ihre Gesichtszüge unter Kontrolle zu halten. Richenza setzte sich und hielt ihren Impuls zurück, der jungen Frau ihren Arm um die Schultern zu legen.

»Ich habe nicht ...« Adelheit blieb das Wort im Halse stecken.

»Schsch«, flüsterte Richenza. Es ging nicht darum, ob die Herzogin ihren Gatten betrogen hatte. Ein gehörnter Ehemann gab solche diffizilen Angelegenheiten nicht der Öffentlichkeit preis. Er rächte sich auf anderen Wegen.

Aber mit Wernher würde Richenza ein böses Wort reden!

Adelheits Züge entspannten sich.

»Was unternimmt Eure Schwester, Königin Bertha, gegen des Königs Forderungen?«, wagte Richenza zu fragen.

»Sie bleibt in Spira und wartet, bis der Papst über die Forderung des Königs geurteilt hat.«

»Der König behauptet ...« Nun war es Richenza, die nach Worten suchte: »... dass Bertha unbefleckt und unversehrter Jungfräulichkeit sei.«

Adelheit zuckte die Schultern.

Einem Mann, dessen sexuelle Ausschweifungen im ganzen Reich bekannt waren, der aber seine Gattin nicht berührte, war nicht zu trauen. Richenza holte tief Luft. »Stimmt es«, begann sie zögerlich, »... dass der König seine eigene Schwester ...«, Adelheit blickte auf, blickte sie mit aufgerissenen Augen an, »... festhielt, als sie geschändet wurde?«, brach es aus Richenza hinaus.

»Ich weiß es nicht«, flüsterte Adelheit, als könne jemand die beiden belauschen. »Ich habe Heinrichs Schwester, die Äbtissin von Quedlinburg, noch nie gesehen, und Bertha ...«, sie zögerte, »Bertha vermeldet mir nicht solche Dinge. Rudolf behauptet, der König habe viele Feinde, die ihm Böses nachsagen. Aber – bei Hof bei Höll, heißt es ...«, Adelheit verstummte. Richenza legte ihr die Hand auf den Arm. Bei Hof bei Höll. Richenzas Wut war einer Ruhe gewichen. Ein Monster saß auf dem Thron. Die Stouffer Priester predigten, König Heinrich sei die Strafe Gottes für ihre Sünden.

Sie waren genug bestraft. Es war Zeit, des Königs Treiben Einhalt zu gebieten.

Sie umarmte die Herzogin, strich ihr über den Rücken, sprach beruhigende Worte und verabschiedete sich von ihr.

6. Kapitel

Lancelin, Minna und ihr Gefolge erhoben sich, als Richenza das Nebenzimmer betrat. Sie winkte sie zu sich und eilte weiter.

»Wir müssen sogleich nach Sickinga aufbrechen«, sagte sie zu Lancelin, als sich das Tor der Pfalz hinter ihnen schloss und sie die enge Gasse zur Lindmag hinuntereilten.

»Bald wird es dunkel ...«

»Wir werden die Nacht hindurch reiten, die Zeit drängt«, unterbrach sie ihn.

»Ich reite allein nach Sickinga.«

Richenza schüttelte den Kopf. Sie wollte Lancelin nicht vor den Kopf stoßen. Aber nur sie konnte Ulrich erklären, weswegen sie zwei ihrer Kinder mit einer entehrten Herzogin nach Rome sandte. Vier Kinder, und nur eines blieb ihnen. Richenza schluckte. Sie hätte Arnold nie wegschicken dürfen!

»Gräfin!«, unterbrach Lancelin ihre Gedanken. »Bei allem Respekt. Ihr reitet nur mit drei Kriegern. Bei Nacht können wir Euch nicht beschützen.«

⁂⁂

Die Wege dem Fluss entlang waren ausgeritten. Die Bäume ließen ihre Äste ins Wasser hängen, spendeten kühlen Schatten.

Richenzas Rappe strauchelte. Sie fiel nach vorne. Der Schmerz schoss durch ihren Rücken, sie biss die Zähne zusammen. Eben hatten sie Bade hinter sich gelassen, sich keine Pause bei den Quellen gegönnt. Anstatt den Fluss dort zu überqueren, um in Richtung Lenceburg zu reiten, folgten sie immer noch der Lindmag. Richenza kannte die Gegend aus ihrer ersten Ehe, bald erreichten sie Habichsburger Land, dann Sickinga. Dazwischen mussten sie einmal draußen nächtigen.

Richenzas Kreuz schmerzte. Ihre Schenkel waren verkrampft. Sie ignorierte Lancelins Blicke. Sie wollte keine Pause einlegen. Wenigstens hatte sie auf Lancelins Rat gehört und in Turecum übernachtet. Als der Morgen gedämmert hatte, waren sie losgezogen und gut vorangekommen. Richenza wollte so schnell wie möglich mit Ulrich und Ida sprechen. Ida musste wissen, was auf sie zukam. Der Papst würde Adelheit freisprechen, wenn Rudolf ihn nicht vorher bestechen konnte. Aber die Reise dorthin und zurück würde den Frauen zusetzen. Und die Pilger, die Römer ...

Der Nellenburger, Richenzas erster Mann, war vor ihrer Ehe nach Rome gezogen. Dort hatte er wie alle Nellenburger den Papst gegen die Normannen verteidigt und war mit zwei Stichwunden zurückgekehrt. Im Suff hatte er von den römischen Huren und Pfaffen-Böcken gelallt. Sonst hatte er nie aus der Zeit erzählt. Nur im Schlaf hatte er geschrien, wenn im Traum die Mauern der Stadt immer enger geworden waren und er darin zu ersticken gedroht hatte. Richenza fragte sich, ob der Mann, der auf alles eingeprügelt hatte, vielleicht vor Rome ein anderer gewesen sei. Einer wie Ulrich, der mit staunenden Augen die Welt musterte. Und nun schickte sie ihre Kinder nach Rome. Sie berührte ihr Amulett am Hals.

»Gräfin«, wurde sie aus ihren Gedanken gerissen. Lancelin zeigte nach vorne. Mehrere Pferde umstanden die Tränke eines Hofes. Ein Banner flatterte schwach im Wind. Weißblau – die Farben Lenceburgs. War Ulrich hier?

Bald schon konnte Richenza den Küttiger erkennen, dahinter die Trostberger. Auch diese hatten sie erblickt und schienen nicht minder erstaunt zu sein. Eine schmale Gestalt schob sich zwischen den Trostbergern hindurch. Ihr Rudolf winkte, strahlte übers ganze Gesicht, rannte ihr aber nicht entgegen. Er wusste, was sich gehörte.

Richenza schob ihren Schleier in die Stirn und lenkte ihren Rappen zu den Männern. Ulrich erschien unter dem Türrahmen der Bauernkate, erkannte sie und eilte ihr entgegen, um ihr vom Pferd zu helfen. Kurz warf er einen Blick zu ihren Begleitern, sah Lancelin und Minna und hielt in der Bewegung inne. Er hatte den Allewilarer beauftragt, Richenza und die Burg in seiner Abwesenheit zu schützen. Aber Richenza hätte nie den plumpen Allewilarer nach Turecum mitgenommen. Das musste Ulrich verstehen.

»Wir müssen allein miteinander sprechen«, sagte sie, bevor ihre Füße den Boden berührten. Nun da der Reitwind fehlte, traf sie die Hitze wie ein Schlag.

»Trinkt zuerst, Gräfin.« Ulrich hielt ihr seinen Schlauch entgegen. Richenza trank mit großen Schlucken. Der verdünnte Wein war mit Honig und etwas Ingwer gewürzt. Eine Mischung der Nonnen aus Sickinga.

»Der Bauer wird uns seine Hütte überlassen.« Ulrich zeigte zu einem Mann hinüber, der, die Mütze in der Hand, von einem zum anderen blickte.

Richenza hob ihr Kleid und folgte ihm. In der Hütte war es dunkel. Kohle glomm in der offenen Feuerstelle. Eine Schale mit gemörserten Körnern lag daneben, als hätten die Weiber das Haus bei Ankunft der Krieger fluchtartig verlassen. Der Rauch konnte den Gestank nach Dung nicht überdecken. Der Bauer schlüpfte hinter ihnen durch die Tür, wusste wohl nicht recht, was er sagen sollte. Dass ein Graf hier seine Pferde tränkte, geschah wohl ab und zu, aber dass die Gräfin hinzustieß und in die Hütte stolzierte, eher nicht. Ulrich erklärte ihm, dass sie den Raum kurz für sich beanspruchten. Gott und er würden es ihm entlohnen.

Richenza ergänzte, dass weder seiner Familie noch dem Gesinde etwas geschehen würde. Zur Bestätigung warf sie

Ulrich einen knappen Blick zu. Sie wusste, dass Ulrich seine Männer im Griff hatte. Aber außerhalb ihres Herrschaftsgebietes verhielten sich viele Krieger, als sei das Volk Freiwild. Der Bauer stotterte etwas und verschwand.

Richenza zog ihren Saum hoch, als sie sich auf einen Holzpflock an der offenen Feuerstelle setzte. Der Ruß hier würde sich nur schwer aus dem Wollstoff waschen lassen.

»Gestern erreichte uns dein Bote im Frickgowe«, sagte Ulrich. »Da bin ich gleich losgezogen.« Das erklärte seinen ungewohnten Aufenthalt hier.

»Adelheit von Schwaben rief mich nach Turecum! Rudolf will sich von ihr scheiden lassen. Er behauptet, sie habe ihn mit Wernher betrogen«, stieß Richenza hervor. Ulrich runzelte die Stirn. Richenza wusste, das Scheidungs-Anliegen des Königs war für Ulrich höchst peinlich. Sein König war unantastbar und nun so ein schändlicher Auftritt! Dass Rudolf sich auch scheiden lassen wollte, machte die Sache nicht besser.

»Adelheit reist nach Rome, um vor dem Papst zu schwören, dass sie ihre Ehe nie befleckt habe«, fuhr Richenza fort. Sie erklärte, weswegen die Herzogin sie nach Turecum bestellt habe, wiederholte sich, fing an zu stottern, sich zu rechtfertigen und merkte, wie ihr die Tränen in die Augen traten.

Ulrich verstand und verstand wiederum nicht, schüttelte den Kopf, befand, als Graf solle man sich nicht in die Händel von Herzögen einmischen. Er legte Richenza den Arm um die Schultern, rückte dann wieder von ihr ab.

»Ida bleibt im Kloster«, erklärte er. Gleichzeitig bemerkte Richenza, wie er zu wanken anfing. Nie würde er seinen König anzweifeln. Trotzdem hatte Ulrich, nachdem er vernommen hatte, dass Heinrich sich scheiden lassen wolle, lautstark verkündet, dass Bertha von Turin immer seine Königin bleibe. Adelheit war ihre Schwester, und beide gehörten zur Lenceburger Verwandtschaft.

»Der Rinfeldner ist ein elender Lump«, knurrte Ulrich. »Und Wernher ...« Richenza hob warnend ihre Hände. Ihr Bruder war in diesem Spiel eine Schachfigur wie sie beide auch.

»Lenceburg gehorcht dem König«, sagte Ulrich. »Nicht den Herzögen.«

Richenzas Hand krallte sich um ihr Amulett. Rudolf von Rinfelden hatte für den König viele Kriege geführt und oft nach Rittern gerufen. Ulrich hatte den Ruf immer ignoriert, und sie war stolz darauf gewesen.

»Adelheit ist mit Lenceburg verwandt«, begann sie, und es schnürte ihr den Hals zu. Er nahm sie in die Arme, strich ihr übers Haar. Richenza ließ sich von ihm halten. Ihr Gesicht wurde immer feuchter. Nach Rome! Dies war Gottes Strafe, weil sie ihrem Arnold das Erstgeburtsrecht genommen hatte!

»Sie sind nicht nur unsere Kinder«, sagte Ulrich. »Sie sind die Grafen von Lenceburg.«

Richenza wischte sich die Tränen aus dem Gesicht.

»Der Schmied hämmert schon am Schwert unseres Sohnes«, flüsterte Ulrich. Richenza unterdrückte den Impuls, nun ihn in die Arme zu nehmen. Ulrich hatte mit dem Schmied lange besprochen, wie das Schwert des zukünftigen Grafen aussehen solle.

»Die Trostberger werden die beiden mit ihren Kriegern nach Rome begleiten«, fuhr Ulrich mit festerer Stimme fort. Richenza nickte ihm zu. Es gab so viel zu organisieren. Am besten ritt sie mit Rudolf zur Burg, und Ulrich holte Ida aus Sickinga.

Es pochte an die Tür. Sie achteten nicht darauf. Richenza unterbreitete ihm ihren Plan. Es pochte wieder. Ulrich knurrte ungehalten. Richenza schnäuzte ihre Nase und nickte ihm zu. Ulrich schob den Riegel beiseite, und hereinpurzelte ein Bote aus dem Frickgowe, leicht erkennbar an seinen Umhangsfarben.

»Ehrenwerter Graf«, stammelte dieser, verbeugte sich und schielte zur verheulten Richenza herüber. Ulrich stellte sich zwischen die beiden.

»Der Almenbauer hat die Rieder Bande in der Klus gesichtet!« Er blickte Ulrich an, als wäre alles gesagt und der wüsste nun, was zu tun sei. Ulrich schien auch tatsächlich zu wissen, was damit gemeint war.

»Wie viele?«, fragte er.

»Die Bande! Die ganze Bande mit dem Diebesgut aus Loufenberc!«

»Warum weißt du das?«

»Ein Hirte hat das Kreuz gesehen und auch, dass sie viel Gepäck schleppen. Sie wollten beim Egger Hof unterkommen. Dann brannte dieser plötzlich. Danach brandschatzten sie in der hinteren Höhe. Die Bauern dort sind auf der Flucht. Jetzt saufen und fressen sich die Strauchdiebe die Bäuche voll.«

Ulrich schlug an die Wand. »Jetzt haben wir sie!«, donnerte er und drehte sich zu Richenza um. Sie hatte verstanden. Ulrich konnte jetzt nicht nach Sickinga reisen und ihre Tochter holen.

»Wohin fliehen die Bauern?«, wandte sie sich an den Boten.

»Die meisten wollen zur Burg.«

Richenza straffte ihre Schultern. Sie hätte nicht nach Turecum reisen sollen! Trude würde mit den Flüchtlingen schwer zurechtkommen, der Meier und der Allewilarer noch weniger. Ihre Blicke trafen sich.

»Rudolf ist bereit«, sagte sie in festem Ton. Ulrichs Blick schweifte in die Ferne, als würde er sich an eine ferne Zeit erinnern. Schließlich trat er auf sie zu und umarmte sie vor den Augen des Boten. Wann hatte er dies das letzte Mal getan?

Richenza löste sich, deutete dem Jungen an, sich zu entfernen. Dann fuhr sie über Ulrichs Umhang und zupfte ihn zurecht.

»Wirst du die Trostberger jetzt schon Rudolf mitgeben?«, fragte sie.

»Die beiden jüngeren.«

Richenza nickte, wollte seinen Umhang nicht freigeben.

»Du lässt den Küttiger voran. Nicht wahr? Wenn das Blut spritzt ... « Er legte seine Hand auf ihre Wange.

»Der Küttiger kämpft immer vorne«, flüsterte er. »Wenn ich ankomme, liegen sie schon in ihrem Blut, und es stinkt nur noch.«

Richenza drückte seine Hände.

7. Kapitel

Als sie hinaustraten, standen die Männer bei ihren Pferden und blickten sie erwartungsvoll an. Die Kunde über die Rieder Bande musste die Runde gemacht haben.

»Wo ist Rudolf, mein Sohn!«, rief Ulrich. Richenza stellte sich neben ihn, feierlich die Hände in die Ärmel geschoben.

Der Junge zwängte sich zwischen den Männern durch, eilte vor seinen Vater und verbeugte sich. Seit den Mainächten war er in die Höhe geschossen. Seine dünnen Beine und zu langen Füße zappelten, als trügen sie an dem langen Körper zu wenig Gewicht. Die Pausbacken hatte er verloren, seine Nase war breiter geworden, die Augenbrauen buschiger. Bartwuchs fehlte ihm noch. Da standen sie sich gegenüber – Vater und Sohn.

»Knie nieder«, sagte Ulrich und zog sein Schwert. Es war, als würde ein Ruck durch die Männer gehen. Aufrechter standen sie da, still und ernst. Richenza kam es vor, als würden selbst die Pferde ihre Köpfe recken.

»Rudolf von Lenceburg«, sagte Ulrich und legte sein Schwert auf das Haupt seines Zweitgeborenen. »Sohn des Ulrich, Sohn des Arnold, Sohn des Ulrich. Hiermit schlage ich dich zum Ritter. Auf dass du die ritterlichen Tugenden achtest. Leben und Ehre für deine Familie und deiner Vorväter einsetzt.«

Er legte sein Schwert auf die Schultern seines Sohnes und schlug das Kreuz.

Die Augen des Knienden waren groß geworden. Er zuckte zusammen, als ihn der Vater ins Gesicht schlug.

»Zu Gottes und Marien Ehr, diesen Schlag und keinen mehr«, proklamierte Ulrich. Dann drehte er das Schwert um und hielt es seinem Sohne hin. Dieser blieb noch wie erstarrt knien, und erst, als Ulrich ihm zunickte, erhob er sich, konnte sich wohl kaum von seinem Erstaunen erholen, noch weniger, als er jetzt das Schwert seines Vaters in die Hände nahm, das – Richenza musste es sich eingestehen – sehr wenig in Gebrauch gewesen war.

Der Graf löste seinen Gurt, um seinem Sohn auch die Scheide zu reichen. Dieser schien immer noch nicht zu wissen, wie ihm geschah. Ulrich umarmte ihn. Die Männer schauten sich an. Dann johlte der Küttiger und fuhr mit der Faust in die Luft, die anderen applaudierten, während Ulrich seinem Sohn etwas zuflüsterte. Dieser nickte verdattert. Ulrich tätschelte ihm die Wange, dann ging er zu seinem Braunen und saß auf. Er rief ein paar Befehle, die Männer kamen in Bewegung, die Pferde wieherten. Leder knarrte, Zügel wurden gestrafft. Mittendrin stand Rudolf, betrachtete das Schwert seines Vaters, als ob er es zum ersten Mal sähe und nie hätte polieren müssen.

Der Graf gab seinem Pferd die Sporen. Staub wirbelte auf. Das weißblaue Banner flatterte. Die Reiter lenkten ihre Pferde in eine Reihe. Einzelne Tiere schreckten hoch, schüttelten ihre Köpfe und schlugen aus. Dann setzten sie sich in Bewegung und zogen ab. Richenza wartete, bis sich der Staub gelegt hatte. Dann trat sie zu ihrem Sohn.

Dieser verbeugte sich und steckte das Schwert ungelenk in die Scheide. »Ehrwürdige Frau Mutter«, murmelte er und konnte seine Verwirrung nicht verbergen. Gerne wäre er wohl mit den Männern mitgezogen.

An der Tränke stand Minna, die Hände in die Hüften gestützt, mit gerunzelter Stirn, da auch sie zu verstehen versuchte, was gerade geschehen war. Lancelin lehnte gegen seinen Braunen, Richenzas Krieger hinter ihm. Zwei Trostberger tätschelten den Hals ihrer Reittiere.

»Wir sprechen in der Hütte«, befand Richenza und winkte ihrem Sohn, ihr zu folgen. Drinnen drehte sie sich um und umarmte Rudolf, bis er unruhig wurde.

Richenza deutete zur Feuerstelle und forderte Rudolf auf, sich zu setzen.

»Dein Vater und ich haben eine wichtige Aufgabe für dich«, begann sie und überlegte, was sie Rudolf mitteilen sollte. Er war nie ein guter Zuhörer gewesen. Er packte lieber an.

»Die Zeiten sind schwer. Der König stellt die Ordnung auf den Kopf ...« Richenza hielt inne. Sie sollte weder jammern noch predigen! »Du reitest mit den beiden Trostbergern nach Sickinga. Dort holst du deine Schwester Ida und begleitest sie zur Lenceburg. Unterdessen bereite ich eure Reise nach Rome vor. Du wirst Ida nach Rome begleiten und beschützen.«

»Nach Rome?«, wiederholte Rudolf. Richenza nickte. Nun war sie froh, dass er zwei Jahre im Meuschter Stift gelernt hatte. So konnte er sich eine Vorstellung machen, was ihn auf dem Weg und in der ewigen Stadt erwartete.

»Deine Schwester wird die Herzogin von Schwaben dorthin begleiten. Diese wird vor den Papst treten und ihn bitten, sie vor dem Vorwurf des Eheburchs freizusprechen.«

Rudolf blickte immer verwirrter. Die Welt der Erwachsenen, wie schwer war sie doch zu verstehen. Richenza musste ihre Botschaft knapper halten.

»Du reitest mit den Trostbergern ins Kloster und holst Ida«, wiederholte sie.

»Ida ist Nonne«, entgegnete Rudolf. Richenza schüttelte den Kopf. »Noch nicht«, antwortete sie knapp. Trotzdem sah Rudolf aus, als hätte er gerade etwas Bitteres verschluckt.

»Wie soll ich der Äbtissin ...«, begann er. Richenza legte ihre Hand auf seinen Schwertknauf.

»Du bist jetzt ein Mann«, erklärte sie. »Die Äbtissin muss deine Schwester freigeben.« Sie wartet wohl schon darauf, ergänzte sie in Gedanken.

Rudolf schluckte, nickte, stand immer noch unsicher da.

»Melde deiner Schwester ...«, Richenzas Stimme versagte, Ida weilte für ihr kurzes Leben schon sehr lange im Kloster,

»… dass nur sie diese Aufgabe für Lenceburg erfüllen kann. Wir sind stolz darauf.«

Rudolf nickte, die Augen aufgerissen.

»Wir werden euch Krieger, Saumtiere und auch Münzen für die Reise bereitstellen. Aber du musst dich sputen, die Herzogin wird um Maria Himmelfahrt bei uns ankommen und weiterreisen wollen.«

Durch die Berge, dachte sie, wo Steinschlag und Wegelagerer euch erwarten. Durch fremde Länder, wo Krankheit und Hitze herrschen.

Rudolf straffte sich. Langsam schien er zu verstehen, was für eine Aufgabe sie ihm aufbürdete.

»Rudolf!« Sie packte seine Handgelenke. »Du bist für die Ehre und das Leben deiner Schwester verantwortlich. Verstehst du das?«

»Ja, verehrte Mutter«, stotterte er ob ihrer Heftigkeit. Schnell ließ sie den Jungen wieder los. Sie durfte ihn nicht erschrecken. Er tat sein Bestes. Immer.

»Danke«, flüsterte sie, hätte ihm gerne wie dem Vater den Umhang zurechtgerückt und übers Haar gefahren. Aber sie unterließ es. Der Junge suchte nicht mehr ihre Nähe. Er riss mit seinesgleichen den Mund auf und schielte den Mägden hinterher. Trude hatte es bemerkt, Minna ebenso und mit ihnen die Burgschaft.

Aber Rudolf schien mit etwas zu kämpfen. »Braucht der ehrwürdige Vater nicht sein Schwert gegen die Bande?«, entfuhr es ihm endlich. Richenza warf einen Blick auf den Schwertknauf. Feine Ranken und ein Rubin zierten ihn. Es war ein schönes Schwert. Ulrich hatte es ehrfürchtig behandelt. Aber es lag immer ungewohnt leblos in seiner Hand.

»Bald wird dein Vater an der Habichsburg vorbeireiten. Dort werden sie ihm ein Schwert leihen«, sagte sie und strich über die Verzierung. »Nun gehört es dir, und du wirst ihm alle Ehre erweisen.«

Stolz legte Rudolf seine Hand auf den Knauf, und es war ihr, als würde das Schwert jetzt schon besser zu dem Jungen gehören als je zu ihrem Gatten.

Richenza fasste an ihren Hals, löste das Kräuter-Amulett und band es Rudolf um.

»Gott schütze dich«, flüsterte sie und segnete sein Haupt.

8. Kapitel

Menschenblut klebte ihm am Stiefel. Ulrich konnte das geronnene Blut hoch zu Pferd nicht mehr riechen. Aber er wusste, dass es da war. Dieser metallene Gestank, der ihm das Blut aus dem Kopf zog, bis ihm schwindelte. Er war froh, wenn er sich auf der Burg des Lederharnischs und der Stiefel endlich entledigen konnte.

Neben ihm trabte ein Trostberger, das Lenceburger Banner erhoben, obwohl sie es auf der Burg wohl schon lange gesichtet hatten. Der Lenzbach-Bauer stand auf der Dorfstraße, nahm die Mütze vom Haupt und verbeugte sich. Hinter ihm starrten ihn drei seiner Gören an. Ulrich nickte nur kurz, zügelte das Pferd nicht. Neben den Reitern wirbelte der Staub hoch.

Der Küttiger folgte weiter hinten mit den Gefangenen. Blutgericht. Wie Ulrich das hasste. Wenigstens hatten nicht viele überlebt. Wilde Herumstreuner. Manchmal fragte er sich, was sie antrieb. Krieger konnte er auf der Burg genug gebrauchen. Knechte waren auf den Feldern immer willkommen. Aber die wollten weder Graf noch Bauer als Herrn, sondern in den weiten Wäldern des Frickgowe tun und lassen, wie es ihnen gefiel. Und so raubten und mordeten sie, um zu überleben. Gegen Recht und Ordnung. Als Graf wusste er, wie er zu urteilen hatte.

Manchmal beschlichen ihn Zweifel, ob es Gottes Wille war, was er verkündete. Noch mehr, wenn er an seinen Erstgeborenen dachte, den er hätte verurteilen müssen. Ulrich wischte den Gedanken an Arnold beiseite. Es gab keinen erstgeborenen Arnold mehr.

Sein Brauner schritt den steilen Pfad zur Burg hinauf. Heute stieg er nicht ab, um das Pferd zu entlasten. Er kam als Sieger heim. Da wollte er hoch zu Pferd in die Burg einreiten.

Vor dem Tor konnte er einige Weiber und Kinder erkennen, wie sie dasaßen und warteten. Die Flüchtlinge aus dem Frickgowe. Der Herbst stand vor der Tür. Er hatte mit dem Ammann zu besprechen, ob sie heimzogen und ihre verbrannten Hütten aufbauten. Jemand musste ihnen helfen. Aber keine Hand war im Herbst frei. Besser man verteilte sie unter die Bauern und sie überwinterten in deren Höfen. Auf der Burg konnten sie im Winter nicht zu viele behalten. Richenza hatte sich sicherlich schon Gedanken gemacht.

Die Weiber blickten ihn an. Mit großen Augen verbeugten sie sich. Die Kinder versteckten sich hinter ihnen. Keines streckte die Hand zum Betteln aus. Gut so. Dies war Richenzas Einfluss. Es war nicht das erste Mal, dass Richenza Fliehende auf der Burg beherbergte. Dann hielt sie ein strenges Regime. Die Ställe wurden ausgemistet und den Menschen zur Verfügung gestellt. Das Vieh blieb unter Obhut draußen, selbst der Hühnerstall wurde bewacht. Ein Mal am Tag wurden die Essensrationen ausgereicht. Die Vorratskammern noch genauer überprüft, es wurde ausgerechnet, wie lange die Nahrung reichte.

In der Vorburg saßen und standen so viele Menschen herum, dass Ulrich seinen Braunen zügelte. Der Trostberger rief, man solle Platz für den Grafen machen. Die Menschen drängten sich zur Seite, gafften ihn an. Ulrich erkannte Kaplan Lukas, wie er zwei Kinder an der Schulter zurückzog und auf sie einsprach. Die Kräuter-Liese kniete neben zwei am Boden liegenden Gestalten. Mit rauchenden Kräuterbüscheln fuhr sie über ihre Körper und murmelte etwas.

Im Innenhof grüßten die Wachen. Sie standen vor den Pferchen, selbst bei den Fischbecken. Der Meier eilte über den Platz. Sicherlich froh, zu hören, dass die Bande vernichtet war und die Menschen nun bald heimkehren konnten.

Wenn der Küttiger mit den Gefangenen hier hochkam, musste Ulrich ihm Verstärkung schicken. Die Leute hier würden auf die Gefesselten losgehen. Dafür hatte er diese nicht den langen Weg hierher marschieren lassen. Im Kerker würden nicht alle Platz finden. War da noch das Falkengehege?

Da kam ein Junge auf ihn zugerannt. Rudolf?! Ulrichs Herz machte einen Sprung. Die Herzogin war also noch nicht abgereist. Er fixierte ihn und stellte fest, dass der Junge etwas kleiner war als sein Rudolf. Er erkannte Friedbert aus Meuschter, den Jungen von einer seiner Kebsen. Der Kleine strahlte ihn an und ergriff die Zügel seines Braunen. Ulrich nickte ihm zu und schwang sich vom Pferd. Was machte Friedbert hier?

Dieser verbeugte sich, strahlte übers Gesicht. Es war nie ein Geheimnis gewesen, wer sein Vater war, noch weniger, wenn man ihn neben Rudolf gestellt hätte.

»Was tust du hier?«, fragte Ulrich, hielt sich am Sattelknauf fest, da ihm plötzlich schwindelte. Am Steigeisen klebte Menschenblut. Der Junge stockte. »Nach Mutters Tod ließet Ihr mich holen«, antwortete er artig mit seiner hohen Stimme.

Ulrich blickte kurz hoch zum Wohnturm, wo gleich Richenza auftauchen würde. Er hatte keine Ahnung davon gehabt, dass die Kebse gestorben war.

»Wirst du hier für den Kampf ausgebildet?«, fragte Ulrich. Der Junge bejahte eifrig. Ulrich nickte ihm zu, den Rest würde er mit Richenza besprechen.

»Danke«, sagte Friedbert. Ulrich winkte ab, da war nichts zu danken. »Danke, dass Ihr das Begräbnis meiner Mutter bezahlt habt«, ergänzte Friedbert. Ulrich blickte nochmals hoch, zum Eingang des Wohnturmes, wo unterdessen Richenza erschienen war. Seine Gattin überraschte ihn immer noch.

Er überließ Friedbert sein Pferd. Nickte dem Meier zu – der Küttiger würde ihm schon berichten – und stieg zu ihr hoch. Sie rief etwas ins Innere. Seine Beine wurden schwerer. Die Stiege kam ihm unendlich lang vor. Weder Ida noch Rudolf erschienen unter dem Türrahmen. Wie gerne hätte er sich von ihnen verabschiedet.

Dann hatte er Richenza erreicht, konnte die Erleichterung in ihrem Gesicht erkennen. Waren ihre Augen feucht? Gerne hätte er sie umarmt. Hinter ihr erschien Trude mit der kleinen Richenza im Arm. Dem Kind wollte er sich erst nähern, wenn das Blut weggewaschen war.

Richenza war zurückgetreten, musterte ihn, wie er es kannte, wenn er von Fehden zurückkehrte. Keinen Kratzer hatte er davongetragen, dafür hatte der Küttiger gesorgt, vielleicht auch seine Schande, die ihn umkrallte, sobald das Blut spritzte.

Minna eilte mit Ledereimern an ihm vorbei. Richenza musste schon angeordnet haben, Wasser für sein Bad zu holen. Er sehnte sich danach. Noch mehr sehnte er sich danach, dass sie ihm das verschwitzte Haar aus dem Gesicht strich. So wie früher.

Er taumelte. Sie nahm seine Hand, führte ihn zu den Tischen, rief eine Magd. Richenza setzte sich neben ihn, hielt seine Hand immer noch, als die Magd versuchte, seine verschmierten Stiefel von den Füßen zu ziehen. Weil ihm schwindelte, lehnte er sich gegen sie, schluckte die hochdrängenden Magensäfte hinunter. Richenza wusste, dass er in diesem Zustand nicht gerne sprach.

Endlich rutschten die Stiefel von seinen Füßen. Die Magd fiel nach hinten. Lachend half ihr eine andere auf. Richenza ordnete an, dass sie die Stiefel draußen reinigen sollten. Der Gestank hing nur noch in der Luft. Ulrich erhob sich, und schon stand ein Trostberger hinter ihm, löste die Riemen seines Lederharnischs.

Minna trat wieder herein, eilte mit den gefüllten Eimern zur Feuerstelle, wo unter dem Kessel die Flammen züngelten. Richenza wandte sich an ihn, sagte etwas. Er verstand kein Wort, lächelte sie nur an.

⁂

Es war, als könnte er seinen Hunger erst jetzt stillen. Ulrich langte zu, verschlang das Lammfleisch. Ein feiner Muskatduft hing daran. Erstaunt warf Ulrich einen Blick auf Richenzas Gurt. Dort hing ein Säckchen prall gefüllt mit Muskatnüssen.

Hinter Ulrich plantschte ein Trostberger in der Wanne. Neben ihm saß die kleine Richenza und sprach mit einem Stoffknäuel. Richenza hatte angeordnet, dass die Köchin die Krieger an den anderen Tischen bediene. Üblicherweise löcherte sie ihn nun mit Fragen. Heute wartete sie auf die seinen.

Die Herzogin sei vor drei Tagen abgereist, hatte sie ihm schon erzählt. Ida und Rudolf ritten in ihrem Gefolge.

»Sie will so schnell wie möglich nach Rome«, ergänzte sie. Ulrich nickte, kaute. Er war zu spät gekommen.

»Wir senden ihnen die beiden älteren Trostberger nach«, befand er und spürte den Drang, selbst gerne mitzureiten. Aber er sollte schon lange in Schennis sein. Die Äbtissin dort rief nach ihm. Sie war ungeduldig, mochte es nicht, wenn er nicht zeitig antrabte. Und kaum war er angekommen, wollte sie ihn wieder loswerden.

Ulrich nagte am Knochen, blickte auf die kleine Richenza, die den Stoffknäuel über die Bank schob und ein Lied trällerte. Vier Kinder, und nur noch eines war ihnen sicher. Müde war er, so müde.

Er blinzelte zu Richenza hinüber. Weswegen hatte sie Friedbert auf die Burg geholt? Aber er hatte nicht die Kraft zu fragen. Ein Bastard blieb ein Bastard. Immer. Friedbert konnte nie in Rudolfs Fußstapfen treten.

Einige Dutzend Flüchtige weilten auf der Burg. Richenza hatte abgewunken, als er davon gesprochen hatte, dass sie zurückkehren sollten. Der Meier werde die Leute in Lencis verteilen. Jetzt, da bald die Ernte fällig sei, werde man diese gebrauchen und auf der Burg hätten sie noch Vorräte. Er müsse sich darum nicht kümmern, solle nur die Räuber an den Galgen bringen. Dann musste er weiterziehen.

»Der Papst hat einen Legaten geschickt«, unterbrach Richenza seine Gedanken. Er verstand zuerst nicht, wovon sie sprach.

»Der dem König den Kopf zurechtstutzt«, erklärte sie. Er konnte die Befriedigung in ihrer Stimme hören und begriff.

»Ritt der Legat hier vorbei?«

Sie schüttelte den Kopf. Er sei von Solodoro auf die Habichsburg gereist und nun schon weiter.

»Er wird am Hoftag aufräumen und Bertha zu ihren Rechten verhelfen. Der König hat die Ehe einzuhalten! Dann werden Adelheit und Ida in Rome kaum auf Probleme stoßen«, erklärte Richenza.

Ulrich runzelte die Stirn. Es gefiel ihm nicht, dass ein Legat dem König vorschrieb, was er zu tun habe.

»Die Herzöge werden sich die Hände reiben, wenn so ein päpstlicher Hanswurst dem König die Kappe wäscht«, brummte er.

»Das hätte sich König Heinrich vorher überlegen sollen«, erklärte Richenza.

»Der König wird seine Gründe gehabt haben«, entgegnete er, die Worte seines Bruders im Ohr, einen König nie anzufechten. Sie schüttelte empört den Kopf. Eigentlich hatte er sich gefreut, die Kemenate alleine mit ihr und der kleinen Richenza zu teilen. Seiner Gattin schien es nicht so zu ergehen.

9. Kapitel
Ein Jahr später
Sommer Anno Domini 1070
Lenceburg

Die Rosen im Kranz von Gisela von Oltingen leuchteten im Schein der Kerzen. Unter ihrem durchsichtigen Schleier fiel das offene Haar bis zu den Hüften. Sie war eine schöne Braut. Vater und Mutter standen stolz hinter ihr in der Kapelle. Rudolf von Lenceburg harrte neben Gisela, hinter ihm die Trostberger. Richenza hatte es so angeordnet. Seit Rudolf von Rome mit den Trostbergern zurückgekehrt war, war er kaum von ihnen zu trennen. Gerne wäre auch sie stolz auf ihren Sohn gewesen.

Ihr Blick schweifte durch die Kapelle. Im Frühling war das Schindeldach erneuert worden. Obwohl es im Raum von den vielen Anwesenden stickig war, konnte man noch den feinen Duft des Lerchenharzes riechen. Richenzas Blick fiel auf Idas leeren Platz. Hastig wandte sie sich dem Altar zu, wo Kaplan Lukas dem Paar seinen Segen gab. Rudolf hob den Schleier, und es war Richenza, als hätten sich all die Jahre verflüchtigt: Sie sah sich dort vorne stehen, die Wut im Bauch gegenüber den Lenceburgern und der Welt.

Doch Gisela lächelte. Rudolf schien verlegen, als sie sich zu den Gästen umdrehten und an ihnen vorbei aus der Kirche schritten. Verlegen, aber nicht so eingeschüchtert wie sein Vater damals. Doch unter Rudolfs Augen lagen tiefe Ringe – der Schatten der Schwester.

Ida war nicht von der Romereise zurückgekehrt. Ein Bote Adelheits hatte ihnen die Kunde wenige Tage vor Rudolfs Ankunft gebracht: Herzogin Adelheit hatte sich vor dem Papst auf die Knie geworfen und bei Gott und allen Heiligen ihre Unschuld verkündet. Ida hatte an ihrer Seite gekniet, Rudolf hinter ihr. Der Papst hatte der Herzogin bestätigt, dass weder ihre Ehe noch Ehre befleckt sei, und sie war mit ihrem Gefolge nach Turin zu ihrer Mutter gereist.

Auf der Rückreise wurde Ida schwächer. Ein Fieber nagte an ihrem Körper, ihre Sinne schwanden. Ida starb kurz vor Turin und wurde dort begraben. Adelheit habe in der Familiengruft dafür einen Platz freigegeben. Adelheit habe geweint.

Richenza konnte nicht weinen. Die Angst um die Kinder hatte sie innerlich erstarren lassen. Auch Ulrich weinte nicht.

»Gottes Strafe«, hatte er gesagt und hatte den Essraum verlassen wollen.

»Gottes Strafe?«, hatte sie gefragt.

»Wir sollten uns nicht in die Händel von König und Herzögen einmischen«, hatte er mit einem harten Zug um den Mund erklärt, den er seither nicht verloren hatte.

‚Nein!', hatte sie entgegnen wollen. Nein, Idas Tod war nicht Gottes Strafe! Eine Romereise konnte tückisch sein, Rome war eine gefährliche Stadt. Sie, Richenza, hatte das Leben ihrer Tochter geopfert. Aber die Worte hatten ihr gefehlt, und das taten sie bis heute.

Richenza hatte geweint, als Rudolf zurückgekehrt war und in ihren Armen gelegen hatte, mit diesem dunklen Schatten unter den Augen. Ulrich hatte Boten ausgesandt, um die Hochzeit mit der Oltingerin zu organisieren, als hätte er Angst, dass ihm Rudolf auch noch entschwinden würde. Und nun waren Gisela und Rudolf getraut.

Die Türflügel der Kapelle öffneten sich, das Paar trat hinaus in die gleißende Sonne. Draußen klatschte und rief die Burgschaft, jubelte, als Rudolf und Gisela Mispeln und Zwetschgen unter die Leute warfen.

Richenza reihte sich in den Pulk der Gratulierenden ein. Eine feine Hand griff nach ihrer. Die kleine Richenza drängte sich an sie. Sie legte dem Mädchen den Arm um die Schultern, drückte es an sich, wie sie die Tochter in letzter Zeit wieder vermehrt gedrückt hatte. Sie war kleiner und breiter als ihre verstorbene Schwester, glich mehr der Mutter als der Großmutter. Richenza bückte sich und küsste die Jüngste aufs Haupt.

Die Sonne blendete sie, als sie hinaustrat. Sie rückte ihren Schleier zurecht, umarmte ihren Sohn, küsste ihre Schwiegertochter auf beide Wangen und ließ sie dann durch die Gasse unter den Weidenzweigen durchziehen, die das Gesinde über sie spannte.

Eine Fiedel erklang. Es roch nach Rauch, dem gebratenen Fett der Spanferkel. Die Burgschaft würde die ganze Nacht feiern. Richenza nickte den Oltingern zu, wechselte ein paar angemessene Worte und führte sie hoch in den Essraum, wo das frisch vermählte Paar schon an der hohen Tafel saß und besungen wurde.

Minna scheuchte zwei Pagen mit Weinkrügen herum. Die gebratenen Forellen lagen, gefüllt mit Karotten und Zwiebeln, in den Schalen schon auf dem Tisch. Daneben das Fladenbrot und Ziger.

Die Eschibacher drängten in den Raum, auch die Allewilarer. Ulrich trat als Letzter hinein, den harten Zug um den Mund. Es fiel Richenza nicht schwer, mit ihnen allen Worte zu wechseln, sich nach ihrem Befinden und den Umständen zu erkundigen, Leichtigkeit in ein Gespräch zu bringen und aufmerksam zu bleiben. Auch wenn Ida fehlte. Zwischendurch blickte sie zur Kochnische, wo die Spanferkel geschnitten und verteilt, Löffel voller Honig über den Bieber gestrichen und Eier in den Milchkessel geschlagen wurden. Trude weibelte zwischen Essraum und Hof hin und her. Auf sie war Verlass.

Dann wurde die Musik lauter. Tische wurden verschoben, Braut und Bräutigam aufgefordert, den Tanz zu beginnen. Rudolfs Schritt war sicher, Gisela wiegte sich biegsam.

Schon hielt Ulrich Richenzas Hand. Sie drehte sich nach der Musik, fasste andere Hände, klatschte und wirbelte herum. Ihr Sohn sollte ein schönes Fest haben.

Nach dem Tanz rief jemand ein Hoch auf das Brautpaar, andere fielen ein. Die beiden wurden die Stiege hinaufgeschoben in die Kemenate, die sie heute Nacht für sich allein haben würden. Richenza hatte am Morgen noch veranlasst, dass das Stroh der Bettstatt ausgewechselt, die Felle gelüftet werden und Minna frisch geschnittene Heckenrosen und Lavendel aufhängen solle.

Im Essraum wurde Wein nachgeschenkt. Die Fiedel ertönte wieder. Die kleine Richenza hatte sich auf eine Bank gekuschelt und schlief. Richenza weckte sie und nickte Ulrich zu. Sie würden sich zu dritt im Kontor schlafen legen. Seit Richenza von Idas Tod erfahren hatten, hatte sie Ulrich nicht mehr angefasst.

Im Hof wurde noch gesungen. Der Kaplan stampfte mit der Meierstochter auf dem Tisch herum. Der Küttiger hob seinen Kelch, eine Frau im Arm. War das nicht die Köhlerin? Was machte die denn hier? Da erkannte Richenza, dass auch die Trostberger Dorfmädchen auf dem Schoß hielten. Morgen würde sie zum Rechten sehen!

Die Nacht war lau. Richenza führte ihre Tochter zu den Zisternen, um Gesicht und Mund auszuwaschen. Dabei stiegen sie über zwei Wächter, die ihren Rausch ausschliefen.

Im Kontor hatten sie sich in einer Ecke mit Stroh und Fellen eine Bettstatt eingerichtet. Gegenseitig halfen sie sich aus den Seidenkleidern, deren Ärmel ihre eigenen Stickereien zierten. Im Unterkleid schlüpften sie sich unter die Felle.

Irgendeinmal in der Nacht hörte Richenza die Türangeln quietschen. Im Hof war es ruhig geworden. Sie erkannte Ulrich an seinem Schritt, sein Atem war weingeschwängert. Er fiel neben sie und schnarchte schnell.

Als die Türangeln kurze Zeit später nochmals quietschten, fuhr Richenza hoch, tastete nach einem harten Gegenstand.

»Herrin Richenza«, hörte sie Trude raunen. Richenza wickelte sich aus den Fellen, taumelte leicht, als sie barfuß zum Eingang tappte.

»Euer Sohn«, sagte Trude.

»Was ...?«

Trude packte Richenza beim Arm. Diese ließ sich hinausführen. Der Mond stand am Himmel, beschien den Innenhof, sodass die beiden um die schlafenden Gestalten herumgehen konnten.

Ich brauche meine Stiefel, wollte Richenza sagen, mein Kleid. Aber sie ließ sich mit sich ziehen, bis zum Falkengehege. Als Trude dieses öffnete und Richenza im Schein des Mondes die zusammengekauerte Gestalt erblickte, war es ihr, als würde sie einem Geist aus alten Tagen begegnen. Sie stolperte hinein. Doch es war nicht Arnold, sondern Rudolf, der dort kauerte.

Er schluchzte. Richenza kniete sich hin, nannte seinen Namen.

»Sie trug ein Kind!«, drang es aus ihm heraus.

Unmöglich, wollte Richenza antworten, die Oltinger würden ihnen keine schwangere Braut andrehen.

»Rudolf?« Sie streichelte seinen Arm. Ein Schluchzen schüttelte ihn.

»Sie wollte sterben!«

Da fuhr ihr ein kalter Schauer über den Rücken. Sprach er gar nicht von Gisela?

Richenza hockte sich hin, drückte ihren Sohn an sich.

»Wollte Ida sterben?«, fragte sie.

Er nickte, und es schüttelte ihn wieder.

»Warum?«

Da schrie er auf, krümmte sich und raufte sich die Haare. Sie hielt ihn fest und harrte aus, bis er sich beruhigt hatte.

»Rudolf!« Sie versuchte, ihn zu besänftigen, wusste nicht wie. Er stammelte Worte, zusammenhangslose Sätze. Irgendeinmal verstand sie, dass Idas Bauch immer dicker und Ida immer dünner geworden war. Sie war geschwängert worden. Wie und wann, das verriet Rudolf nicht.

Richenza versuchte ihn zu beruhigen, erklärte, dass nicht er, sondern Adelheit hätte Ida schützen müssen. Bis sie merkte, dass all dies nicht zählte. Idas Tod hatte sich in ihren Sohn gegraben.

Tränen liefen ihr über das Gesicht. Sie drückte ihren Sohn an sich, wiegte ihn, ahnte, dass sie zusammen die Brautnacht im Falkengehege verbringen würden.

Irgendeinmal hörte sie das Gatter. Trude kam herein, brachte ihnen ein Fell. Richenza bedankte sich, flüsterte ihr zu, sie solle schlafen gehen, und wickelte sich und Rudolf darin ein.

»Erinnerst du dich an den roten Ritter?«, raunte sie, als Rudolf ruhiger atmete. Er nickte. »Wie er die drei Blutstropfen im Schnee erblickte, starr dastand und nicht mehr kämpfte?«

Weil er an seine Mutter erinnert wurde, die vor Schmerz gestorben war, als er sie verlassen hatte, fügte Richenza in Gedanken hinzu.

Rudolfs Stimme klang belegt, als er sagte: »Gawain legte seinen Umhang auf die Blutstropfen. Da rührte sich der rote Ritter wieder.« Richenza drückte ihn fester an sich. Wie sehr wünschte sie sich einen Gawain herbei, der den Mantel des Vergessens über sie beide legte.

Rudolf umklammerte ihre Hand und bettete seinen Kopf an ihre Brust. So döste er ein.

Richenza überlegte sich, wie sie Gisela beibringen konnte, dass ihr Sohn für die Ehe noch Zeit brauche. Die Kräuter-Liese musste ein Amulett für ihn knüpfen.

Erst da keimte der Zorn in ihr auf. Der Bote hatte sie belogen! Sie musste Lancelin zu Adelheit schicken, um herauszufinden, was mit Ida geschehen war! Doch dies brachte ihre Tochter nicht zurück. Vielleicht war es für Lenceburg besser, wenn niemand davon erfuhr.

Sie hätte die beiden nie nach Rome schicken sollen! Richenza blinzelte, spürte die Bürde ihrer Tat.

Vom irdenen Boden drang die Kälte in ihr hoch. Sie hockte sich bequemer hin, wartete darauf, dass ihr die Augen zufielen. Ab und zu bewegte sich Rudolf, dann schreckte sie hoch, um gleich wieder in unruhigen Träumen Ida zu begegnen, die vor ihr im Nebel verschwand.

Als die Dämmerung anbrach, setzte sich Rudolf auf, rieb sich die geschwollenen Augen und flüsterte: »Wo ist Arnold?«

Sogleich war Richenza hellwach. Noch nie hatte Rudolf sich nach seinem älteren Bruder erkundigt.

»Er lebt im Kloster.« Richenza räusperte sich. »Es geht ihm gut.«

»Muss ich nun auch ins Kloster?«

»Nein!« Sie schrie fast. Erschreckt über ihre Reaktion, strich sie dem Jungen über die Wangen. An der Oberlippe konnte sie schon einen feinen Bartwuchs erkennen. Arnold war so alt gewesen wie er, als sie ihn ins Kloster geschickt hatte.

»Geh' zu deiner Braut, Rudolf! Ruht noch ein bisschen«, sagte sie so sanft wie möglich. »Heute findet der Umritt statt, zeig' ihr unser Land und unsere Leute.«

Er nickte, rieb sich den Schlaf aus den Augen. Beim Aufstehen taumelte er. Einige Knechte schnarchten im Hof, sonst war niemand zu sehen. Richenza war froh darum. Sie beide trugen weder Schuhe noch Überkleider. Sie legte das Fell um Rudolfs Schultern, gab ihm einen Klaps und eilte zum Kontor hinüber. Schon lange nicht mehr hatte sie sich so fest nach Ulrichs warmem Körper und seiner Umarmung gesehnt.

4. Teil
Treu ohne Glauben
König und Papst zerreißen die Welt.

1. Kapitel
Anno Domini 1077
Lenceburg

Richenza rieb sich die eisigen Hände. Obwohl sie im Kontor stand, kondensierte ihr Atem.

»Noch einmal von vorne«, wies sie Lancelin an. Dieser nickte. Sicherlich froren ihm auch die Füße ab. Aber Gisela besetzte mit ihrem Kind die warme Kemenate, und im Essraum hockten Rudolf, der Kaplan und das Gesinde um die Feuerstelle herum.

»Der Blitz fuhr in die Kathedrale von Utrecht, nachdem der dortige Bischof von einer dämonischen Krankheit heimgesucht worden und gestorben war«, wiederhole Lancelin.

»Bischof Wilhelm von Utrecht, ein Anhänger des Königs«, ergänzte Richenza. Lancelin nickte.

»Seither fallen Bischöfe und Herzöge vom König ab, einer nach dem anderen. Bald wird er einer Übermacht gegenüberstehen.«

Unruhig schritt Richenza hin und her. Konnte es wirklich sein, dass diesem königlichen Widerling ein Ende gesetzt wurde?

König Heinrich hatte seine Gattin Bertha geehelicht, nachdem der Legat ihn zurechtgestutzt hatte. Sogar ein Kind hatte er mit ihr gezeugt. Aber die Gerüchte über seine Rachsucht und Geilheit waren nie abgebrochen. Letzten Winter hatte ein neuer Papst den König ob seiner Sturheit und Unnachgiebigkeit gerügt. König Heinrich, anstatt den Konsens zu suchen, hatte darauf den Papst seines Amtes enthoben, worauf dieser den König gebannt hatte. Ein Tollhaus!

Die Stouffer Priester predigten, keinem, der dem König anhänge, würden seine Sünden erlassen. Seither beichtete die Burgschaft nur noch bei Kaplan Lukas.

Aber nun der Blitz! In Utrecht hatte der Bischof seinen Mund weit für den König aufgerissen.

»Ein Gottesurteil«, stellte Richenza fest. Lancelin wiegte den Kopf. Sie nickte. Einmal musste es ein Zeichen gegen dieses Ungeheuer geben! Er log, betrog, zettelte Kriege an, misshandelte Frauen. Keiner konnte ihm trauen. Gott hatte geurteilt.

»Wie lange kann sich der König gegen seine Gegner stemmen?«, erkundigte sie sich. Eine Frage, die sie Ulrich, der gerade in Basilea weilte, nie gestellt hätte.

Lancelin wiegte erneut den Kopf. »Er ist der König«, sagte er. Richenza hätte gerne die Augen verdreht. Doch sie wusste, was Lancelin meinte: Wenn es Heinrichs Gegner gelang, ihn zu stürzen, wer würde dann an seine Stelle treten?

»Jeder andere wäre ein besserer König«, erklärte sie.

»Es würde trotzdem um die Krone gekämpft«, entgegnete Lancelin. »Nellenburg, Rinfelden, die Zähringer, sie alle begehren gegen den König auf.«

»Und das Burgund steht auf der Seite des Königs«, ergänzte Richenza.

Lancelin nickte. Richenza rieb sich die kalten Hände.

Das Burgund fürchtete mehr einen starken Papst als einen starken König, der sich im Norden des Reiches austobte. Wenn sich jemand gegen den König erhob, lag Lenceburg eingeklemmt zwischen den königsfeindlichen Herzogtümern und dem Burgund.

So sehr sich Richenza wünschte, dass dieser Unhold zu seiner gerechten Strafe komme, umso weniger wollte sie, dass Lenceburg in einen Krieg verwickelt wurde.

Lancelin streckte seine Hände aus, um die ihren zu wärmen. Doch ihr war nicht danach.

»Nach Ostern müssen wir Augen und Ohren offenhalten«, sagte sie und wandte sich zum Gehen. Epiphanias war eben vorbei, der Winter dauerte noch lange. Sie würden auch ohne Krieg frieren und hungern.

»Soll ich noch Kunde in Solodoro einholen?«

Richenza schüttelte den Kopf. »Bleib' erst einmal hier und erhol' dich. Die Köchin wird dir etwas Brei mit Dörräpfeln und Zimt wärmen«, sagte sie.

»In Turecum erzählt man sich, dass Herzogin Adelheit in Solodoro weilt ...«

»Herzogin Adelheit wird auch nicht mehr wissen«, unterbrach Richenza etwas schärfer, als sie wollte. Die Wege waren zugeschneit, die Tage kurz. Es war besser, wenn sie sich im Winter nicht zu sehr verausgabten.

»Danke für Eure Kunde«, sagte sie zu Lancelin und strich sich eine graue Haarsträhne unter den Schleier. Er antwortete mit seinem verschmitzten Lächeln: »Es war mir eine Ehre.«

Sie hätte ihn gerne noch weiter befragt. Doch hier drinnen war ihr zu kalt.

Eine Bö traf Richenza, als sie die Tür öffnete. Schnee wurde über den Innenhof gewirbelt, zuckerte Boden und Mauern. Aus den Ställen hörten sie das Blöken der Schafe. Minna eilte gebückt über den Hof. Sie brachte ihrer aussätzigen Schwester, die überraschend im Herbst aufgetaucht war, Essensreste. Richenza duldete keine Siechigen über den Winter um die Burg, aber gegen Minna würde sie nichts ausrichten. Richenza zog die Kapuze ihres Umhangs über ihren Kopf und eilte auf den Wohnturm zu. Lancelin folgte ihr.

Auf der Stiege spürte sie ihre steifen Kniegelenke, auch die Hüfte schmerzte wieder. Oben angelangt, eilte ihr Friedbert entgegen, um ihr den Umhang abzunehmen. Der Bastard würde bald so hübsch sein wie sein Vater. Trude stand hinter ihm.

»Der Husten ist wieder stärker geworden«, sagte sie. Richenza rief der Köchin zu, sie solle Lancelin etwas vorsetzen, und folgte Trude zum oberen Tisch.

Die kleine Gestalt saß zusammengekrümmt da. Richenza fühlte die heiße Stirn.

»Huflattich und Kamille, setz' nochmal einen Abguss an. Haben wir noch von dem Johanniskraut-Öl?«

»Nein, aber Honig.«

Trude eilte davon. Just vor ein paar Tagen war die Kräuter-Liese gestorben! Wer mischte ihnen nun Tinkturen und Salben, flocht die Amulette mit dem Zauberspruch?

»Arnold«, flüsterte sie liebevoll. Der Junge drängte sich gegen sie. Wer hätte gedacht, dass sie nach Rudolfs Heirat noch einmal Frucht tragen würde? Einen prächtigen Jungen hatte sie geboren. Bei der Namensgebung war sich Ulrich mit ihr einig gewesen. Es brauchte einen Arnold auf der Lenceburg.

»Du trinkst noch etwas, dann gehst du in die Kemenate.« Er schüttelte seinen Kopf, presste sein Gesicht an ihre Brust. Sachte fuhr sie ihm durchs verschwitzte Haar.

»Erzählt Ihr mir eine Geschichte?«, fragte Arnold, obwohl ihm fast die Augen zufielen. Bis vor kurzem hatte seine Schwester Richenza dies übernommen. Letzten Sommer war sie mit dem Thiersteiner verheiratet worden. Lenceburg brauchte eine sichere Verbindung nach Basilea.

»Welche Geschichte möchtest du hören?«, fragte Richenza.

»Die mit dem Ritter, der den Kelch sucht.«

Die Lieblingsgeschichte deines verbannten Bruders, hätte sie sagen können. Es verschlug ihr kurz die Sprache. Gott schütze, Arnold, ihren Erstgeborenen!

Ein Lachen drang von den unteren Tischen zu ihr herüber. Rudolf saß mit dem Kaplan dort und würfelte. Rudolf übernahm immer mehr Aufträge von Ulrich und reiste in seinem Namen herum. Er sprach nie mehr über Ida, lachte hart und schaute Gisela kaum an.

Die Meierstochter stand hinter ihrem Mann, die Hand auf seiner Schulter, die Spindel unter den Arm geklemmt. Minna, von der Schwester zurück, setzte sich und nahm einen Rock auf, um ihn zu flicken. Es sah eher aus, als würde sie mit der Nadel den Stoff aufspießen. Eine Handvoll Krieger weilte nur noch auf der Burg. Die Allewilarer Knappen, der Küttiger, die Heidegger, sie alle verbrachten den Winter in ihren Höfen.

Ulrich war mit den Trostbergern nach Basilea geritten, um Kunde über König und Papst zu erhalten. Sie vermisste ihn.

Eine Laute erklang. Richenza wandte den Kopf. Den Barden hatte sie vergessen. Vor dem Christfest hatte er an ihr Tor geklopft. Den Winter über würde er hierbleiben, ihnen die Abende verkürzen und im Essraum eine warme Schlafstelle bekommen. Nun da Lancelin auch hier weilte, konnten sie zusammenspielen. Der Ritter, eine dampfende Schale in der Hand, setzte sich dem Barden gegenüber. Als hätte er die Gedanken Richenzas gehört, hob er seinen Kopf und blickte sie an. Sie lächelte ihm zu. Trude eilte mit dem Aufguss herbei. Dann wandte sich Richenza ihrem Jüngsten zu und begann, vom roten Ritter zu erzählen, der in ein verwunschenes Schloss trat, den Hausherrn nicht nach seinem Leiden befragte und deswegen den Gral nicht erkannte.

2. Kapitel
Basilea

Der König war zum Manne geworden. Ulrich konnte es auch in der schlecht erleuchteten Halle des Bischofspalastes sehen: Die hohe Gestalt mit dem dunklen Bart, das volle Haar mit einem Reifen gebändigt. Da stand kein schrill lachender Knabe mehr. Nur die Hände des Königs nestelten an seinem Überrock herum, als fänden sie keinen Halt.

Ulrich bereute, dass er Rudolf nicht mitgenommen hatte. Nun hätte sein Sohn dem König die Treue schwören können! Aber wie hätte man wissen sollen, dass dieser hierherreiste! Ulrich hob seinen Kelch und winkte einem Knappen. Auf den Tischen standen nur Schüsseln mit Brei, als hätte die Fastenzeit schon begonnen. Der Bischof war wohl auch vom Besuch des Königs überrascht worden.

Der Kämmerer des Bischofs, einer der Fenis, trat auf Ulrich zu. Er rutschte zur Seite, damit sich dieser setzen konnte.

»Morgen brechen sie schon wieder auf. Wir begleiten sie«, raunte er. Ulrich setzte sich aufrechter hin.

»Ich folge euch«, sagte er. Der Kämmerer schüttelte den Kopf. »Der König will kein Heer aufstellen. Er will als Büßer vor den Papst treten, damit dieser ihn vom Kirchenbann befreit.«

Ulrich betrachtete die Tischplatte. Sein König war auf der Flucht! Wie konnte es nur so weit kommen?

»Der Zähringer und der Rinfeldner kontrollieren die Alpenpässe. Wie will er da ohne Krieger durchkommen?«, fragte Ulrich.

»Er wird durchs Burgund ziehen«, raunte der Kämmerer. »Bleibt hier! Es ist gut zu wissen, dass einige Anhänger des Königs im Reich weilen.«

Ulrich strich sich über den Bart, der schon graue Strähnen zeigte. Ein Knappe kam vorbei und schenkte ihnen Wein nach. Morgen würde er mit schlechten Nachrichten zur Lenceburg reiten. Er blickte wieder zur hohen Tafel, wo sich unterdessen Bertha, die Königin, erhoben hatte. Hinter ihr stand eine Amme mit ihrem einjährigen Sohn. Auch Bertha war älter geworden, hatte ihr rundliches Mädchengesicht verloren. Ihre Gesichtszüge blieben starr.

»Soll nicht wenigstens die Königin hierbleiben?«, fragte Ulrich.

»Wenn der König fällt, ist sie hier im Norden nicht mehr sicher. Noch weniger mit dem Kind.«

»Die Alpenpässe sind zugeschneit«, wagte Ulrich zu bemerken.

»Gott wird uns führen«, erklärte der Kämmerer. Ulrich nickte schnell. Er wollte nicht an der göttlichen Führung des Königs zweifeln. Aber niemand reiste im Winter durch die Alpen.

Jemand rief. Der Kämmerer klopfte Ulrich auf die Schultern und eilte davon. Nun erhob sich auch der König. Ulrich hätte gerne von ihm ein Wort gehört, eine flammende Rede voller Zuversicht. Aber ein Höfling legte einen Umhang um ihn, den der König eng um sich wickelte. Er hatte nicht die schmale asketische Gestalt seines Vaters. Er wirkte füllig, die Haut aufgedunsen. Den Kopf gesenkt, verließ er mit Bertha den Saal.

Vorne an der Tafel konnte Ulrich keinen Erzbischof erkennen, keinen Herzog. Der König reiste mit niederem Gefolge. War das ein schlechtes Zeichen?

Bald würden sie hier im Saal die Kerzen ausblasen. Ulrich schaute sich nach den beiden Trostbergern um. Er würde mit den anderen Kriegern, Bittstellern und Dienern des Bischofs hier im Saal schlafen. Auf den Bänken, Tischen oder dem gestampften Boden. Früher hatte ihn so etwas nicht gestört.

Aber jetzt meldete sich im Winter die Gicht im Knie. Sein Haar wurde schütter, und er fror mehr. Er zog seinen fellenen Umhang enger um sich. Die Trostberger hatten sich weiter hinten einen Schlafplatz gesichert. An die Mauer gelehnt, saßen sie da und tuschelten. Seit heute der König überraschend in Basilea aufgetaucht war, brodelte es in der Gerüchteküche. Ulrich wollte sich schon erheben, als sich eine Hand auf seine Schulter legte. Zu seiner Überraschung blickte er in das Gesicht des Oltingers.

»Ich dachte, du sitzt in der warmen Kemenate bei deiner Dame und spielst Schach«, sagte Ulrich.

»Das dachte ich von dir.« Die Bank knirschte, als sich der Oltinger setzte. »Wie geht es meiner Tochter?«, fragte er.

Ulrich lachte. Morgen würde er auf seiner Heimreise beim Thiersteiner vorbeikommen und dem dieselbe Frage stellen. Er deutete zur Mauer. Besser, er suchte mit dem Oltinger einen angenehmen Schlafplatz, bevor es ganz dunkel wurde. Sie würden noch die halbe Nacht miteinander sprechen.

❊❊

Der Wind blies Schnee in Ulrichs Gesicht. Seine Nase konnte er schon nicht mehr spüren. Bald hatte er mit den Trostbergern den schützenden Wald erreicht. Dort unter dem Heidenstein hausten zwar Kobolde. Bei diesem Wetter hoffentlich fest unter der Erde, sodass sie unbemerkt an ihnen vorbeiziehen konnten. Ulrich bekreuzigte sich. Hinter dem Wald lag Lencis und seine Burg.

Er sehnte sich nach der Wärme im Wohnturm. Um diese Jahreszeit sollte er in seinen Fellen neben dem Feuer sitzen, warmen Wein trinken, Schachfiguren verschieben und sich mit den Burgmannen an alte Tage erinnern.

Jemand rief etwas. Ulrich drehte sich um, hinter ihm zog der Trostberger an den Zügeln. Der Jüngere zeigte auf eine Spur im Schnee, die ihren Weg kreuzte. Vor lauter Gedanken hatte Ulrich nicht darauf geachtet. Er wendete sein Pferd, betrachtete die Spuren, den aufgewühlten Schnee. Es musste eine Wildsau gewesen sein, die Nahrung gesucht hatte, oder auch ein Keiler.

Burkhard hatte schon das Jagdfeuer in den Augen und steckte damit seinen Bruder an. Ulrich nickte ihnen zu. Er würde sie nicht daran hindern, das Tier zu jagen. Bald begann die Fastenzeit. Sie alle würden froh sein, sich vorher nochmals richtig den Bauch vollzuschlagen.

Ulrich gab seinem Pferd die Sporen. Sein Brauner fiel in einen weichen Trab. Schneeflocken glitzerten auf dessen Fell. Ulrich war froh, dass er seinen fellenen Umhang anstatt des ledernen Harnischs trug, um so besser mit der Bewegung des Tieres mitzugehen.

Letzte Nacht hatten sie beim Thiersteiner genächtigt. Die kleine Richenza blühte wie ihre Mutter auf, wenn sie nur befehlen und organisieren konnte. Nun strahlte sie noch mehr mit dem Kind im Bauch. Dem Thiersteiner riet er, er solle seine Frau einfach machen lassen. Wenn sie nicht ihren Kopf durchsetzen könne, werde alles bitter auf der Burg bis in die Lenden hinab, dessen könne er sich gewiss sein. Erstaunt hatte ihn nur, dass auf der Thierstein der Burgkaplan herumschwirrte, als sei er der Burgherr. Ulrich hatte Richenza zur Seite genommen und erklärt, dass dies nicht Brauch sei. Sie hatte genickt und ihm war gewesen, als hätte sich eine Falte zwischen den Augenbrauen wie bei der Mutter gebildet. Fast waren ihm die Tränen gekommen. Seine Tochter würde den Schwarzrock in die Schranken weisen.

Eine Bewegung im Unterholz riss ihn aus seinen Gedanken. Aus dem Augenwinkel konnte Ulrich zwei vermummte Gestalten erkennen. Mit einem gefülltem Sack versuchten sie zu entwischen. Eine blieb hängen, stolperte, die andere half ihr auf. Da drehten beide um und blieben mit gesenkten Köpfen am Wegesrand stehen. Kein gutes Omen für eine Grafschaft, wenn die Bauern vor den Berittenen flohen. Andererseits, musste sich Ulrich eingestehen, war in diesen Zeiten Vorsicht geboten. Er zügelte sein Pferd. Die beiden verbeugten sich, murmelten eine Begrüßung. Als sie den Kopf hoben, erkannte er zwei Mädchengesichter, konnte sie aber nicht zuordnen.

»Von wem seid ihr?«, fragte er. Eine stotterte etwas, ‚Lenzbach-Bauer' konnte er verstehen, die Kleinere versteckte sich hinter der Sprecherin. Der Lenzbach-Bauer hatte letzten Sommer sein Weib verloren, vier Töchter hatte sie ihm überlassen. Die halfen ihm nun in der Not. Trotzdem war es nicht gut, wenn diese im Wald herumstreiften, auch bei Tageslicht. Ulrich deutete auf ihren Sack.

Schnell öffnete die Größere ihn, als trage sie etwas Verbotenes. Tannzapfen und Laub waren zu sehen.

»Zum Anfeuern«, sagte die Große. Ulrich nickte ihr zu. Es war erlaubt, hier im Wald Brennholz zu sammeln.

Die Kleine schielte hinter der Großen an ihm vorbei, schien die Trostberger hinter ihm nicht aus den Augen zu lassen.

»Grüßt den Vater«, sagte er. »Meldet ihm, er soll euch das nächste Mal begleiten. Hier im Wald herrschen neben bösen Geistern noch andere Gefahren.«

»Der Vater ist krank«, antwortete die Große schnell und senkte den Kopf.

»Ah ...« Das erklärte die Situation. »Habt ihr die Kräuter-Liese gerufen?«

»Die ist kurz nach Epiphanias gestorben.«

Ulrich schlug das Kreuz. »Weiß die Gräfin davon?«, fragte er.

»Sie hat die Totenmesse bezahlt.«

Ulrich fuhr sich über den Bart. Es kamen unruhige Zeiten und nun noch das. Er blickte zu den Trostbergern hinüber.

Sie waren beide müde und unterkühlt von der langen Reise. Aber letzten Herbst war der älteste Trostberger ab und zu vermisst worden, weil er im Dorf übernachtet hatte.

»Burkhard«, sagte er. »Du begleitest die beiden nach Hause.«

Dieser schien darüber nicht unglücklich zu sein und lenkte sein Pferd zur Seite. Ulrich nickte den Mädchen zu und gab seinem Braunen die Sporen.

Das Dorf lag ruhig unter dem Schnee da. Kein Mensch war zu sehen. Nur einige Köter schlugen an. Ulrich zügelte sein Ross nicht, als sie durch die verschneiten Straßen sprengten. Bevor der Weg zum Burghügel anstieg, schwang er sich aus dem Sattel und führte das Pferd am Zügel hoch. Das Tier zog es in den warmen Stall, dass es an Ulrich vorbeidrängte hoch zur Burg. Er legte ihm die Zügel über den Sattelknauf, tätschelte ihm den Hals und ließ es ziehen. Hinter sich hörte er das Schnauben des anderen Pferdes.

Er keuchte und schwitzte plötzlich in seinem Umhang. In Gedanken legte er sich die Worte nochmals zurecht, mit denen er Richenza berichten wollte. Wie oft hatten sie sich schon gestritten, wenn es um König Heinrich gegangen war. Einen König kritisierte man nicht. Das schien Richenza nicht zu verstehen.

Wenigstens konnte sie mit ihrem Geschimpfe Rudolf nicht auf ihre Seite ziehen. Rudolf sprach nicht über Politik. Er sprach so oder so wenig, seit er von Rome zurückgekehrt war. Ohne Ida.

Ulrichs Schritte wurden schwerer. Sein schmales, spitzzüngiges Mädchen. Manchmal glaubte er von ihr zu träumen, wie sie durch den Burghof wandelte. Er dachte schon, mit Richenza darüber zu reden, ob sie als Geist wiedergekehrt sei, unterließ es aber. Rudolf sollte nichts davon mitbekommen.

Ulrich hob den Blick und entdeckte zu seiner Überraschung Richenza, die unter dem Tor stand. Die Arme unter dem fellenen Umhang verschränkt. Ihr Atem kondensierte in der kalten Luft. Selten erwartete sie ihn schon dort. Er hob die Hand.

Nach ihrem Gesichtsausdruck zu schließen, lag ihr wohl etwas Bissiges auf der Zunge. Er konnte sich vorstellen, was, weil er mit rotem Gesicht, ohne Pferd hier hochschnaufte. Aber sie sagte nichts. Zur Begrüßung fuhr er ihr kurz übers Gesicht. Eine graue Haarsträhne kringelte unter dem Schleier hervor. Ganz nahe kam sie ihm, brannte wohl vor Fragen. Hinter ihnen stampfte das Pferd des Trostbergers. Er löste sich von ihr und schritt durch die Vorburg.

Friedbert war schon dabei, seinen Braunen abzusatteln. Der Jüngling strahlte ihn an, verbeugte sich aber züchtig, wie es sich für einen Bastard gehörte. Eine Tür schlug zu, Rudolf polterte in den Hof zu ihnen.

Der kleinen Richenza gehe es gut, erklärte Ulrich, erwähnte auch das Verhalten des Priesters und dass sie dem schon den Meister zeigen werde.

Wann das Kind zu Welt komme, unterbrach Richenza ihn. Darauf wusste er keine Antwort. Da umfingen ihn von hinten zwei dünne Arme. Sein Arnold lachte ihn an, fragte ihn, ob er ihm wieder die Geschichte von Bero erzähle, der von einem Bären gefressen werde. Er hob den Jungen hoch und wirbelte ihn durch die Luft. Der Kleine schrie auf, schlang die Arme um seinen Hals und legte den Kopf an seine Schulter. Ein Fliegengewicht war er! Ulrich drängte beiseite, wie ihn das berührte. Nach Ostern würde er den Jungen zu den Stiftsherren nach Meuschter bringen. Dort wo Beros Grab lag und die Lenceburger ein Stift darauf gebaut hatten. Er schickte ihn gegen Richenzas Willen weg. Aber Lenceburg gab den Zweitgeborenen ins Herrenstift. Dem musste sie sich beugen.

Arnold zappelte, sprang zu Boden und rannte zu seinem Bruder, der ihn lachend auffing. Rudolfs eigener Sohn war ein Kopf kleiner als Arnold und weilte wohl bei der Mutter in der Kemenate.

Ulrich folgte Richenza die Stiege hoch in den Essraum. Oben nahm ihm eine Magd den Umhang ab, ebenso Handschuhe und Stiefel. Den dampfenden Wein empfing er aus der Hand der Köchin und setzte sich an den oberen Tisch. Rudolf setzte sich mit Arnold und dem Gefolge an die unteren Tische.

Richenzas Augen blickten ihn forsch an.

»Sie drohen, einen neuen König zu wählen!«

Ulrich konnte seine Empörung nicht unterdrücken.

»Wer droht?«

»Der Rinfeldner, diese Ratte! Auch der Zähringer und der Welfe!« Ulrich schlug mit der flachen Hand auf den Tisch. Er hatte immer gewusst, dass Rudolf von Rinfelden eine falsche Schlange war. Die drei Verräter hatten alle ein Herzogtum von Kaiserin Agnes bekommen. Sie hatten König Heinrich eigenhändig ihre Treue geschworen, damals in Turecum. Sie waren mit dem König in den Krieg gezogen, hatten ihm Krieger geliefert. Wohin würde das führen, wenn jeder Herzog befand, er könne einen König wählen?

Richenza verkniff die Lippen. Rudolf war ihr Vetter und in seinem Schatten stand Wernher, der Habichsburger.

»König Heinrich«, Ulrich räusperte sich, »versprach daraufhin, oboediencia – Gehorsam und sactisfactio – Genugtuung dem Papst gegenüber, um die Herzöge zu besänftigen.« Ulrich wusste nicht, ob er deswegen weinen oder fluchen sollte. Wie konnte sein König so einknicken?

Richenzas Falte war tiefer geworden. Er ahnte warum, der König hatte schon viel versprochen und wenig gehalten. Ohne es zu wollen, hörte er das schrille Lachen des jungen Heinrich in seinen Ohren.

»Zu Lichtmess sollte es in Augsburg eine Untersuchung geben, an welcher der Papst über die Lebens- und Amtsführung unseres Königs urteilen würde.« Ulrich merkte, wie ihn wieder die Wut packte. Wie konnten die Herzöge den eigenen König so erniedrigen?

Richenza war aufgestanden. Mit verschränkten Armen schritt sie hin und her. »Lichtmess. Schon so bald«, murmelte sie, und er wusste, was sie dachte: Danach würde es Krieg geben.

»Nein!«, er schüttelte den Kopf. »Ich sah den König in Basilea. Er reist in die Langobardia, um den Papst zu treffen und ihn zu bitten, die Exkommunikation zurückzunehmen.« Er sah das Erstaunen in ihrem Gesicht.

»Jetzt im Winter?«, fragte sie verwirrt. Er nickte, Gott würde seinen König beschützen: »Der Bischof von Basilea begleitet den König.«

»Und Königin Bertha?«

»Sie ist bei ihm.«

»Mit dem Kind?«

Ulrich nickte verlegen. Richenza setze sich, das Entsetzen war ihr ins Gesicht geschrieben.

»Die Markgräfin von Tuszien hat ein Treffen zwischen Papst und König in Canossa arrangiert«, fuhr er fort. »Der Papst wird den Kirchenbann vom König nehmen, damit an Lichtmess keiner mehr über König Heinrich urteilen kann.«

Richenza schüttelte den Kopf. Er war ihrer Meinung. Könige krochen nicht zu einem Papst. Ein König herrschte und verpflichtete sich nur Gott gegenüber.

»Was geschieht, wenn der Papst sich weigert?«, fragte Richenza. Ulrich schluckte. Der König durfte nicht scheitern! Mit einem Streich konnte man den Salier mitsamt seiner Familie von der Bühne fegen.

Richenzas Blick war in die Ferne gerichtet. »Wer wird zum neuen König ernannt?«, fragte sie. Ulrich stand abrupt auf. So etwas durfte sie weder denken noch aussprechen!

»Setz' dich«, sagte sie. »Wir müssen auf alles gefasst sein.«

Es gibt nur einen König, wollte er ihr antworten.

Richenza hatte seinen Kelch genommen und stellte ihn in die Mitte des Tisches.

»Lenceburg«, sagte sie, eilte zum hinteren Tisch, holte sich einen weiteren Kelch und stellte ihn rechts davon ab.

»Die Nellenburger sind papsttreu«, ergänzte sie. Er trat neben sie, schaute die beiden Kelche an und nickte.

Richenza hatte sich eine Schale und zwei weitere Kelche geschnappt. Im Norden saßen die Habichsburger und Herzog Rudolf. Die waren gegen den König.

Im Nordwesten grenzte ihr Gebiet an das Bistum Basilea mit den Thiersteinern. Diese standen auf ihrer Seite. Im Westen die Oltinger und Frohburger, von ihnen drohte keine Gefahr. Im Süden waren ihre Ländereien von den Bergen geschützt.

»Sickinga«, sagte Richenza und stellte die Schale mitten in Rudolfs Gebiet. Ulrich nickte verlegen. Wie hatte er über den Rinfeldner triumphiert, als das Kloster die Lenceburger zu ihren Schutzvögten ernannt hatte. Rudolf hatte sich grün und blau geärgert. Aber wenn kein König für Ordnung sorgte, würde Rudolf ihnen Sickinga entreißen, denn sie hatten nicht viele Krieger, um das Kloster zu schützen. »Mit Sickinga ist auch das Frickgowe gefährdet«, fuhr Richenza fort, als hätte sie seine Gedanken gelesen.

»Schennis«, fuhr Richenza fort und stellte den Kelch hinter den Nellenburger Kelch. Ab jetzt mussten sie Feindesgebiet durchqueren, wenn sie zu den Edelfrauen ins Kloster reisten.

Richenza schaute ihn an, nicht die Kelche.

»Sante Galle und Pfäffers werden den Papst unterstützen«, folgerte sie. Er nickte, das war nicht wegzuschlecken. Schennis war umzingelt von Papstfreunden. Schennis hatte schon immer seiner Familie gehört. Schon bevor seine Vorfahren hierhergezogen waren und die Burg gebaut hatten. Schennis war ein Teil Lenceburgs. Er musste die Edelfrauen beschützen.

»Ulrich«, sagte Richenza, und am Ton ihrer Stimme hörte er, wie angespannt sie war. »Du musst mit Rudolf von Rinfelden Kontakt aufnehmen. Der König hat sich aus dem Staub gemacht. Seine Feinde werden die Hände nicht in den Schoß legen. Du musst Bereitschaft zeigen ...« Sie schien nicht weiter zu wissen.

Ulrich schüttelte den Kopf. Er sah Rudolf vor sich, wie er Richenza hochhob und herumwirbelte. Damals vor langer Zeit. »Herzog Rudolf ist ein Verräter«, sagte er entschlossen.

»König Heinrich auch!«, entfuhr es Richenza. Jeden anderen hätte er für eine solche Aussage geschlagen. Er hatte dem König Treue geschworen. Treue konnte man nicht wechseln oder aufgeben oder verkleinern. Er war ein Edelmann und Ritter. Er kannte seine Pflichten.

Im Raum war es ruhig geworden. Seine Söhne saßen mit den Trostbergern am hinteren Tisch und taten, als würden sie nichts mitbekommen. Selbst die Köchin schien in der Kochecke leiser zu hantieren.

»Dein König hat uns Ida genommen«, zischte Richenza.

»Gott strafte uns mit Idas Tod, weil wir die Rinfelder Verräter unterstützten«, stellte er richtig.

»Weil der König seine Ehe auflösen wollte, verstieß Rudolf Adelheit«, fuhr Richenza auf.

Ida war schon seit Jahren tot, dachte er. Weswegen riss sie diese alten Wunden auf?

»Frau Gräfin«, sagte er beschwichtigend. Sie sollten nicht vor aller Augen streiten. »Ich reise so schnell wie möglich nach Sickinga. Die Äbtissin pflegt gute Verbindungen zum Bischof von Stradiburg. So wissen wir, was als Nächstes geschieht.«

Sie öffnete den Mund, um etwas zu erwidern, schloss ihn wieder. Mahlte mit den Zähnen hin und her. Er fasste sie beim Ellbogen, kam etwas näher. Wenn Richenza schon nicht seine Königstreue schätzte, musste er sie mit anderen Worten überzeugen.

»Wenn der Papst den König wieder in den Schoß der Kirche aufnimmt, wird König Heinrich zurückkehren und die abtrünnigen Herzöge angreifen. Es wird Krieg geben, unabhängig davon, auf welcher Seite wir stehen.« Richenza nickte, das hatte sie verstanden.

»Falls König Heinrich nicht zurückkehrt ...« Gott würde ihm verzeihen, er hatte es wirklich ausgesprochen! »Wird Herzog Rudolf mächtiger werden denn je. Und was wird Rudolf dann tun?«

Ihre Falte im Gesicht wurde tiefer. Rudolf war ihr Vetter, früher hatte es sie nie gestört, wenn der Gecke um sie herumscharwenzelt war.

»Er wird uns Sickinga entreißen und das Frickgowe dazu, das zu Sickinga gehörende Glarnerland wird in seine Hände fallen, und vor dem Tal liegt Schennis mit seinen fetten Weiden, die ihn gelüsten werden. Vom Frickgowe aus erblickt er die Lenceburg mit unseren Ländereien, die in den Süden führen, in die Alpen, wo es unbekannte Übergänge gibt, die Säumer überqueren, um in die Lombardia zu gelangen. Dann wird Rudolf sich erinnern, dass dieses Land zu Schwaben, seinem Herzogtum, gehört und dass die Kontrolle der Alpenpässe ein großes Druckmittel gegen jeden König ist. Er wird uns unsere Ländereien hier rauben und uns in unserer Burg versauern lassen!«

Nun hatte er trotzdem lauter gesprochen, als er beabsichtigt hatte. Er hatte das Gesinde nicht erschrecken wollen.

»Herzog Rudolf darf nicht stärker werden«, schloss er etwas leiser. Und dafür galt es, König Heinrich zu unterstützen. Das war Gottes Wille.

Richenza hatte den Kopf gesenkt. Ihr Gesicht zeigte höchsten Unwillen. Aber sie nickte unmerklich, nickte wirklich, mit verkniffenen Lippen.

Selbst hoffte Ulrich, dass alles nicht so herauskommen würde, wie er es gesagt hatte. Aber die Würfel waren gefallen. Der König war verschwunden, in die Krallen des Papstes geflohen. Lenceburg war allein auf sich gestellt und musste darauf hoffen, dass ein starker König zurückkehrte, um Ordnung zu halten.

»Ich lasse dir unseren Rudolf und die Trostberger hier«, sagte Ulrich. Im Winter würde noch keiner angreifen.

»Du reist ohne Krieger?«, schnappte sie.

»Ich lass' den Küttiger rufen.« Den Winter über wohnte sein bester Krieger in seiner Festung bei seiner Familie. Ungern tat der Küttiger das, und soweit Ulrich im Bilde war, waren Frau und Kind auch froh, wenn der Haudegen wieder mit dem Grafen zog.

Ulrich blickte nochmals zu den Tischen hinüber, konnte Rudolf nicht entdecken. Hoffentlich war er in die Kemenate zu Sohn und Frau gestiegen. Die Oltingerin weilte mit ihrem Kind dauernd in der Kemenate. Ulrich konnte nicht sagen, ob es in der Natur der scheuen Frau lag, sich dort zu verkriechen, oder ob sie neben Richenza auf der Burg keinen Platz hatte. Jedenfalls würden er und Richenza die beiden jetzt in der Kemenate nicht stören.

Müde rieb er sich über die Augen. Jetzt könnte er es sogar vertragen, wenn der Barde eines seiner langen Lieder sang.

❊❊

In der Nacht wurde das Wetter schlechter. Es schneite ununterbrochen. Auch am folgenden Tag. Vom Essraum aus schob Ulrich manchmal den Lederbehang zurück und starrte in die wirbelnden Schneeflocken. Er dachte an den König, der irgendwo dort draußen mit Weib und Kind versuchte, das Gebirge zu bezwingen. Richenza war mürrisch und wortkarg.

Es nagte in ihr, nagte, dass sie hier machtlos in einem Turm saß und rundherum ihre Welt zusammenzubrechen drohte. Ulrich war ruhiger. ‚Wenn die Zeit kommt, muss man zuschlagen', dachte er, besuchte Kaplan Lukas zur Beichte und betete, dass er die Zeit erkenne.

Richenza, die Hände über das Feuer in der Kochnische haltend, schlug vor, Lancelin zu Regulinda und Adelheit zu schicken, um von Gräfin und Herzogin mehr zu erfahren. Ulrich wiegte den Kopf. Beides waren Gattinnen von Verrätern. Andererseits wusste er, dass gerade Adelheit ihrer Familie in der Lombardia treuer war als Rudolf von Rinfelden. Zudem war es Ulrich recht, wenn Lancelin nicht auf der Burg herumlungerte.

Der Barde zupfte seine Laute, sang von einem Ritter Roudland, dessen Geliebte von einem geflügelten Pferd entführt wurde und der anschließend im Liebeswahn Freund, Feind und selbst Bäume erschlug. Ulrich nickte dem Sänger anerkennend zu. Endlich einmal eine Weise, die den verträumten Minnen-Verehrern den Kopf wusch.

Nach dem warmen Haferbrei mit Ziger und Zimt schlug er Richenza eine Partie Schach vor. Sie deutete mit dem Kinn auf Rudolf, der mit den Trostbergern würfelte. Dieser wäre ein gewiefter Schachpartner gewesen. Aber mit Richenza gab es einiges zu besprechen.

Richenza blickte auf die Schachfiguren. Sie spielte unkonzentriert. Seit Graf Arnold gestorben war, hatte der Ehrgeiz sie verlassen, andere zu schlagen. Sie berührte den Turm, nahm ihre Hand wieder weg. Ulrich wartete.

Hinter ihnen kicherte ihr Arnold. Er saß auf Lancelins Schoß, der ihm von Kobolden und ihrem Goldschatz erzählte. Daneben johlten Rudolf – warum besuchte er Gisela so selten in der Kemenate? – und die Trostberger. Fast alle Trostberger, Burkhard fehlte wieder. Am hintersten Tisch saß Trude und stickte, neben ihr standen die Mägde, deren Spindeln in der Luft tanzten. Ulrich blickte wieder aufs Spielbrett. Noch nichts hatte sich getan. Er räusperte sich.

»Der Lenzbach-Bauer hat vier Töchter. Letzthin sah ich zwei im Wald herumstrolchen«, sagte er. Richenza blickte auf, schien nun konzentriert zu sein.

»Vier hübsche Töchter«, ergänzte sie.

»Er wird nicht alle verheiraten können.«

Richenza verschob den Turm, darauf hatte er gewartet und setzte seinen Springer.

Lächelnd blickte sie ihn an. Hatte er etwas übersehen?

»Auf der Burg hat sich noch keine gemeldet, um hier zu arbeiten«, sagte sie und holte seinen Bauern.

»Wir hätten Bedarf für sie, oder?«, fragte er, ihr Turm lag nun frei. Ihr Lächeln wurde breiter. Was sah er nicht?

»Wenn der Lenzbach-Bauer die Erstgeborene verheiratet, werden die anderen sich entschließen, ob sie Magd auf dem Hof oder bei uns werden. Aber der Lenzbach-Bauer hat keine Eile. Solange er sich nicht entscheidet, wer die Erbin bekommt, hält er die jungen Männer auf Freiersfüßen und die helfen ihm, wenn er sie ruft. Diesen Vorteil wird er nicht so schnell aus der Hand geben.«

Ulrich nickte, brummte etwas. War ihr Turm wirklich ungedeckt?

»Oder möchte der Herr Graf eine der hübschen Lenzbach-Töchter hier auf der Burg haben?«, fragte sie.

Erstaunt blickte er hoch. Wie kam sie darauf? Sie sollte doch wissen, dass die Zeiten vorbei waren, in welchen die Welt für ihn aus hübschen Töchtern bestand, die ihm den Kopf verdrehten!

»Sie sollen kommen, wenn sie wollen«, brummte er und holte ihren Turm. Es schien sie nicht zu stören. Schon setzte sie ihren Springer. Er stellte ihr einen Bauern zum Fressen hin.

»Der Trostberger ist wieder weg«, sagte er.

»Er ist bei der Köhlerwitwe.« Sie ließ seinen Bauern stehen und bedrohte seinen Läufer. »Wenn sie es geschickt anstellt, lässt sie sich von ihm schwängern.« Er deckte den Läufer mit seiner Dame. Sie schaute gar nicht aufs Brett: »Burkhard ist der Erstgeborene. Sein Vater will ihn mit einer guten Partie verehelichen und nicht mit einer Köhlerin. Nimm Burkhard zur Seite und bring' ihm das bei.« Richenza schnappte sich den Läufer und er ihren Springer.

Er schüttelte den Kopf. Manchmal war Richenza strenger als alle Schwarzröcke zusammen. Der Trostberger sollte seine Freude mit der Witwe haben. Er selbst war in ihrem Bett gelegen, als sie noch keine Witwe gewesen war, und hatte es genossen. »Wenn Burkhard die Köhlerin schwängert«, erklärte er, »kann der Vater ihr einen seiner anderen Söhne anbieten. Der Zweitgeborene zum Beispiel, der Stotterer mit der Hasenscharte wäre überglücklich, wenn er so ein Prachtsweib bekäme.«

Sie verschob ihren zweiten Turm. Er stockte. Konnte er etwa ihre Königin mit zwei Zügen in die Zange nehmen?

Richenza blickte nicht aufs Brett. »Der Zweitgeborene ist ein hervorragender Krieger. Dann lebt die Köhlerin bei uns auf der Burg«, folgerte sie.

Wusste sie von ihm und der Köhlerin? Ulrich starrte aufs Brett. Und wenn, hier auf der Burg hatte es Platz für eine Köhlerwitwe. Aber wenn Richenza nicht darauf achtete, war sie in vier Zügen schachmatt.

3. Kapitel

Als der Schneefall endlich nachließ, traf der Küttiger bei ihnen ein. Zusammen schwangen sie sich aufs Pferd, Friedbert und Lancelin taten es ihnen gleich.

Der Ritt durch die hohen Schneewehen bis zum Wald verlief zügig. Sie schreckten einzig ein paar Krähen auf. Im Wald konnten sie ausgreifen. Bald schon sahen sie die Aare unter sich glitzern. Der Fluss war nicht gefroren, deswegen würden sie auf Booten durchs Habichsburgerland nach Sickinga reisen. Das Frickgowe nach diesem Schneefall zu durchqueren, wäre selbst für Ulrich, der die Gegend kannte, mühsam gewesen.

Friedbert erklärte sich bereit, die Pferde auf dem zweiten Boot zu betreuen. Er war ein aufgeweckter Jüngling. Sie hatten gut daran getan, aus dem Bastard einen Krieger und nicht nur einen Stallknecht zu machen.

Bald schon kam die Habichsburg in Sicht. Zu Ulrichs wiederkehrender Genugtuung stand sie nicht auf so einem mächtigen Felsen wie die Lenceburg. Er musste jedoch zugeben, dass der Blick vom Fluss hoch zur Burg imposant war. Als frisch Vermählter hatte er ab und zu seinen Schwager besucht, um zusammen zur Jagd zu gehen. Seit Wernher zum Gefolge Herzog Rudolfs gehörte, mied Ulrich den Ort.

Richenza hingegen pflegte zu ihrer Schwägerin Regulinda eine enge Verbindung. Wenn Regulinda ins Kloster Mure reiste, stieg sie auf der Lenceburg ab. Wie oft Richenza einen Ausflug auf die Burg ihrer Eltern machte, wusste er wegen seiner langen Abwesenheiten nicht.

Auf Ulrichs Zunicken setzte sich Lancelin an die Spitze ihrer kleinen Reitergruppe, der Gefolgsmann mit der schönen Stimme weilte in den letzten Jahren öfter dort oben als Ulrich. Friedbert gegenüber schüttelte er den Kopf. Das Banner sollte er noch unten halten. Auch Regulinda überlegte sich wohl in diesen Zeiten, ob Lenceburg Freund oder Feind sei. Der Anstieg war nicht so steil wie auf die Lenceburg. Die beiden neuen Türme waren schon bald zu sehen, auch der Palisadenwall. Wernher hatte ihn vor wenigen Jahren verstärken lassen. Hatte er geahnt, dass über ihre Länder bald Zwist hereinbrechen würde?

Oben stand ein Torflügel offen, der Meier erwartete sie. Das steinerne Wohnhaus thronte in seinem Rücken. Es war ansehnlicher als ihr Wohnturm auf der Lenceburg – das ließ Richenza immer mal wieder durchblicken. Der Hochmut der Habichsburger, befand Ulrich, mit ihren verstreuten Ländereien waren sie nie so mächtig wie sein Haus.

»Graf Wernher ist abwesend«, beeilte sich der Meier zu melden und hoffte wohl, dass sie gleich ihre Pferde wenden würden. Aber Ulrich und sein Gefolge ritten an ihm vorbei in den Hof und schwangen sich aus den Sätteln.

»Wir wollen der Gräfin einen Besuch abstatten«, erklärte er. Der Meier wurde verlegen.

»Ist die Gräfin unpässlich?«, fragte Ulrich. Der Meier schüttelte den Kopf, blieb aber immer noch starr und steif stehen. Ulrich warf einen Blick zu Lancelin hinüber. Vielleicht sollte der das Gespräch übernehmen. Da trat ein Jüngling aus dem Palas. Lancelin eilte auf ihn zu, verbeugte sich vor ihm und stellte ihm Ulrich vor. Es war Albrecht, der Erstgeborene. Begleitete dieser nicht den Vater? Albrecht wurde in den Palas zurückgeschickt, um der Mutter die Ankunft des Grafen zu melden. Nun erwachte auch der Meier, rief einigen Knechten, sie sollten die Pferde versorgen. Dann blieb er hilflos stehen. Sie schienen auf der Burg nicht oft Besuch zu haben.

Ulrichs Füße wurden immer kälter, bald würden sie hier im Hof anfrieren. Endlich erschien Albrecht wieder und bat die Herren herein.

Im Saal war es düster und kalt. Zwei Mägde versuchten, ein Feuer zu entfachen. Am erhöhten Tisch saß Regulinda, dick in Felle gehüllt. Neben ihr stand ein Junge, es musste Otto, ihr Zweitgeborener, sein. Ulrich wusste noch von einer Tochter, doch die war nirgends zu sehen.

Er verbeugte sich, begrüßte Gräfin und Sohn und bestellte Grüße von seiner Gattin.

»Der Herr Schwager lässt sich auch einmal blicken«, antwortete Regulinda, und Ulrich überlegte sich, ob sie nicht besser auf der Stelle kehrtmachen und draußen im Schnee übernachten sollten. Da erhellte sich der Gräfin Gesicht. Sie hatte Lancelin entdeckt, mit einer Handbewegung lud sie die Mannen ein, sich zu setzen. Ulrich deutete Lancelin an, sich als Bote zur Gräfin zu gesellen. Dieser erkundigte sich über dies und das, machte der Gräfin Komplimente und diese kicherte wie ein junges Mädchen. Ulrich wäre lieber am unteren Tisch beim Küttiger und Friedbert gesessen. Noch immer hatten sie keinen warmen Wein bekommen. Da brachte Lancelin das Gespräch auf Wernher, und die Gräfin wurde wieder bitter. Sie wisse nichts von ihm, nichts vom Rinfeldner und schon gar nichts vom König. Des Küttigers Blick traf den von Ulrich. Außer einer warmen Nacht würden sie hier wohl nichts erhalten. Wenigstens eilte nun eine Magd mit einem dampfenden Krug herbei. Ab und zu richtete Ulrich sein Wort an Albrecht, aber der blieb stumm. Ob aus Scheu oder aus Vorsicht, das konnte Ulrich nicht beantworten. Vor langer Zeit hatte er Wernher halbherzig angeboten, Albrecht auf der Lenceburg auszubilden und ihm im Gegenzug einen eigenen Sohn zu schicken. Wernher hatte eine Ausrede gefunden, und beide waren froh gewesen. Ulrich nahm einen großen Schluck. Fleisch würde es wohl auch nicht geben, wenn der Graf der Lenceburg zu Besuch kam.

Langsam füllte sich der Saal. Knechte und Mägde traten herein und setzten sich an die unteren Tische. Ulrich fragte sich, ob es Dummheit oder Hass auf seine Gattin war, dass Wernher die Burg in solchen Zeiten nicht mit mehr Kriegern schützte.

Lancelin schlug vor, ein paar Lieder zu singen. Regulinda stimmte ihm begeistert zu. Selbst Ulrich war froh um etwas Unterhaltung. Eine Laute wurde gebracht, und Lancelin schlug sie an. Wenigstens traf er den Ton und hatte eine volle Stimme. Er sang von Ritter Routland, leider nicht, wie ihn die Minne in den Wahn trieb, sondern von seinen unglaublichen Heldentaten gegen die Heiden. Regulindas Gesicht wurde weich und fast hold anzuschauen.

Schüsseln mit dampfendem Brei wurde aufgetischt. Ulrich konnte darin ein paar Hühnerknochen entdecken. Er rutschte näher zur Gräfin.

»Wie geht es Eurem Bruder?«, fragte er. Sie zuckte unmerklich zusammen, aber ihr Gesicht blieb weich. Denn wenn sie nichts vom Gatten wusste, so wusste sie sicherlich etwas von ihrer Familie. Regulinda war eine Nellenburgerin, papsttreu. Zwei Brüder waren im Norden gegen die Sachsen gefallen. Ein Grund mehr, den König zu hassen, der, wie die Papstreuen behaupteten, den Krieg dort angezettelt habe.

»Er wartet immer noch auf einen Erben«, antwortete sie. Ulrich nickte mitfühlend. Auch wenn der Nellenburger auf der falschen Seite stand. Kein Erbe und beide Brüder gefallen – das war ein schweres Schicksal.

»Der Vater«, sie setzte ab. Ulrich wartete, endlich waren sie am Punkt. Regulindas Vater war Bischof von Trier. Er sollte mit anderen Bischöfen an Lichtmess über den König urteilen. Aber Lichtmess stand vor der Tür, und der König stand hoffentlich in Canossa vor dem Papst.

»Vater will zwischen König und Papst vermitteln. Es muss doch einen Weg geben!«, sagte Regulinda. Ulrich nickte ihr zu. Es gab einen Weg, den Weg des Königs. Aber das sagte er Regulinda nicht.

Lancelin hatte die Laute abgesetzt. Albrecht klatsche verhalten. Schon schlug der Bote die nächsten Töne an.

»Reist Euer Vater nach Canossa?«, fragte Ulrich nach.

»Nein. Der Papst hat einen Legaten nach Foracheim geschickt. Vater reist dorthin.«

Ulrich wusste nicht, wo genau Foracheim lag. Doch es befand sich im Einflussgebiet des Welfen, eines abtrünnigen Herzogs.

»Und was sucht ein päpstlicher Gesandter in Foracheim?«, fragte er und hätte gerne ergänzt, dass der König zum Papst gereist sei und dieser keine Legaten mehr aussenden müsse. Regulinda zuckte mit den Schultern.

»Bernhard von Marseille – der Legat«, ergänzte sie, »ist ein schweigsamer Mann.«

»Warum wisst Ihr das?«

Regulinda lächelte verhalten. »Vor dem großen Schneefall klopfte er hier ans Tor und blieb über Nacht.«

Ulrich verschlug es die Sprache. Wenn der Legat hier vorbeigereist war, dann hatte er auch sein Land durchquert und er, der Lenceburger, hatte nichts erfahren!

»Wer begleitete den Legaten auch noch?«, stotterte er. Regulinda lächelte, hob ihren Kelch und nahm einen Schluck.

4. Kapitel

»Nur ein Mönch, zwei oder drei Krieger und ein Wilhelm von Hirsau«, sagte Lancelin, die Nase gerötet vom kalten Fahrtwind. Sie saßen im Boot, die Pferde waren in den zwei hinteren untergebracht. Ulrich zog seinen Umhang enger um sich. Wenig Begleitung für einen päpstlichen Legaten? Seltsam.

Lancelin würde sie gegen Mittag verlassen und seinen Weg zur Herzogin einschlagen, um dort zu singen und Adelheit zum Sprechen zu bringen. Regulinda war formbar wie Wachs in seinen Händen gewesen. Ulrich musste zugeben, dass er den Boten unterschätzt hatte. Trotzdem vergaß Ulrich nicht, wie der Gecke seine Frau anblickte. Im Gegensatz dazu war einfach zu erkennen, wie der mit der Nellenburgerin nur tändelte.

Am Abend würden sie in Sickinga ankommen. Dort hoffte er mehr über den König und diesen Legaten zu erfahren.

Er warf einen Blick zum Küttiger hinüber. Aber dieser blickte nur gedankenverloren übers Wasser. Nie sprachen sie über die Politik der Oberen. Der Küttiger hatte ein gutes Auge für die Stimmung auf dem Richtplatz und für gute Krieger. Er tat, was man ihm befahl. Gerne hätte Ulrich mit Richenza über diesen seltsamen Legaten gesprochen. Oder konnte er …? Nein! Lancelin würde er sich jetzt sicherlich nicht anvertrauen!

⁂

Äbtissin Luitgard war eine Frau, deren Gesichtsausdruck andeutete, das Leben habe es nicht gut mit ihr gemeint. Ulrich musste zugeben, dass er nicht gerne mit ihr am gleichen

Tisch saß. Sein Bruder hatte es mit der letzten Äbtissin deutlich einfacher gehabt.

»Die Ratten«, sagte Luitgard, »ich höre in der Nacht, wie sie unsere Vorräte wegfressen.«

Ulrich überlegte sich, ob er der Äbtissin nochmals in aller Klarheit begreiflich machen sollte, dass er als Graf nicht für die Ratten des Klosters verantwortlich war.

»Habt Ihr Nachricht aus dem Norden?«, fragte er hingegen nochmals. Luitgard verzog das Gesicht noch mehr.

»Nichts«, sagte sie etwas spitz. »König und Herzöge tun ja, was sie wollen. Alles gottlose Geschöpfe! Einzig von Hirsau haben wir Kunde.«

Sie erhob sich und ging zur Truhe hinüber, wo mehrere Pergamentrollen lagen. Nach einigem Hin- und Herschieben brachte sie ihm ein Dokument.

Ulrich faltete es sorgfältig auseinander, musterte die Minuskeln. Der Schreiber hatte sich Mühe gegeben, obwohl das Pergament alt und schon ab und zu abgeschabt worden war. Er erinnerte sich, dass Luitgard ihm gleich nach ihrer Wahl auch ein solches Päckchen überreicht hatte. Anfänglich hatte es ihn noch verwundert, dass sie ihm persönliche Briefe gegeben hatte. Nun vermutete er, dass sie ihn anfänglich damit hatte bloßstellen wollen. Luitgard hatte angenommen, dass er weder des Lesens noch des Lateins kundig war und ihr das Pergament verschämt zurückgeben würde. Aber die Chorherren in Meuschter hatten ihm beides unter Schlägen beigebracht. Und obwohl er seither nie mehr einen Griffel in der Hand gehalten hatte – Briefe entziffern, das konnte er noch allenthalben. Luitgard hatte dies zur Kenntnis nehmen müssen, und um ihre ursprüngliche Absicht zu verbergen, hielt sie wohl daran fest, ihm ihre Korrespondenz zu offenbaren.

Wilhelm von Hirsau grüßte darin die Äbtissin und kam unverzüglich zum Punkt: Die drei mächtigsten Herzöge im

Reich, Welf, Rudolf und der Zähringer Berchtold trafen sich in Foracheim, um dort einen Gegenkönig zu wählen. Die Wahl stand unter dem Segen des Papstes, dessen Legat er, von Hirsau, nach Foracheim begleite. Als Reichsfürstin sei die Äbtissin eingeladen, die Wahl mit ihrer Unterschrift zu bezeugen.

Gerne hätte Ulrich das Pergament ins Feuer geschleudert. Die drei Verräter warteten nicht ab. Sie handelten mit dem Segen des falschen Papstes! Aufgebracht blickte er zur Äbtissin, die hier vor ihm saß und nicht in Foracheim. Zum ersten Mal gefiel ihm ihr verbissener Gesichtsausdruck.

»Wir haben Kunde bekommen, dass König Heinrich den Papst in Canossa um Gnade anfleht. Solange der Papst mit dem König verhandelt, unterstützen wir die Wahl eines neuen Königs nicht«, sagte sie. Ulrich lobte ihren weisen Entscheid und überlegte sich, wer nach Foracheim gereist war? Vorsichtig fragte er nach. Luitgard ließ sich nicht dazu herab, ihm Namen zu nennen. Gerne ließ sie ihn spüren, dass die Lenceburger zwar die Schutzherren von Sickinga waren, dass sie Zölle und Zinsen für die Damen eintreiben mussten, dass die Äbtissin als Kurfürstin aber haushoch über dem Grafen stand. Ulrich ließ sie meistens gewähren.

»Hat der Papst dem König in Canossa verziehen? Nahm er den Kirchenbann von seinen Schultern?«, fragte er. »Dürfen gläubige Christen dem König wieder dienen?«, doppelte er nach.

Luitgard gab zu, dass sie davon zu wenig wisse. Man müsse abwarten, König Heinrich weile noch beim Papst und werde geprüft. Jetzt im Winter komme nur wenig Kunde über die Alpen.

Ulrich spürte, wie es in seinen Füßen kribbelte. Genug Zeit für die Herzöge, einen neuen König zu wählen. Genug Zeit, ein Heer aufzustellen und die Papsttreuen auf ihre Seite zu ziehen.

»Wie steht der Papst zur Wahl in Foracheim?«, fragte er beiläufig. Luitgard musterte ihn, überlegte sich wohl, ob er eine Antwort wert sei.

»Sein Legat beaufsichtigt die Wahl«, sagte sie schließlich. »Der wird dem Papst darüber Kunde bringen.«

»Ein Legat«, echote Ulrich, um mehr zu erfahren. Luitgard ließ sich jedoch nicht darauf ein.

Der Papst verhandelte mit König Heinrich in Canossa und redete gleichzeitig bei der Wahl des Gegenkönigs mit! Die Herzöge würden versuchen, den Papst auf ihre Seite zu ziehen. Ohne die Unterstützung des Papstes galt ihre Wahl nicht. Deswegen würden sie auf alle seine Forderungen eingehen: Zölibat, keine Simonie mehr und all diese ungehörigen Dinge. Und was bedeutete das? Dann wäre der Adel der Kirche Untertan, der König eine Marionette, und Rudolf würde Lenceburg alle Ländereien entreißen.

»Bernhard von Marseille, der Legat, wird vom Papst einen genauen Forderungskatalog bekommen haben«, nahm Luitgard den Faden wieder auf. »Er weilt noch im Kloster Hirsau, bevor er nach Foracheim weiterzieht.«

Ulrich nickte der Äbtissin zu. So viel hatte er sich selber ausgedacht. Zudem war ihm eingefallen, in welchem Zusammenhang er den Namen Wilhelm von Hirsau aufgeschnappt hatte. Das war dieser Abt, der sich gegen die Grafen von Calw aufgelehnt hatte: Diese hatten das Kloster Hirsau gegründet. Nun sollten sie ihm nur noch als Schutzvögte dienen und das Kloster habe reichsfrei zu sein. Da wusste man gleich, woher der Wind wehte.

Und Ulrich beschäftigte noch etwas anders: Der Legat hätte von Canossa aus genauso gut durch Kärnten, das Stammland des Zähringers, nach Foracheim reisen können. Aber dem Namen nach war er ein Burgunder, der wohl lieber durchs Burgund und durch das Stammland von Herzog Rudolf reiste. Hatte dies etwas zu bedeuten?

Da kamen ihm die Ratten, die alle Vorräte fraßen, gerade recht. Er würde etwas länger in Sickinga weilen, als angenommen.

⁂

Nach dem Mahl saß Ulrich aufrecht auf seiner Bettstatt in der dunklen Kammer. Friedbert schnarchte in ein Fell gehüllt neben ihm. Der Küttiger nächtigte bei den Klosterwächtern. Ulrich schlief nicht.

Er faltete seine Hände. Er sollte zur Beichte gehen. Aber der Priester hier war geschwätziger als eine Elster.

Der König hatte sein eigenes Leben und das seiner Familie aufs Spiel gesetzt, um im Winter über die Alpen zum Papst zu gelangen. Nun wurde er verraten.

Obwohl Ulrich gewusst hatte, dass ein Krieg bevorstand, traf ihn die Wahrheit wie ein Schlag. Sobald der König zurückkehrte, musste die Ordnung wieder hergestellt werden – nur sie garantierte Frieden.

Er, Ulrich, würde dabei sein. Die Grafen von Lenceburg kannten ihren Platz. Graf Arnold, sein Vater, sein Großvater – es war Ulrich, als würden sie alle vor ihm in der Kammer stehen und nicht in der Gruft in Meuschter liegen. Sie alle hatten dem König treu gedient.

Und er?

Denn da war etwas, was ihn quälte. Worüber er sprechen musste und nicht wusste mit wem: Wenn er mit dem Schwert für die göttliche Ordnung eintrat, durfte er sie selbst missachten?

In der Dunkelheit suchte sein Blick den Ort, wo sein Schwert hing. Durfte er dieses gegen einen päpstlichen Legaten richten? Einen Amtsinhaber, der über ihm stand?

Er spürte die Unruhe in sich. Gerne wäre er aufgestanden und in die kalte Winterluft hinausgetreten. Die warme Felldecke hielt ihn zurück.

König Heinrich war dabei, sich mit dem Papst zu versöhnen. Wenn Ulrich nun den Legaten behinderte, handelte er gegen den Willen von König und Papst. Andererseits verhandelte der Papst mit den verräterischen Herzögen, stärkte ihren Rücken.

Ulrich fuhr sich durchs Haar, legte dann seine hitzigen Hände auf die bärtigen Wangen.

Wie nahe fühlte er sich nun Richenza, wie sie sich daran gestörte hatte, als der König die Scheidung verlangt und den Bund der Ehe mit den Füßen getreten hatte. Sie hatte eingegriffen. Gott hatte ihnen deswegen die Tochter genommen. War dies nicht Zeichen genug, sich von den Händeln der Mächtigen fernzuhalten?

Gerne wäre Ulrich nun in Meuschter gestanden, in der Gruft seiner Familie, hätte dort gebetet und um Rat gefragt.

Sein Bruder Arnold hätte ihm weisen Rat gegeben. Doch anstatt seines Bruders sah Ulrich seinen verlorenen Sohn Arnold vor sich. Mit einer raschen Handbewegung versuchte er, das Bild zur Seite zu schieben. Doch Arnold blieb da, war fast physisch anwesend. Ulrich zog seine Beine an und krümmte sich wie ein Embryo zusammen. Heiß überlief es ihn, dass gerade sein Erstgeborener, an dem er sich so oft gestört hatte, jetzt ein guter Berater gewesen wäre. Weil er anders handelte, weil er besonnen war. Arnold wäre ein guter Graf geworden.

Ulrich biss in seine Faust, um den Schmerz zu spüren, den er nicht aushielt. Erst als er nicht mehr zitterte, löste er den Biss und wischte sich den Speichel vom Mundwinkel. Erschöpft legte er sich hin, lauschte Friedberts Schnarchen. Er wollte einen Legaten bekämpfen und landete im Sumpf seiner eigenen Familie!

Tat er seinem Rudolf Unrecht, weil er an dessen Stelle Arnold herbeiwünschte?

Seinem getriebenen Sohn, der zu gerne sein Schwert zog. Rudolf war treu und befolgte, was man ihm sagte. Er war ein Krieger. Aber er war kein Berater.

Was würde Arnold raten?

Durfte er, Ulrich, ohne des Königs Befehl einen Legaten bedrohen, der hoch über einem Grafen stand?

Ulrich starrte in die Dunkelheit. Seine Hand tastete nach dem Siegelring, strich darüber. Königstreu. Er hatte dem König Treue geschworen. Nun drohte dem König Gefahr. Lenceburgs Schicksal lag in Gottes Händen. Es gab unzählige Wege, wie ein Bote von Foracheim nach Canossa zurückreisen konnte. Wenn Gott auf Ulrichs Seite stand, würde er ihm ein Zeichen senden. Er musste vertrauen. Er musste auf Gott vertrauen.

❊❊

»Wir müssen Augen und Ohren offenhalten. Der Legat soll nicht nochmals unbemerkt durch Lenceburgs Lande reisen.«

Der Küttiger nickte über einen Krug Bier gebeugt.

Einen wie Lancelin bräuchten sie, dachte Ulrich, der herumritt und hübschen Edelfrauen die Neuigkeiten aus der Nase zog. Der Küttiger war der Einzige, den Ulrich einweihte. Er hatte Ulrich Treue geschworen. Dafür nahm sein Dienstmann ein paar Jahrzehnte Fegefeuer auf sich.

Der Küttiger blühte auf, wenn er im Kampf breitbeinig in der vordersten Reihe das Schwert schwingen konnte. Das war teilweise unangenehm, wenn Ulrich ihn nicht dort hinstellte. Dabei war der Küttiger ein schlauer Kopf und hätte nicht immer Grund, sich im Gefecht ins dichteste Gewühl zu werfen.

Des Küttigers Bruder schaute unterdessen zu Haus und Hof, und was das Weib des Küttigers machte, das wusste so genau niemand. Er selbst wohl am allerwenigsten.

Unterdessen war es wärmer geworden. Der Schnee war schwer und matschig. Die Fastenzeit hatte begonnen. Genau jetzt, wo sie in einem Kloster mit gefüllten Speichern weilten.

Man hatte nichts mehr vernommen, was in der weiten Welt geschah. Weder aus dem Süden noch aus dem Norden. Es gab genug Bittsteller, die Ulrich die Zeit im Kloster verkürzten. Empörte, die andere des Wilderns bezichtigten oder sogar behaupteten, Grenzsteine seien versetzt worden. Ab und zu getraute sich einer der Bauern, über die Gier der Edelfrauen zu klagen. Ulrich versprach der Sache nachzugehen und wusste, dass Luitgard nicht anzutasten war.

Neben der Richterei gab es wenig zu tun. Das Kloster hortete guten Wein und besten Ziger. Ulrich wusste nicht, weswegen sich die Äbtissin um die Vorräte Sorgen machte. Um sie zu besänftigen, verbreitete er die Kunde, dass das Kloster einen Rattenfänger suche.

Ulrich blieb unruhig, wartete auf eine Nachricht aus Foracheim. Bald würde man sich fragen, warum er noch hier weile, reiste er sonst im Frühling nach Meuschter, um dort zum Rechten zu sehen. Erst recht dieses Jahr, wo er versprochen hatte, den kleinen Arnold in die Stiftsschule zu bringen.

Der Bote aus Turecum überrumpelte ihn deswegen. Der Probst des Großmünsters bat um eine Unterredung. Sollte der doch mit dem Nellenburger reden! Der war Schutzvogt der Stadt. Da klingelte es in Ulrichs Ohren. Wenn Regulindas Vater in Foracheim saß, saß dessen Sohn vielleicht eher an der Nachrichten-Quelle als die Äbtissin hier in Sickinga.

Tags darauf brach er auf. Luitgard strahlte, als er aufs Pferd stieg. Beim Abschied war er froh, dass seine Ida wenigstens nie unter der Fuchtel dieser Frau hatte stehen müssen.

5. Kapitel

»Es herrschen unruhige Zeiten. König und Papst …« Der Probst des Großmünsters verschränkte seine Hände und blickte Ulrich an, als würde der Graf das Wort übernehmen. Ulrich nickte ihm zu. Um zu erfahren, dass unruhige Zeiten herrschten, dafür war er nicht nach Turecum geritten.

Der Probst öffnete den Mund, holte tief Luft, schloss ihn wieder. Ulrich kannte ihn als bedachten und weitsichtigen Mann. In Turecum war er Ulrichs Beichtvater. Für Friedbert hatte der Probst zwei Gulden verlangt und Ulrich den Bastard verziehen. Auch dafür, dass Ulrich aus dem Glarnerland zu viel Ziger für sich behielt, bekam er die Absolution, solange etwas Ziger in Turecum blieb.

Üblicherweise mussten sie beide keine fünf Sätze wechseln, um sich zu verständigen. Dass der Mann nun sprachlos war, verwunderte ihn. Der Probst hatte sich sicherlich im Voraus die Worte zurechtgelegt.

»Wir haben Lenceburgs Recht und Schutz immer sehr geschätzt«, sagte der Probst endlich, was Ulrich höchst beunruhigte. Wieder blickte der Probst ihn an, als wäre er froh, dass der Graf endlich das Wort an sich nähme. Ulrich räusperte sich. Der Probst reckte sich, als würde schon jetzt eine Last von seinen Schultern fallen.

Wenn es Krieg gab, würde Turecum auf der Seite der Nellenburger kämpfen. Ulrich durfte die Stadt nicht mehr betreten und das Münster stand ohne Schutzherren da. Wenn es Krieg gab, waren alle Ländereien des Münsters um die Stadt herum in Gefahr. War es das, was der Probst bereden wollte?

»Lenceburg kann Euch keine Krieger überlassen«, sagte er ins Blaue hinaus und bemerkte, wie sich die Züge des Probsts anspannten. »Ihr habt genug eigene Ministerialen für

Eure Verteidigung. Wenn uns die Umstände abhalten, für das Münster Blutgericht oder Vergeltung zu üben …« Ulrich brach ab, der Probst hatte sich vorgelehnt, »… wird Lenceburg Euch nicht strafen, wenn Ihr Nellenburg in dieser Zeit um Hilfe bittet.« Der Probst konnte seine Erleichterung nicht verbergen.

Nun war es an Ulrich, seine Worte vorsichtig zu wählen: »Im Gegenzug benötige ich von Euch einige Kunde.«

Im Taumel seiner Freude nickte der Probst eifrig.

⁂

Ulrich verzog den Mund. Der Verwalter des Lenceburger Hauses in Turecum nahm die Fastenzeit etwas zu ernst. In den faden Getreidebrei hätten mehr Salz, etwas Honig oder Zimt gerührt werden können. Friedbert neben ihm verschlang den Brei ungerührt.

»Der alte Nellenburger und Wilhelm von Hirsau weilen in Foracheim«, wandte Ulrich sich an den Küttiger. »Diese werden den Legaten drängen, auf seiner Rückreise wieder durch ihre Lande und somit auch durchs Burgund zu ziehen. Das Großmünster hat Ländereien im Norden. Sie werden uns mitteilen, wenn ein Legat dort durchreist.«

Der Küttiger nickte, die Stirn gefurcht. Er traute keinem Kirchenmann, diesbezüglich war er noch schlimmer als Richenza.

»Der Probst nimmt an«, ergänzte Ulrich deswegen, »dass es mir ein Anliegen sei, den Legaten sicher durch meine Lande ins Burgund zu führen.«

Der Küttiger wiegte den Kopf. Lenceburg galt als königstreu, das wusste hier jeder. Aber Ulrich war Schutzvogt von mehreren Klöstern und Kirchen. Warum sollte jemand seine Intention, den Legaten zu schützen, anzweifeln?

»Ich war beim Juden«, wechselte der Küttiger das Thema. »Gräfin Richenza lässt Euch über ihn ausrichten, dass Lancelin Herzogin Adelheit auf der Hohentwiel nicht antraf. Er ritt ins Burgund, um sie zu suchen.« Ulrich fuhr sich durch den Bart. Wenn die Herzogin im Burgund weilte, wusste sie kaum mehr als er. Es sei denn, sie war gar nicht dort, sondern in Foracheim bei ihrem Gatten.

»Sollen wir die Trostberger nach Turecum kommen lassen?«, fragte der Küttiger. Ulrich schüttelte den Kopf. Üblicherweise reiste er mit einer größeren Gefolgschaft. Aber er wollte im papsttreuen Turecum niemanden mit einer Kriegerschar vor den Kopf stoßen. Zudem zog er es vor, nicht zu viele Leute aus seiner Gefolgschaft in die Sache hineinzuziehen. Im Frickgowe ballten sich wieder wilde Horden zusammen. Er blickte den Küttiger an und nickte zu Friedbert hinüber. Vielleicht war es an der Zeit, den Räubern dort sinnvolle Arbeit zu geben.

⁂

»Der Bäcker in der Münstergasse wird beschuldigt, seine Brote zu leicht zu backen.« Der Probst verschob seinen Bauern. Ulrich hörte ihm nur mit halbem Ohr zu. Der Probst war ein guter Schachspieler und verstand es vorzüglich, ihn vom Spiel abzulenken: Weder war er Schutzvogt über die Handwerker der Stadt, noch war das Blutgericht für falsches Abwiegen verantwortlich. Ulrich stellte den Läufer vor den Bauern. Jetzt musste der Probst handeln.

»Wie würdet Ihr über den Bäcker urteilen?«, fragte der Probst. Ulrich winkte ab. Der Probst zog den Turm. Ulrich jubelte innerlich, hatte der Geistliche seine Zange nicht gesehen?

»Der Regensberger hat um ein paar Mönche gebeten«, wechselte der Probst das Thema. »Im Dorf unten seien die Leute herumgetaumelt. Sie hätten geschrien, sie sähen den Himmel und die Mutter Maria.«

»Haben sie Roggen gefressen?«

Der Probst stockte. »Was hat das mit einer Muttergottes-Erscheinung zu tun?«

Ulrich holte mit seinem Springer den Turm. Er erinnerte sich noch gut an den Vorfall im Seetal, wo eine ganze Sippe die Engel hatte singen hören und krank darnieder gelegen war. Der böse Geist im Roggen. Daraufhin hatten sie den Roggen verbrannt. Seither hatte in den Lenceburger Landen keiner mehr weder Engel noch die Muttergottes gesehen.

»Im Roggen sitzt ein böser Geist«, sagte Ulrich. Da fuhr es heiß seinen Rücken hinunter. Seine Königin war ungedeckt. Wie hatte er das nur übersehen können! Der Probst griff mit dem Läufer an. Ulrichs Blick flog von einer Spielfigur zur anderen. In drei Zügen war er schachmatt! Er musste den Läufer holen, damit stand seine Königin genau in der Falle. Es sollte doch einen Ausweg geben! Wenn er den König verschob, aber das würde weder diesen noch die Königin retten. Schon am Tag zuvor hatte er gegen den Probst verloren. Wenigstens erinnerte sich der in seiner Siegesserie nicht daran, dass er sich während der Fastenzeit von jeglichem Spiel fernhalten solle.

Da hämmerte jemand an die Tür. Der Probst brummte etwas und rief: »Herein!« Ein Kaplan stolperte in den Raum, stotterte eine Entschuldigung. Seine Augen flackerten unsicher zwischen Grafen und Probst hin und her. Mit einer Handbewegung forderte der Probst ihn zum Sprechen auf. Zu Ulrichs Gefallen versuchte er auf keine Weise, ihr Spiel zu verbergen.

»Burchhard von Nellenburg ist unterwegs nach Turecum«, haspelte der Kaplan. »Der päpstliche Bote begleitet ihn.«

Der Probst nickte anerkennend, fragte nach, von wem er dies erfahren habe, wer mit dem Nellenburger sonst noch unterwegs sei und wann er erwartet werde. Der Kaplan verhaspelte sich beim Antworten. Der Probst nickte bedächtig. Bevor er den Boten entließ, hob Ulrich die Hand.

»Gibt es Gerede darüber, was in Foracheim beschlossen wurde?«, fragte er. Der Kaplan schüttelte den Kopf. Ulrich blickte auf seine gefährdete Königin. Üblicherweise reisten Gerüchte über solche Treffen schneller in alle Ecken des Reichs als die Teilnehmer.

»Der Legat wird in der Pfalz wohnen und bei der Äbtissin vorbeischauen«, erklärte der Probst, als der Kaplan den Raum verlassen hatte.

Ulrich nickte ihm zu. Obwohl das Chorherrenstift des Großmünsters mehr Amtsbrüder hatte, bestimmte die Äbtissin auf der anderen Flussseite über das Münzrecht und den Vogt und besaß somit die Macht über die Stadt. Ein Stachel im Fleisch des Probstes.

»Ich werde der hohen Frau einen Besuch abstatten«, sagte Ulrich. Der Probst verzog das Gesicht, als habe er auf ein Pfefferkorn gebissen. Ulrich sah darüber hinweg. Im Vergleich zu Luitgard aus Sickinga war die Äbtissin hier ein schnurrendes Kätzchen. Er holte mit seiner Königin den Läufer und stellte sie damit in das vom Probst vorbereitete Schlangennest.

»Die Äbtissin unterhält ein freundschaftliches Verhältnis zu Adelheid von Turin«, sagte der Probst, als er Ulrichs Königin einsackte. »Sie sind entfernte Verwandte.«

Adelheid von Turin? Ulrich schaute erstaunt auf. Die Schwiegermutter des Königs. Sie hasste diesen, da er einst ihre Tochter hatte verstoßen wollen. Aber es hieß, sie habe den König nach Canossa begleitet. Anscheinend hasste sie den falschen Mönch Hildebrand, der sich Papst nannte, noch mehr.

»Adelheid von Turin scheint mit den Reformen des Papstes nicht einverstanden zu sein«, sagte Ulrich und stellte seinen Turm als Schutz vor den König. Dass die Markgräfin ihren ungeliebten Schwiegersohn unterstützte, um ihrer Tochter zu helfen, musste er dem Probst nicht erklären.

»So ist es«, sagte der Probst und schlug den Turm. »Schach.«

Ulrich nickte ihm anerkennend zu. Die Äbtissin unterstand einem papstreuen Schutzvogt und einem papsttreuen Bischof. Sie würde ihre Meinung öffentlich nicht kundtun. Aber wenn er mit den richtigen Worten an sie herantrat, würde sie ihn eventuell mit dem Legaten an derselben Tafel verköstigen. Er verschob seinen König im Wissen, dass es nichts nützte.

»Matt!« Der Probst strahlte. Ulrich gratulierte ihm.

6. Kapitel

Bernhard von Marseille, der Legat, reise mit einem Mönch und ein paar Kriegsknechten, berichtete der Küttiger. Den Fellumhang behielt er noch an. Der Verwalter wollte in der Fastenzeit nicht nur an Essen, sondern auch an Kohle sparen. Ulrich hatte ihn in den Kohlekeller gejagt, mit der Drohung, ihn zu ersetzen, wenn das Feuer nochmals ausgehe.

Er kontrollierte mit klammen Händen sein Übergewand, zupfte die Ärmel seines Unterhemdes zurecht. Sonst half ihm ein Knappe oder eine Magd beim Ankleiden, aber diesmal wollte er sich allein mit dem Küttiger unterhalten.

»Zehn gute Krieger und die Sache geht problemlos vonstatten. Friedbert sucht schon schweigsame Haudegen«, fuhr der Küttiger fort. Ulrich nickte ihm zu. Sie nahmen beide an, dass Nellenburg den Legaten nicht bis Solodoro begleiten würde. Nellenburg hatte im Burgund keine Besitztümer, wenn sie mit ihren Kriegern dort auftauchten, könnte das Oltingen und andere Edelleute vor den Kopf stoßen. Aber man konnte nie wissen.

»Wir handeln wie abgesprochen«, sagte er. Der Küttiger lachte, schien immer mehr Freude an der Sache zu bekommen.

Ulrichs Überrock in den Farben der Lenceburger passte nicht zu seinem Beinkleid. Wenigstens hatte ihm Friedbert vom Schuster neue Stiefel besorgt, weil die alten schon Löcher bekamen.

Ulrich bereute zum wiederholten Male, dass er keinen Knappen zur Seite hatte. Doch wer hätte wissen können, dass sich seine Reise nach Sickinga so in die Länge ziehen würde?

Er band den Gurt mit Schwert um und nickte dem Küttiger zu. Dieser hielt ihm den Fellumhang hin, dann verließen sie das Haus. Sie mussten nur die Brücke überqueren, um zu den hohen Frauen zu gelangen.

Bevor Ulrich auf deren Planken trat, stockte er. Er hatte am Ufer eine bekannte Gestalt entdeckt. War das nicht die Freifrau von Eschibach? Als hätte sie seinen Blick bemerkt, wandte sich die Frau um. Sie legte dem Jungen vor sich die Hand auf die Schultern und schob ihn an den Fischern vorbei in eine Gasse. Sie war es also. Ulrich blieb stehen.

Sie war zwar Witwe und Freifrau. Doch es war seltsam, dass sie hier in Turecum weilte. Als Dienstherr hätte er ihr befehlen können, auf ihren Hof zurückzukehren. Der Küttiger wandte sich zu ihm um. Ulrich setzte sich wieder in Bewegung. Er war sich sicher, dass die Frau ihn erkannt hatte. Dass sie sich eben aus dem Staub gemacht hatte, hieß nichts Gutes. Sie schien sich in einer papsttreuen Stadt sicherer zu fühlen als auf seinem Land. Hoffentlich hatte sie den Meier im Gut zurückgelassen. An Pfingsten hielt Ulrich Hoftag, da würde sich zeigen, wer noch für Lenceburg zu kämpfen bereit war.

Er würde der Frau nicht nachrennen. Er hatte ihr das Gut überlassen, weil sie einen Sohn hatte. Aber wenn es nun leer stand, musste er sich überlegen, an wen er es vergab. Richenza würde Lancelin, den zweitgeborenen Eschibacher, nur ungern ziehen lassen. Und er hatte noch ein geringeres Interesse daran. Lancelin konnte vielleicht den Gräfinnen Honig um den Mund schmieren. Aber als Dienstherr eines so großen Gutes wollte Ulrich den Ritter nicht einsetzen.

⁂

Obwohl es länger hell blieb, brannten mehrere Kerzen im Saal. Der Umhang der Äbtissin glitzerte von den vielen hineingestickten Edelsteinen.

Burchhard von Nellenburg verbeugte sich vor Ulrich. Dieser achtete darauf, sich tiefer zu verbeugen. Er war nur Schutzvogt des Großmünsters, nicht der Stadt wie der Nellenburger. Ulrich schätzte den Mann, der etwa im selben Alter wie er war, wünschte ihm auch gerne den ersehnten Erben. Burchhard war kein Großmaul, lief keinem Herzog wie ein Hündchen hinterher oder musste bei jeder Unklarheit sein Schwert schwingen. Bis jetzt hatten sie Differenzen in Turecum mit einem Gespräch unter vier Augen klären können. Fast war Ulrich verleitet, Burchhard Grüße von dessen Schwester Regulinda zu überbringen, unterließ es aber. Es lag nun schon einige Zeit zurück, als er die Gräfin auf der Habichsburg aufgesucht hatte.

»Nellenburg pissen wir nicht ans Bein«, hatte Ulrichs Bruder immer gesagt. Lenceburg brauchte das Wegerecht durch ihre Lande, um nach Schennis zu gelangen. Arnolds kurze Ehe mit einer Nellenburgerin hatte dazu gedient, dieses Recht zu bestätigen.

»Darf ich Euch vorstellen …« Burchhard drehte sich gewandt dem Mann hinter sich zu und stellte Ulrich seinen Begleiter vor. Bernhard von Marseille trug ein Gewand mit Marderfell, braune Beinkleidung und Stiefel; über seiner Schulter hing kunstvoll gefaltet der rote Umhang der Kurie. Darunter konnte man eine breite goldene Kette erkennen. Seine Stimme dröhnte durch den Raum. Er lachte gewinnbringend und sprach in der Zunge der Burgunder. Ulrich bemerkte, dass er als Einziger im Raum problemlos dessen Worten folgen konnte.

In einer Fensternische hielt sich ein Mönch auf, als würde ihn weder Besuch noch Essen etwas angehen. Er trat heraus, als Ulrich vor dem Legaten stand, verbeugte sich stumm und musterte Ulrich.

»Ihr habt Kunde aus Foracheim«, wandte sich die Äbtissin an Bernhard, nachdem sie sich an die Tafel gesetzt hatten. Entschuldigend blickte sie zu Burchhard. Der Graf von Nellenburg sei sicherlich schon über alles im Bilde. Der Legat ließ es sich aber nicht nehmen, weit auszuholen.

»Der Welf wäre ja gerne selber König geworden«, begann er. Erklärte, dass er sich klar dagegen ausgesprochen habe. Welf von Bayern würde nie von allen Herzögen im Reich unterstützt werden. Das Königsamt konnte der vergessen.

»Zu viele Männer denken nur an ihren eigenen Vorteil«, befand Bernhard und erklärte, wie er die Herzöge auf seine Seite gezogen habe.

»Hat Euch das Papst Gregor so aufgetragen?«, fragte Ulrich nach. Bernhard nickte, erklärte, dass der Zähringer schon eine harte Nuss sei. Kein Wunder habe Kaiserin Agnes ihm damals nicht das Schwabenland überlassen.

»Auf meinen Rat hin haben sie in Foracheim Rudolf von Rinfelden zum König gewählt«, erklärte Bernhard endlich. Obwohl Ulrich auf einem Stuhl saß, spürte er, wie seine Knie weich wurden. Rudolf! Das Herzogsamt genügte ihm nicht, jetzt griff er nach der Königskrone! Der Kaiserin und dem jungen König war er noch hinterhergehechelt. Nun fiel er Heinrich in den Rücken. Der Verräter!

Ulrich bemerkte, dass der Nellenburger ihn beobachtete.

»Das erstaunt mich. Rudolf von Schwaben ist der schwächste Herzog von den dreien«, hörte Ulrich die Äbtissin sagen. Er stamme aus einer königlichen Familie und sei der Herzog mit den wenigsten Feinden, beeilte sich der Legat zu erklären. Niemand reagierte darauf.

»Rudolf ist Euer Herzog«, sagte Bernhard herausfordernd und zeigte mit der Hand in die Runde, sein Blick blieb an Ulrich hängen.

»Und der Vetter meiner Frau«, ergänzte Ulrich. Seine ruhige Stimme erstaunte ihn. Bernhard nickte ihm wohlwollend zu.

»Da Rudolf nun König ist, wird jemand anders Herzog von Schwaben werden. Lenceburgs Name fiel dabei nicht.« Bernhards Stimme klang weiterhin angenehm. Ulrich verstand langsam, weswegen der Papst ihn als Legaten an dieses Treffen geschickt hatte.

Rudolf sei nicht König, sondern ein Abtrünniger, hätte er gerne erwidert. Das Herzogtum Schwaben werde einen anderen Herzog erhalten, weil Rudolf als Hochverräter hingerichtet werde. Und dann bestimme König Heinrich, wer den Titel bekomme. Freilich hielt Ulrich den Mund, fühlte sich aber gedrängt zu sagen: »Rudolf von Rinfelden ist froh, wenn die Grafen von Lenceburg den Südwesten des Herzogtums sichern. Bald werden die Alpenübergänge wichtig, sie gewährleisten es, mit dem Papst einen regen Austausch zu halten. Wir hören aus Ure, dass dort ein Übergang für Säumer gangbar gemacht werde. Deswegen möchte Rudolf uns nicht die Last des Herzogtums aufdrängen.«

Richenza hätte es nicht besser sagen können, befand Ulrich und führte seinen Kelch zum Mund. Burchhard nickte ihm zu. Ulrich hätte zu gerne gewusst, ob Nellenburg das Herzogtum übernehmen wolle. Aber der Nellenburger saß stumm da und blickte von einem zum anderen.

»Mir wurde mitgeteilt«, schnitt Bernhards Stimme durch die Stille, »dass der Graf von Lenceburg seit seiner Schwertleite das Schwert kaum angefasst habe. Jedenfalls habe er bei keinem Schaukampf einen Edelmann herausgefordert.«

Es knallte, als Ulrich den Kelch auf den Tisch stellte. Selbst er zuckte zusammen. Hatte der Rinfeldner in Foracheim nichts Besseres zu tun gehabt, als ihn anzuschwärzen!

»Mein Schwert richtet. Die Schwerter der Dienstmannen machen eine kampftüchtige Grafschaft aus«, antwortete er. Richenzas Worte. Aus seinem Munde klangen sie eher schwach. Selbst die Augen des Mönchs fixierten ihn. Seine Schande.

Die Äbtissin räusperte sich. »Lenceburg weiß seine Spitzbuben im Zaum zu halten.« Sie hob den Kelch, der Nellenburger tat es ihr gleich. Bernhard lachte auf und prostete ihnen zu. Auch Ulrich hob den Kelch, überspielte Scham und Ärger.

Unterdessen war gegrillter Biber – als Wassertier durfte er in der Fastenzeit verzehrt werden – sowie Fladenbrot und ein Getreidebrei mit Lauch und Rosinen auf den Tisch gestellt worden. Die Tafel war für die Fastenzeit üppig gedeckt. Alle langten zu. Die Äbtissin fragte nach, wann der Herr Legat in Canossa anzukommen gedenke. Ulrich erkundigte sich vorsichtig, ob Rudolf nach Rinfelden zurückkehren werde.

Bernhard antwortete bereitwillig und ohne Zurückhaltung. Vor Ostern müsse er in Canossa ankommen, befand er. Rudolf reise schon nach Moguntie, um sich dort krönen zu lassen. Die Reise werde lange dauern. Er wolle in jeder Stadt, die er passiere, um Anhänger werben. Die Sache sei noch nicht gegessen, erklärte Bernhard. Der Papst werde beide Könige ausführlich prüfen, befragen und dann den richtigen bestimmen. Rudolf jedenfalls sei bereit, sich vom Papst prüfen zu lassen. Er habe nichts zu verbergen. Ihm, Bernhard, habe er einen langen Brief mitgegeben, in dem er den Papst untertänigst um Erlaubnis bitte, die Krone annehmen zu dürfen, um diese im Namen Gottes mit allen Verpflichtungen zu tragen.

Ulrichs Blick schweifte zu Burchhard hinüber. Gerne hätte er gewusst, wie der Nellenburger zu der Wahl des Gegenkönigs stand. Dachte der Papst wirklich, er könne einen König erwählen? Eine Königskrone wurde mit dem Schwert erkämpft und verteidigt. Lenceburg, Nellenburg, Rinfelden, sie alle hatten hier in Turecum Prinz Heinrich Treue geschworen. Ob papsttreu oder nicht, einen Treueschwur konnte Burchhard nicht grundlos beiseite wischen. Aber das Gesicht des Grafen zeigte einzig höfliche Aufmerksamkeit.

Ulrich wandte sich wieder dem Legaten zu, der gerade erklärte, dass er an Ostern dem Papst Rudolfs Brief persönlich überreichen wolle.

»Meine Burg liegt auf Eurem Weg«, wandte Ulrich ein. Der Legat blickte zum Mönch, der in seiner Fensternische bis jetzt ruhig verharrt hatte. Der winkte ab. In Solodoro sei ein längerer Halt fällig. Der Graf solle ihnen ein paar Krieger als Begleitung mitgeben. Bernhards Mundwinkel zuckten, doch er ließ nichts mehr über Ulrichs Schwertkünste verlauten. Ulrich beugte seinen Kopf, um dem Legaten zuzustimmen, blickte kurz zum Nellenburger, der nichts gegen den Begehr einzuwenden hatte.

‚Der Küttiger freut sich, den Legaten zu begleiten', dachte Ulrich bei sich, pulte eine Biberfaser zwischen den Zähnen hervor und fragte so gleichmütig wie möglich: »Habt Ihr Kunde aus Canossa vernommen?«

Bernhard schüttelte den Kopf. »Als ich in Canossa weilte, zeigte sich König Heinrich reumütig und stand drei Tage lang vor den Toren der Festung barfuß im Schnee. Aber das wisst Ihr wohl.«

Ulrich merkte, wie das Blut aus seinem Gesicht wich. Er nickte verdattert, obwohl er davon nichts gehört hatte. Wie einfach es Bernhard von Marseille fiel, auch Heinrich König zu nennen und gleichzeitig so nebenbei von dessen Erniedrigung zu erzählen!

»Wie reagierte Papst Gregor darauf?«, fragte die Äbtissin. Bernhard berichtete, dass das Herz des Papstes bei so viel

Reue weich geworden sei und er Heinrich nach drei Tagen empfangen und ihm verziehen habe. Aber der Papst sei kein Dummkopf, sagte er etwas schärfer. König Heinrich habe ihn jahrelang gedemütigt und sogar seine Wahl angezweifelt. Er könne dem Salier nicht mehr vertrauen. Nun werde geprüft, ob es einen anderen gebe, der das Amt mit mehr Würde und vor allem Hand in Hand mit Rome ausüben könne.

»Gott entscheidet, wer auf dem Thron sitzt«, antwortete die Äbtissin. Alle am Tisch nickten.

Gebratene Forellen wurden auf den Tisch gestellt, ein Hauch Knoblauch wehte durch den Raum. Bernhard langte zu. Ulrich hatte keinen Hunger mehr. Fastenzeit – er lächelte fast entschuldigend.

7. Kapitel

Der Wind strich Ulrich übers Gesicht. Es war mild für die Jahreszeit, trotzdem trug er Harnisch und Helm. Er vermisste den Küttiger. In solchen Fällen stand dieser gespannt wie eine Sehne vor ihm, Ulrich konnte in seinem Rücken den Überblick behalten und sein Schwert stecken lassen.

Aber der Küttiger würde ihm den Legaten zuführen – wie das Lamm zur Schlachtbank. Ulrich schüttelte den Kopf. So sollte er nicht denken. Es war nur, dass er nicht zur Beichte gegangen war. Wie keiner der Krieger hier. Sie durften die Last ihrer Tat keinem Kirchenmann aufbürden. Er wischte sich die verschwitzten Hände an den Beinlingen ab. Wenn Gott ihnen den Legaten zuführte, dann war es sein Wille. Sie brauchten dafür keine Absolution und trotzdem ... Ulrich dachte an den König und sah vor sich den jungen Recken, der an seiner Hochzeit mit dem Schwert auf den Erzbischof, seinen Mentor, losgegangen war. Er schüttelte sich, um das Bild loszuwerden. Er durfte nicht urteilen. Er hatte Treue geschworen!

Ulrich räusperte sich, blickte hoch in die nackten Baumkronen. Gerne hätte er den Legaten bei der Fähre in Mellingen abgefangen. Im Herbst war jedoch ein Blitz in die Dorflinde gefahren. Die Blätter wuchsen nur noch auf einer Seite. Seine Männer wussten nicht, dass ein Blitz in die Kathedrale von Utrecht eingeschlagen war, nachdem der König den Papst verhöhnt hatte. Aber Ulrich wusste es. Man sollte Gott nicht herausfordern. Deshalb warteten sie nun hinter einer Anhöhe. Weiter hinten konnte er die Ara glitzern sehen.

Der Küttiger hatte ihm einen Boten geschickt, der meldete, der Legat reite heute hier durch. Hinter Ulrich brummte einer der Männer etwas. Sie kauerten auf dem Boden oder lehnten an den Stämmen und dösten vor sich hin. Nur Friedbert blickte aufmerksam zu ihm herüber.

Ulrich hatte den Küttiger mit Friedbert die Männer auslesen lassen. Keine Burgmannen, hatte Ulrich entschieden, außer Friedbert. Die Burgschaft würde mit dieser Tat noch genug belastet werden. Die zwei Anführer hier waren aus dem Haushalt des Küttigers, den Rest mussten sie der Sprache nach im Frickgowe rekrutiert haben.

Der Krieger neben ihm hatte ein breites Grinsen im Gesicht. Die vorderen Zähne fehlten ihm, auch ein Ohr.

»Die Bande im Frickgowe, als wir die zerschmetterten, warst du dabei«, sagte Ulrich. Der Krieger nickte ihm zu, grinste noch mehr.

Eine Bewegung weiter vorne weckte seine Aufmerksamkeit. Ihr Späher winkte. Der Legat näherte sich. Ulrich schlug das Kreuz. Hinter ihm sprangen die Männer auf die Füße. Leder knirschte, Beil und Morgenstern wurden geschwungen. Ulrich winkte ab. Ihr Plan war einfach.

Er schwang sich auf sein Pferd. Nickte Friedbert zu, der hob das Banner. Zusammen brachen sie durch die Büsche und stellten sich auf den Weg.

Rund um sie herum knackte es. Pferde schnaubten. Bei der Fähre hätten sie sich besser verbergen können. Jetzt mussten die Felsen um die Anhöhe genügen. Aber der herbeireitende Trupp würde die Krieger nicht entdecken, solange ihre Blicke auf Ulrich gerichtet waren.

Ulrich stützte sich auf seinem Sattel ab, was ein Bild von Gemütlichkeit hätte abgeben sollen.

Ein guter Lauscher konnte die Pferde schon von weitem hören. Es war ein erstaunlich kleiner Trupp, der bald unter ihnen auftauchte. Der Legat war gut am roten Umhang der Kurie zu erkennen. Neben dem Legaten, dem Mönch und dem Küttiger zählte Ulrich noch fünf Krieger. Bernhard von Marseille musste sich sicher fühlen.

Als die Reiter Ulrich erblickten, hielten sie nicht an. Sie hatten wohl das Banner erkannt. Zudem hielt er seinen Helm unter dem Arm. Der Legat rief etwas, winkte. Ulrich hob die Hand.

Der Trupp stoppte, als sie oben ankamen.

»Wir haben es eilig und können bei Euch nicht verweilen«, erklärte der Legat. Ulrich setzte den Helm auf und zog das Schwert. Rund um sie knackte es, schnaubten Pferde, blitzten einzelne Schwerter auf. Der Mönch rief etwas. Bernhard begriff schnell.

»Ich bin ein Gesandter des Papstes!«, donnerte er. »Wenn Ihr Hand an mich legt, werden Eure Seelen für immer in der Hölle schmoren. Niemand kann für einen solchen Frevel Fürbitte einlegen.«

»Ob Ihr der Legat eines Papstes oder die doppelzüngige Schlange eines falschen Mönches seid, wird sich zeigen«, entgegnete Ulrich.

Da zog Bernhard sein Schwert, gab dem Pferd die Sporen und donnerte auf Ulrich zu. Weit holte er mit seiner Waffe aus. Ulrich saß da wie angewurzelt, spürte das kalte Metall seines Schwertes in seiner Hand, roch schon den Gestank geronnenen Blutes und würgte. Ein Schatten jagte an ihm vorbei, es klirrte. Bernhards Schwert flog durch die Luft. Friedbert brüllte auf und streckte beide Arme über den Kopf. In der einen Hand das Banner, in der anderen sein Schwert.

Der Küttiger donnerte Bernhards Krieger an, ihre Waffen fallen zu lassen. Diese folgten erstaunlich schnell dem Befehl.

»Ulrich! Ihr seid ein unehrenhafter Mann!«, fauchte Bernhard.

Es war, als würde ein Blitz durch Ulrich fahren, als er dieselben Worte hörte, die Richenza vor langer Zeit seinem Bruder entgegengeschleudert hatte. Gottesurteil!

»Ich weiß, was Treue ist«, antwortete er mit denselben Worten wie Arnold damals, und mit ihm antworteten sein Bruder, sein Erstgeborener und alle seine Vorfahren. Ulrich reckte sich. Dies war Gottes Zeichen – er handelte richtig.

»Binde den beiden die Hände!«, wies er Friedbert an, was dieser gleich befolgte. Bernhard funkelte ihn wütend an. Ulrich erwiderte seinen Blick. Um den Legaten gefangen zu nehmen, musste er nicht mit dem Schwert an Schaukämpfen den Gockel spielen.

Er nickte dem Küttiger zu, dieser erteilte ein paar Befehle. Einige Krieger ergriffen die Zügel der Pferde der Gefangenen und sprengten den Abhang hinunter. Andere verschwanden zwischen den Bäumen mit den entwaffneten Kriegern, die kein Interesse zeigten, den Legaten auf Leib und Leben zu verteidigen.

Der Weg war steil und eng, die Pferde stolperten immer wieder. Bernhard rutschte auf seinem Sattel hin und her und fluchte. Vom Mönch hörte Ulrich kein Wort. Der Ritt durch die Wälder würde noch bis Sonnenuntergang dauern. Dunkle Wälder, Hort von Kobolden und Geistern. Diese würden keinem Legaten helfen. In der Dunkelheit würden sie zur Lenceburg hochreiten. Das war Ulrich recht, es sollten so wenig Menschen wie möglich mitbekommen, dass er zwei besondere Gefangene mit sich führte.

Es dämmerte, als sie sich von der Ara weg gegen Süden wandten. Der Wind war stärker geworden, einzelne Äste knarzten. Hier entließ der Küttiger den Rest seiner Krieger, die es vorzogen, entlohnt irgendwo in den Hügeln zu übernachten, als auf die Lenceburg zu reiten und dort mit dem Vergehen in Verbindung gebracht zu werden. Ihre Blicke wichen dem Grafen aus. In ihren Seelen nagten die Worte des Legaten, dass sie Unrecht getan hätten und dafür büßen müssten.

»Wer am Sonntag in Stouffen zur Messe geht, dem werden alle Sünden vergeben«, erklärte Ulrich und rechnete aus, wie viel ihn das kostete, als die Krieger zwischen den Baumstämmen verschwanden.

»Bindet mich los!« Bernhards Stimme klang verzweifelt. Er versprach, dass er nicht fliehen werde. Ulrich schüttelte den Kopf. Legaten wie Priester segneten andere Menschen mit den Händen. Da konnten sie mit ihren Händen auch andere verfluchen. Er ließ ihn gefesselt und befahl Friedbert, den beiden etwas zu essen und zu trinken einzuflößen. Den Küttiger nahm er zur Seite, damit die beiden Gefangenen während der Schmach der Fütterung nicht zur Schau gestellt wurden.

Irgendwo rief ein Käuzchen. Der Wind hatte sich gelegt.

»Morgen reitet Ihr zu den Stouffer Priestern, um ihnen beizubringen, wem sie am Sonntag die Absolution erteilen sollen«, trug er dem Küttiger auf. Dieser grinste. Die Stouffer würden ihm die Entführung des Legaten nie verzeihen. Aber mit dem Küttiger im Nacken und etwas Gold in der Hand hatten sie bis jetzt immer getan, was Ulrich forderte.

Friedbert und der Küttiger fassten nach den Zügeln der Pferde der Gefangenen, schon sprengten sie weiter. Dumpf schlugen die Hufe auf dem Waldboden auf.

Lencis lag verlassen und dunkel da. Nur oben auf der Burg konnte man noch Licht erkennen. Zur Sicherheit stiegen sie vor dem Burghügel ab, um die Pferde am Zügel hochzuführen. Ulrich keuchte, blickte hoch in die Dunkelheit. Der Gedanke streifte ihn, ob er oben Legat und Mönch mit einem Lachen die Fesseln lösen sollte. Doch sogleich wischte er die Idee beiseite. Er hatte um ein Zeichen gebeten und das Zeichen bekommen. Der falsche Mönch Hildebrand hatte mit dem gesalbten König zu verhandeln und mit keinem anderen. Rudolfs Brief würde an Ostern nicht in die Hände der Kurie kommen.

Die Wachen riefen nach einer Losung, erkannten Ulrichs Stimme und öffneten das Tor. Hufschläge hallten durch die Vorburg. Friedbert rief nach den Knechten. Am Wohnturm öffnete sich die Tür, und Ulrich konnte Richenza im Gegenlicht erkennen.

Hinter ihm gab der Küttiger Anweisungen, die Gefangenen in den Kerker zu bringen. Mit einer Fackel in der Hand kam Richenza die Stiege hinunter. Trude folgte ihr.

Bernhard protestierte laut, als er vom Kerker hörte. Die Fackel stoppte. Richenza überblickte den Hof.

Der Küttiger fuhr den Legaten an, die Schnauze zu halten. Der Mönch hatte immer noch kein einziges Wort gesprochen.

Bernhard protestierte lauter. Die Fackel hatte den Hof erreicht, kam nun auf die Gruppe zu.

»Gnädige Frau«, wandte sich Bernhard an Richenza. Der Fuchs war schlau. Sie trug ein Kleid aus Samit. Er musste sie gleich als Burgherrin erkannt haben. »Euer Gatte weiß nicht, was er tut. Großes Ungemach kommt über Euch, wenn Ihr mich festhaltet.«

Richenza musterte ihn, erkannte sicherlich das edle Gewand, den roten Umhang der Kurie und die breite Kette. Doch sie zeigte keine Regung. Ulrich konnte nur ihre Falte auf der Stirn erkennen.

»Herr Graf«, der Meier war neben ihn getreten. »Der Kerker ist belegt. Aus Allewilare haben sie einen Wilderer gebracht, eine Kindsmörderin und eine Zauberin darben auch drin.«

»Bringt die Frauen ins Falkengehege und bindet sie dort an«, bestimmte Ulrich. Der Meier blickte ihn entsetzt an, wahrscheinlich fürchtete er, dass die Zauberin auf einem Besen wegreiten könnte, wenn sie aus dem Kerker gelassen würde.

»Die beiden neuen Gefangenen kommen in den Kerker«, entschied Ulrich.

Der Küttiger brummte etwas und zog den protestierenden Bernhard mit sich fort. Der Mönch wandte sich Ulrich zu und blickte ihn mit so hasserfüllten Augen an, dass dieser zurückschreckte. Schnell schlug er das Kreuz. Dann trat er auf Richenza zu, verbeugte sich und erklärte, dass er zuerst die Gefangenen sicher unterbringen müsse, bevor er ihr alles unterbreiten werde. Ihre Falte auf der Stirn war tiefer geworden.

Ulrich musste sich eingestehen, dass er sich noch nie darum gekümmert hatte, wie Gefangene auf der Burg untergebracht wurden. Dies war Sache des Meiers. Eigentlich könnte er in den Essraum treten, um dort zu speisen und sein wohlverdientes Bad zu nehmen. Doch er zögerte den Moment hinaus, bis der Küttiger ihm erstaunte Blicke zuwarf.

Als er die Treppe hochstieg, spürte er seine müden Beine. In der Kochnische brannte das Feuer. Die Köchin war gerade dabei, dampfende Schalen auf den oberen Tisch zu stellen. Im hinteren Teil des Raumes verstummten seine Mannen bei seinem Eintreten. Ein Trostberger eilte herbei und half ihm aus dem Harnisch. Ulrich setzte sich an den erhöhten Tisch, schlürfte den Brei. Richenza konnte er nicht erblicken. Trude stand neben der Feuerstelle und drehte die Spindel, überblickte dabei die Mannschaft im Raum. Seine Wächter würfelten. Knechte und Mägde lagen wohl schon in den Betten, den Kaplan entdeckte er nicht. Eigentlich sollte er gleich zur Beichte gehen, aber das musste nun warten.

Die Tür flog auf, und Minna stapfte mit zwei gefüllten Wassereimern herein. Sie rief etwas nach hinten, zwei Wächter sprangen auf, um ihr zu helfen.

Über ihren Köpfen knarrte es. Rudolf eilte die Stiege herunter. Seinem müden Gesicht nach hatte er schon geschlafen. Er begrüßte den Vater, wie es sich geziemte. Erklärte, dass er schon früh auf den Beinen gewesen sei, um den Wilderer von Allewilare zu holen.

Ulrich nickte ihm zu, sagte sich, dass der Junge ihn auf der Burg gut ersetze. Dabei meldete sich sein schlechtes Gewissen, dass er Rudolf nie in seine Pläne eingeweiht hatte. Rudolf blickte ihn an, als erwartete er eine Erklärung. Wahrscheinlich hatte Richenza ihn losgeschickt.

Die Köchin rief, dass der Bottich gefüllt sei, und Ulrich erhob sich. Seine Füße waren noch ganz klamm von der Kälte, und Rücken und Hintern schmerzten vom langen Ritt. Ein Trostberger half ihm beim Auskleiden. Mit einem Seufzer sank er ins warme Wasser, nahm sich vor, nicht zu lange drin zu bleiben, damit der Küttiger auch noch etwas von der Wärme hatte.

Zwei Hände legten sich auf seine Schultern, rubbelten durch sein Haar. Er kannte die Hände, wusste, dass er sich nun erklären musste.

»Später«, brachte er nur heraus. »Dann erzähle ich Euch alles.«

»Du wirst mir nicht einschlafen«, hörte er Richenzas Stimme.

»Später«, wiederholte er nochmals und war schon eingeschlafen.

Irgendeinmal rüttelte ihn jemand. Er schreckte auf. Das Wasser war noch warm. Er konnte nur wenige Augenblicke weggetreten sein.

Der Trostberger reichte ihm ein Tuch, in das er sich wickelte, eine Tunika und weiche Lederpantoffeln lagen bereit. Richenza stand mit verschränkten Armen daneben. Ulrich rieb sich den Schlaf aus den Augen und rubbelte sich trocken. Irgendeinmal musste er in die Höhle des Löwen treten.

Er schlüpfte in die Tunika, nickte Richenza zu, und sie folgte ihm zum oberen Tisch, wo Friedbert gleich das Weite suchte. Rudolf hatte sich zu den Wächtern gesetzt. Ulrich winkte ihn heran. Er sollte bei ihnen sitzen, wenn er, Ulrich, über ihrer aller Schicksal sprach. Sowieso hatte das Burgvolk ein Anrecht zu erfahren, wer hier im Kerker weilte.

»Ich habe den päpstlichen Legaten gefangen genommen«, sagte Ulrich so laut, damit alle es hörten, und bevor Richenza etwas erwidern konnte: »Verräterische Herzöge haben in Foracheim Rudolf von Rinfelden zum Gegenkönig gewählt. Der hinterhältige Mönch Hildebrand schickte einen Legaten, um gegen den Willen unseres gesalbten Königs bei dieser Wahl mitzubestimmen. Eine Wahl gegen Gottes Willen, die Tat des Widersachers. Dieser Legat sitzt jetzt bei mir im Kerker.«

Richenza öffnete ihren Mund, schloss ihn wieder. Den verdutzten Ausdruck hatte er in ihrem Gesicht selten gesehen. Rudolf schwieg.

»Seid Ihr von Sinnen! Ulrich von Lenceburg!«, rief da Richenza. Er hob seine Rechte.

»Mit dieser Hand habe ich König Heinrich die Treue geschworen«, deklarierte er. »Mit dieser Hand werde ich die Feinde meines Königs niedermähen.«

Sein König hatte nicht umsonst sein Leben und das seiner Familie aufs Spiel gesetzt! Sein König hatte nicht umsonst im Winter die Alpen überquert und tagelang barfuß im Schnee gestanden. Sein König war noch nicht geschlagen!

Rudolf nickte ihm zu und senkte den Blick.

»Dafür werden wir alle in der Hölle braten!«, zischte Richenza.

»Nein!«, donnerte er. Gott hatte ihm ein Zeichen gesandt. »Ein Gegenkönig bedeutet Krieg und Chaos. Lenceburg weiß, auf welcher Seite es steht, und bleibt treu.«

Ulrich holte tief Luft, schloss seinen Mund. So viele Worte hatte er gar nicht verlieren wollen. Aber sie brannten ihm schon so lange auf der Zunge.

Richenza hatte sich nach hinten gelehnt. Die tiefe Falte im Gesicht.

»Wer ist dieser Legat?«, fragte sie ruhiger.

»Bernhard, Abt in Marseille, begleitet von einem Mönch.«

Sie schien nachzudenken. »Edelleute«, sagte sie etwas leiser. »Wir müssen sie in einer anständigen Kammer unterbringen.«

Ulrich schüttelte den Kopf. Die einzige anständige und sogleich fluchtsichere Kammer auf dieser Burg war die Kemenate, und diese würde weder er noch sonst jemand aus seiner Familie hergeben. Zudem musste er annehmen, dass der Habichsburger, sobald der über zwielichtige Wege erfuhr, dass sie den Legaten gefangen hielten, Spione und Unterhändler auf die Burg schickte, mit dem Auftrag, die Gefangenen zu befreien. Sicher verwahrt waren die beiden nur im Kerker. Bernhard von Marseille war selbst schuld, wenn er so leichtgläubig und zugleich provozierend in die Falle gelaufen war. Er sollte leiden.

»Wenn das Rudolf von Rinfelden zu Ohren kommt, provozierst du die Belagerung der eigenen Burg.« Richenzas Stimme klang erstaunlich ruhig.

»Rudolf reist gerade nach Moguntie, um sich dort krönen und feiern zu lassen. Ich nehme an, dein Bruder wird sich kaum aus seinem Schatten fortbewegen. Die Nellenburger werden es nicht wagen, mich allein anzugreifen. Eggehard von Nellenburg ist zu alt, seine Söhne hat er im Krieg verloren, und Burchhard müht sich immer noch ab, einen Sohn zu zeugen. Der Zeitpunkt ist gut, Rudolf von Rinfelden die Zähne zu zeigen.«

Richenza nickte wieder. Ulrich war erstaunt, wie wenig Widerrede von ihr kam.

»Wie lange gedenkst du, den Legaten gefangen zu halten?«, fragte sie.

Ulrich zuckte mit den Schultern. »Bis wir Kunde bekommen, dass Papst und König sich geeinigt haben«, antwortete er.

Hinter Richenzas gefurchter Stirn arbeitete es.

»Ostern naht. Bauern und Burger werden auf die Burg strömen, um ihre Abgaben zu tätigen, und an Pfingsten beherbergen wir die ganze Gefolgschaft von Lenceburg hier«, gab sie zu bedenken und blickte ihn anklagend an.

Ulrich nickte, lächelte sie entwaffnend an. Untertanen und Gefolgschaft konnten kommen. Wen störten diese zwei Gefangenen im Kerker? Er würde mit seinen Mannen hierbleiben. Rudolf konnte ihn in den Gebieten vertreten und der kleine Arnold ...

»Ist Arnold wohlauf?«, fragte er.

Richenza stockte. »Du wirst ihn nicht nach Meuschter schicken, wenn unsere Feinde nun einen Freibrief bekommen haben, uns anzugreifen!«, fauchte sie. Einlenkend hob er beide Hände. Diesbezüglich hatte sie Recht.

Richenza atmete auf. »Er ist ein guter Junge«, sagte sie, und es schien ihm, als wollte sie ihn an einen Jungen erinnern, der nicht mehr hier auf der Burg weilte, sondern in einem Kloster im Norden.

»Hast du von Herzogin Adelheit etwas erfahren?«, fragte Ulrich, um das Gespräch in ruhigere Bahnen zu lenken.

Richenza erzählte, dass die Herzogin im Burgund weile und nicht viel mehr wisse als Richenza selbst. Sie habe ihren Gatten, Rudolf von Rinfelden, nicht nach Foracheim begleitet. Ulrich nickte, das konnte stimmen. Rudolf suchte Adelheits Nähe nicht, und sie verhielt sich ebenso. Trotzdem hatte sie ihm drei Kinder geschenkt.

»Regulinda weilt über die Fastenzeit im Kloster Mure, auf der Rückreise wird sie auf der Lenceburg Halt machen.«

Daran hatte Ulrich nicht gedacht. Regulinda müsste in Gewissensnöte kommen, wenn sie auf der Burg weilte, auf der ein päpstlicher Legat gefangen war.

»Spielen wir mit offenen Karten«, schlug er vor. Das Verschwinden des Legaten würde bald bemerkt werden, und gewisse Leute würden ihre Schlüsse ziehen. »Lancelin soll der Gräfin entgegenreiten und sie vor vollendete Tatsachen stellen. Dann kann sie entscheiden, ob sie uns besuchen will oder nicht.«

Ulrich war selbst erstaunt, wie schnell er Lancelin in seine Pläne einband.

Richenza verzog etwas ihren Mund. »Es gibt noch einiges zu besprechen«, sagte sie, und Ulrich hörte den Vorwurf in ihrer Stimme. Später, dachte er.

»Es ist Gottes Wille«, bekräftigte er, damit hier auf der Burg keiner auf die Idee kommen sollte, sich auf die falsche Seite zu stellen.

8. Kapitel

Richenza rückte ihren Fellumhang zurecht. Auf der Zinne des Bergfrieds blies der Wind stärker, als sie gedacht hatte. Unter ihren Füßen in der Kemenate schliefen Ulrich und die ihren wohl ruhig. Sie nicht.

Sie wusste immer noch nicht, was sie davon halten sollte, dass Ulrich den Legaten gefangen genommen hatte. Oder eher: Weswegen sie Ulrich nicht gleich an die Kehle gesprungen war und Legat samt Mönch befreit hatte.

Nie hätte sie gedacht, dass er in den Streit zwischen König und Papst eingreifen würde. Natürlich war sie misstrauisch geworden, als er aus Sickinga nicht zurückgekehrt war. Sie hatte eher damit gerechnet, dass Ulrich Gleichgesinnte suchte, die den König unterstützten. Und nicht damit, dass Ulrich den Zwist zwischen Papst und König zu ihnen in die Burg trug und so die ganze Familie der Gefahr einer Belagerung auslieferte. Und alles hinter ihrem Rücken! War ihm der König wichtiger als sein eigenes Blut?

Unruhig fuhren ihre Hände über die Zinne, versuchten sich am kalten Stein zu halten.

Sie war die Herrin der Burg! Hielt dieses Gewebe aus Menschen, Gerüchten und Arbeit, hielt Hunderte von Fäden zusammen, wob sie zu einem feinen und starken Tuch. Sie setzte hier Gottes Ordnung durch. Und nun brachte Ulrich Bann und Ächtung mitten unter sie. Alles drohte auseinanderzufallen! Für einen König, der Mensch und Gesetz mit Füßen trat!

Zischend stieß Richenza die Luft zwischen ihren Zähnen hinaus. In der Ferne heulte ein Wolf.

In ein paar Tagen feierten sie das Osterfest. Ganz Lencis und weitere Bauern aus ihrem Allodialgebiet würden auf der Burg einkehren, um ihre Abgaben zu zollen. An Pfingsten würden zwei Knappen den Ritterschlag bekommen und die Schaukämpfe stattfinden. Die Ammänner der Twinge und Dörfer, die Allowilarer, die Küttiger, Heidegger und sie alle kämen vorbei. Und während sie den ganzen langen Tag im Hof die Leute begrüßten und parlierten, schmorten im Kerker nebenan zwei hochadelige Gefangene!

Sie hatte gedacht, sie durchschaue den Grafen durch und durch. Er war eine treue Seele, eine gute Seele, gerecht und liebevoll zu Frau und Kind. Zudem roch er gut und wusste, eine Frau zu verwöhnen. Er mied den Kampf, was zu ihrem Unverständnis für ihn eine Schande war. Er bemühte sich, gerechte Urteile zu fällen. Dass er zeitweise etwas unbeweglich war, hatte sie nie gestört. Im schlimmsten Fall konnte sie ihn bewegen. Sie hatte immer auf Ulrich bauen können. Und jetzt?

Richenza zog sich die Kapuze übers Haupt, blickte hoch zur Mondsichel.

Was, wenn es nicht Gottes Wille war, dass Ulrich den Legaten gefangen setzte, sondern Verblendung?

Vielleicht war es Gottes Wille, dass sich der Adel endlich von diesem Ketzerkönig abwandte. Dann musste sie Ulrich zurückpfeifen. Doch zuvor wollte sie mit dem Legaten sprechen.

⁂

Als Richenza tags darauf die Stufen zum Innenhof hinunterstieg, schliefen noch die meisten Burgbewohner.

Die Köchin kam ihr eben mit den Hühnereiern entgegen. Trude half oben beim Feuern. Lancelin schlang etwas Haferbrei hinunter, um dann schnell aufzubrechen und Regulinda zu finden.

Ein Wächter schlief vor dem Kerkertor. Richenza stieß ihn mit dem Stiefel an. Der Mann grunzte, erkannte sie und sprang eilig auf die Füße. Im Grunde genommen durfte er vor dem Kerkereingang schlafen. Die Eichentür hier hatte als einzige in der Burg ein Schloss, dessen Schlüssel der Graf verwahrte. Durchaus wusste die Gräfin, wo der Schlüssel zu finden war.

Richenza zeigte diesen, der Wachmann trat zur Seite. Das Schloss quietschte, als sie es öffnete.

Durch das kleine Fensterloch unter der Decke drang nur wenig Licht ins Innere. Die Wände waren feucht, irgendwo tropfte es. Richenza war froh, dass Ulrich nie darauf bestanden hatte, dass irgendwelche Folterwerkzeuge darin hingen.

Der Henker sollte seine Arbeit unter den Linden, dem Richtplatz, tun. Wer hierherkam, hatte unter Folter schon ausgesagt oder würde es unter den Linden tun.

Im schwachen Licht konnte sie die drei angeketteten Gestalten auf dem Stroh kauern sehen. Die Kälte kroch ihr jetzt schon die Beine hoch. Bernhard von Marseille war eine solche Behandlung nicht gewohnt. Sie musste ihm Felle und heißen Brei bringen lassen.

»Bernhard von Marseille?« Sie trat in den Kerker. Bernhard war auch im Gegenlicht an seinem fellenen Kragen und der Kette zu erkennen.

Der Mann ächzte, hob den Kopf. »Gräfin«, krächzte er.

»Richenza von der Habichsburg«, stellte sie sich vor. Er horchte auf. »Ich habe Euren Bruder Wernher in Foracheim kennen gelernt«, sagte er hastig. »Ein guter Mann, ein treuer Mann!«

Richenza neigte leicht den Kopf. Sie hatte Wernher lange nicht mehr gesehen. Ob er ein guter Mann war, konnte sie schwer sagen. Treu war er nicht.

»Gräfin Richenza«, unterbrach Bernhard ihre Gedanken. »Bewahrt Euren Gatten davor, eine große Dummheit zu begehen. Der Papst hat mich mit wichtigen Aufträgen versehen. Das ganze Haus Lenceburg wird den Zorn der Kirche und den Zorn Gottes zu spüren bekommen, wenn er mich festhält. Denkt an das Seelenheil Eurer Kinder!«

Obwohl sie seinen Burgunder Dialekt schwer verstand, nickte Richenza ungeduldig. Sie stand nicht hier, um sich Strafpredigten anzuhören.

»Wird sich das Burgund auf die Seite des Papstes stellen?«, fragte sie. Bernhard blickte sie verdattert an. Er hatte wohl keine politische Diskussion erwartet.

»Der Bischof von Basilea und der Bischof von Losanna begleiten den König. Die Königinnenmutter und Mathilde von Tuszien setzen sich für Heinrich ein. Wer sich für ihn einsetzt, ist nicht gegen ihn. Wie schätzt ihr das Burgund ein?«

»Ich ...« Sie erkannte, dass Bernhard verwirrt war. »Ganz Burgund stellt sich geschlossen hinter einen Papst, der das Wort Gottes auf Erden verkündet«, stotterte er. Richenza verkniff den Mund. Wollte er sie auf den Arm nehmen? Die Kirche war so gespalten wie der Adel. Und dieser Papst war nicht der Kirchenfürst, der diese Spaltung beenden, sondern eher noch vertiefen würde.

Ihr Blick flatterte hinüber zu dem Mönch, der bis jetzt reglos auf dem Boden sitzen geblieben war.

»Wie ist Euer Name?«, wandte sie sich an ihn. Der Mönch rührte sich nicht. Seine bloßen Füße steckten in Strohsandalen. Bald würde er hier Frostbeulen bekommen.

»Pater Martin«, erklärte Bernhard schnell. »Er wird Euch bezeugen können, wie sehr Ihr Eure Seele aufs Spiel setzt, wenn Ihr uns jetzt nicht helft.«

»Was sagt Ihr zu der Lage im Burgund? Pater Martin«, fragte Richenza. Erst als die Stille unangenehm wurde, drehte der Mönch den Kopf.

»Ich spreche nicht mit Weibern«, stieß er mit seiner krächzenden Stimme hervor. Richenza fuhr es kalt über den Rücken. Eine Ausgeburt von Rome, der das Zölibat Lenden und Hirn verdorrt hatte!

Sie raffte ihren Rock, wandte sich ohne zu grüßen um und verließ den Kerker.

Draußen griff sie sich an den Hals und vermisste das Amulett gegen den bösen Blick. Aber nicht nur sie, sondern die ganze Burg brauchte Schutz gegen den bösen Zauber der beiden mächtigen Gefangenen.

**

Ulrich schlürfte seinen Getreidebrei, sprach mit dem Meier über den Holzvorrat und die Zäune, die geflickt werden müssten. Er tat so, als wäre es ein ganz gewöhnlicher Tag. Richenza ließ ihn gewähren. Sie wies Minna an, ihr in der Kemenate die Haare zu flechten, und überlegte, wer von ihnen beiden – Ulrich oder Richenza – dem Burgkaplan die Nachricht überbringen solle. Im Grunde genommen war dies Ulrichs Sache. Er hatte Bernhard gefangen genommen. Andererseits war dies eine diffizile Angelegenheit, die sie selber in die Hände nehmen sollte.

Da Fastenzeit war und Lukas nicht zum Frühstück kam, hatte er wohl noch nichts von ihren Gefangenen erfahren. Er betete täglich für das Seelenheil aller Burgbewohner und speziell für jenes von König Heinrich, das nun plötzlich für alle ganz essentiell geworden war.

Legat und Mönch würden Gift und Galle speien und versuchen, das Gewissen jedes Wachmannes zu erschüttern. Während der Beichte sollte Lukas von nun an seine Schafe beschwichtigen, wenn sie um ihr Seelenheil bangten.

Minna zerrte an Richenzas Haaren. Sie schrie vor Schmerz auf. Wie verwirrt musste sie sein, dass sie gerade Minna beauftragt hatte, ihre Haare zu richten?

Vor einer Woche war deren Schwester gestorben, die Aussätzige. Richenza war froh darum, aber Minna trauerte noch.

»Hol' meinen Überwurf«, sagte Richenza, flocht selbst die widerspenstigen Strähnen nach hinten und setzte ein Schapel mit Schleier auf. Als sie, den Überwurf um sich geschlungen, in den Speisesaal stieg, nickte sie Ulrich zu und erklärte, dass sie zur Beichte gehe. An seinem Gesichtsausdruck konnte sie ablesen, wie ihn dies verwirrte.

»Damit unser Burgkaplan über unsere Angelegenheiten Bescheid weiß«, ergänzte sie. Ulrich musterte sie immer noch nachdenklich. Er konnte nicht wissen, dass sie heute Morgen mit dem Legaten gesprochen und ihr Urteil gefällt hatte. Deswegen schenkte sie ihm ein aufmunterndes Lächeln.

Sollte sich Ulrich darum kümmern, wie sie die Burg besser befestigen und verteidigen konnten, wenn ihre feindlichen Nachbarn den Legaten hier holen kämen.

Richenza stieg in den Hof hinunter und wandte sich der Burgkapelle zu.

Die Tür knarrte, als Richenza sie öffnete. Keine Kerze brannte im dunklen Raum. Der Kaplan stand vor dem Wandteppich des Heiligen Fortunatus, dem die Kapelle gewidmet war, und betrachtete ihn in tiefer Kontemplation. Trotzdem drehte er sich um, verbeugte sich, als er sie erkannte.

Vor drei Wintern hatte seine Gattin, die Meierstochter, Fieber bekommen und war nicht mehr aufgestanden. Das hatte sein Haupt ergrauen lassen.

»Auf ein Wort mit Euch«, sagte Richenza. Der Kaplan versuchte, seine erstaunte Miene zu verbergen.

Obwohl sie in der Kapelle niemanden störte, wollte Richenza nicht im kalten Raum herumstehen. Sie nickte dem Kaplan zu und trat hinaus. Hinter den Gemüsegärten, wo der Felsen steil abfiel, gab es ein Mäuerchen, auf das man sich bei Sonnenschein setzen konnte. Mit dem Kaplan hatte sie dort manche delikate Angelegenheit besprochen. Richenza zog ihren Umhang zurecht und steuerte darauf zu. Eine Elster gackerte über ihnen, schlug mit den Flügeln.

»Was drückt Euer Herz«, eröffnete Lukas das Gespräch und Richenza musste sich wiederholt eingestehen, dass er seine Worte zu gebrauchen wusste.

»Die beiden Gefangenen«, erklärte sie und konnte an seinem Gesichtsausdruck erkennen, dass er noch nichts mitbekommen hatte. Heimlich dankte sie der Fastenzeit und ihrem Gesinde, das beim Kaplan nicht tratschte.

Kurz fasste sie zusammen, wen Graf Ulrich am vergangenen Abend in den Kerker gebracht hatte. Kaplan Lukas machte ein immer erschreckteres Gesicht, so wie sie wohl am vergangenen Abend.

»Der Papst wird eine solche Tat bestrafen. Er wird uns aus der Kirche verbannen, exkommunizieren«, stotterte er.

»Welcher Papst?«, fragte Richenza. Es gab keinen Papst, der König hatte ihn abgesetzt. Aber in Lukas' Gesicht konnte sie seinen Kampf erkennen. Er stand nicht auf der Seite der Papsttreuen. Aber noch nie war er so direkt herausgefordert worden.

»Wenn der Legat der Abgesandte des Papstes ist, hätte Gott dann nicht den Legaten beschützt?«, formulierte sie Ulrichs Worte. Der Kaplan blickte in die Ferne. Hatte sie zu dick aufgetragen?

»Der König kniet in Canossa vor dem Papst, nicht umgekehrt«, sagte Lukas. Die Elster gackerte wieder, als würde sie Richenza auslachen.

»Wir werden die Burg verstärken, uns auf eine Belagerung einrichten«, stieß sie hervor.

»Gott wird richten«, entschied Lukas. Richenza nickte ihm zu. Hauptsache er verteilte weiterhin die geweihte Hostie und nahm die Beichte ab. Keiner sollte hier die Angst nähren, dass sie wegen der Gefangenen in der Hölle schmoren würden.

»Die Stouffer Priester …« Der Kaplan schien sich gefangen zu haben. Richenza nickte ihm zu. Die zölibatären Stouffer Priester behaupteten, ganz ohne Ämterhandel Priester der Gemeinde geworden zu sein, was ihnen niemand abnahm, da jeder Ministeriale im Seetal ein Auge auf das Amt geworfen hatte und viel dafür zahlen würde. Nichtsdestotrotz waren die Stouffer Papstanhänger. Deswegen galt es, ihnen den Mund zu stopfen oder sich wenigstens gegen sie zu wappnen.

»Wir werden uns um sie kümmern«, antwortete Richenza. Mehr brauchte Kaplan Lukas nicht zu wissen. Eine der Lenzbach-Töchter ging etwas oft in Stouffen zur Beichte. Trude und Minna würden mit den Priestern solche diffizilen Angelegenheiten klären.

»Ihr werdet den Gefangenen die Beichte abnehmen«, wechselte sie das Thema. Der Kaplan nickte bestürzt, wollte sich schon erheben. Doch Richenza legte ihm die Hand aufs Knie.

»Sie haben noch nicht danach verlangt«, sagte sie und vielleicht würden es die beiden auch nie tun.

»Heute Morgen«, fuhr sie fort, »habe ich den Legaten besucht, und ich muss Euch gestehen …«, Richenza beugte sich vor, »sie kamen mir vor, wie die Abgesandten des Bösen.«

»Des Bösen?«, echote der Kaplan. Richenza nickte. »Der Legat versuchte mich zu umgarnen, als wäre ich sein Weib. Und der Mönch stieß Worte hervor, die ein Mann der Kirche nie in den Mund nehmen würde. Seid wachsam, Kaplan Lukas, wenn Ihr ihnen die Beichte abnehmt. Die beiden unterscheiden sich wie hell und dunkel. Aber beide verdrehen Euer Wort im Mund.«

Der Kaplan schien sich wieder sichtlich unwohl zu fühlen.

»Wir wenden uns nicht gegen das Tun unseres Herrn Grafen«, erklärte Richenza. Der Kaplan nickte, warf ihr von der Seite einen Blick zu. Solche Worte hatte er noch nie aus ihrem Munde vernommen. Sie selbst war erstaunt darüber.

Stumm blieben sie nebeneinander sitzen. Nach einer Weile erhob sich Richenza, verabschiedete sich und verriet, die Köchin werde heute geräucherte Forelle auftragen. Diese war köstlich und in der Fastenzeit erlaubt.

Selbst eilte sie durch die mit Zweigen geschützten Beete der Gärten zurück. Minna würde sie zum Stouffer Priester schicken. Die Zofe verstand es, einem Schwarzrock auf die Zehen zu treten.

Dann benötigten sie Schutz-Amulette. Hatten sie nicht eine Zauberin hier?

Allenfalls war sie nur eine einfache Kräuterfrau, die jemand loswerden wollte. Sie müsste Trude losschicken, um mehr über die Frau zu erfahren.

Richenza blieb stehen. Es gefiel ihr gar nicht, dass die Kindermörderin und die Zauberin nun im Falkengehege festgebunden waren, wo jeder sie bespucken konnte. Sie müsste darauf bestehen, dass die beiden in die Burgkapelle kamen. In der Fastenzeit betete der Kaplan dauernd dort drin und die Frauen waren geschützt. Dumm, dass sie die Angelegenheit nicht gerade mit Kaplan Lukas diskutiert hatte.

Minna kam ihr entgegen. »Die Köchin lässt ausrichten, dass jemand schon wieder Forellen aus den Bottichen gestohlen habe. Und der Rossknecht hat wieder ein blaues Auge. Sie prügeln sich um irgendeine.«

Richenza nickte gedankenverloren. Friedbert sollte unter den Knechten aufräumen, und die Zauberin konnte das Auge ansehen. Dann wusste man gleich, ob sie etwas taugte. Vielleicht wusste die Frau sogar, wer die Forellen stahl. Dann wäre sie doppelt nützlich und könnte gleich die Schutz-Amulette knüpfen.

Im Essraum kletterte Arnold auf dem Rücken seines Bruders herum und quiekte vor Freude. Sein Vater hatte sich mit den Trostbergern in eine Ecke zurückgezogen, sprach über ihren Pechvorrat und trug ihnen auf, dass sie alle Lanzen, Bogen und Pfeile zählen sollten. Richenza blieb stehen.

Ulrich begriff wohl endlich, dass er die Burg schon längst hätte umbauen sollen. Bei einer Belagerung würden die Holzhäuser hier schnell brennen. Zum Löschen hatten sie immer noch keinen Sodbrunnen, sondern nur das Wasser aus den Zisternen. Ulrich verweigerte das Graben wegen des Dracheneis unter der Burg.

Dieser drehte sich weg, um mit den Trostbergern den Saal zu verlassen. Richenza hob ihre Röcke und eilte ihm nach.

»Graf Ulrich, auf ein Wort«, sagte sie und trat nahe an ihn heran. »Wann werden hier Leute aufkreuzen, die nach dem Legaten suchen?«

Ulrich wiegte den Kopf. »In zwei oder drei Wochen«, sagte er. Eine Schonfrist! Richenza war froh darum, fragte noch nicht, wie er die Burg zu verteidigen gedenke.

»Zauberin und Kindsmörderin bleiben mir nicht im Falkengehege«, sagte sie entschieden. »Entweder sie kommen in die Kapelle oder auf den Richtplatz.«

»Kapelle«, entschied Ulrich. »Habt Ihr schon gebeichtet?« Richenza nickte. »Dann wird Kaplan Lukas die beiden übernehmen. Können wir Lancelin, wenn er von Regulinda zurückkehrt, zu den Oltingern schicken, um sie angemessen über unsere Gefangenen zu unterrichten?«

Am Schluss würden sie sich beide noch um Lancelins Dienste streiten. »Wir müssen unsere Freunde um uns scharen«, erklärte Ulrich und lächelte gequält. Richenza nickte ihm zu, gerne hätte sie ihm kurz über die Wange gestrichen. Lancelin konnte er bis ans Ende der Welt schicken.

Hinter sich hörte sie tapsende Schritte, zwei Kinderarme umschlangen sie. Arnold. Sie langte nach hinten und strich dem Kleinen über das Haupt. Er streckte die Arme hoch, damit sie ihn hochnehme. Sie verneinte. Ulrich verabschiedete sich und polterte den Trostbergern hinterher.

Minna half der Köchin, die geräucherten Forellen aus dem Kamin zu holen. Den Stouffer würde sie am Nachmittag aufsuchen. Richenza packte all ihre Stickereien in die nächste Truhe. Diese würde sie lange nicht mehr anrühren.

Arnold trug sie auf, zwei Knappen zu suchen. Der Trostberger solle ihnen die Harnische zeigen, damit sie diese mit einem Knecht fetten und flicken könnten.

Gerade fing Richenza noch Trude ab, damit sich diese im Dorf nicht nur über die Getreidesache, sondern auch über die Zauberin erkundigte. Gestern war ihnen zu Ohren gekommen, dass der Wolfswinkel-Bauer dem Müller Korn zum Mahlen vorbeigebracht habe. Trude erführe am schnellsten, was es auf sich hatte, dass der zu Martini vorgejammert hatte, die Hälfte seiner Ernte sei vom Hagel zerstört worden, nun aber noch einiges auf der Seite hatte.

9. Kapitel

Kaplan Lukas sah bekümmert drein. Richenza unterließ es, ihm einen wütenden Blick zuzuwerfen. Vor ihr saß ein Stouffer Priester in seinem schwarzen Rock. Dünn und abgemagert von der Fastenzeit.

Sie werde den Grafen holen, hatte sie erklärt, als der Schwarzrock mit dem Kaplan im Essraum aufgetaucht war. Das sei nicht nötig, antwortete der Priester. Er wolle mit der Gräfin sprechen. Das bedeutete nichts Gutes.

Richenza scheuchte Gesinde und Kinder hinaus. Selbst Trude verschwand nach einem Blickwechsel. Nun saßen sie sich am hohen Tisch gegenüber. Über ihr prangte das Hirschgeweih der Minnenächte.

»Wilhelm, der Abt von Hirschau, hat sich bei uns gemeldet«, begann der Stouffer nach der angebrachten Begrüßung. Richenzas Gesicht blieb ausdruckslos. Der Name sagte ihr nichts. Oder doch? War dies nicht dieser Abt, der seinem Grafen das Kloster entwendet hatte? Der den Legaten nach Foracheim geleitet hatte?

»Der Abt ist äußerst bestürzt über die Gefangennahme von Bernhard von Marseille und fordert seine Freilassung. Der Abt hat gute Verbindungen zu den Nellenburgern und zu Rudolf von …«, fuhr der Priester fort. Aber Richenza hatte sich schon erhoben.

»Besprecht solche Angelegenheiten mit meinem Gatten«, antwortete sie schneidend. Sie hatte gehofft, den Priestern mit der Lenzbach-Tochter den Mund zu stopfen. Aber wenn ein Abt aufkreuzte, krochen sie aus den Löchern! Schon bei der Nennung des Hirschauers hätte Ulrich den Schwarzrock aus dem Raum geworfen!

»Gräfin«, sagte der Priester beschwörend. Der Kaplan sank noch mehr in sich zusammen. »Jemand muss den Grafen zur Besinnung bringen.« Richenza setzte sich. Soweit sie wusste, hatten die Priester Ulrichs Mannen die Absolution für ihre Entführung erteilt. Für einiges Gold natürlich.

»Gott erlaubt es nicht, dass wir uns in die Angelegenheiten der Mächtigen einmischen«, erklärte der Priester.

»Es ist geschehen«, antwortete Richenza, die eigentlich dem Priester in diesem Punkt gerne zugestimmt hätte.

»Euer Seelenheil ...«, begann der Priester. Richenza winkte ab. Wenn ein König einen Papst absetzte, durften sie auch einen Legaten gefangen nehmen. Der Priester räusperte sich. »In zwei Tagen feiern wir das Osterfest«, begann er erneut. »Wer sich nicht zu unserem Heiligen Papst bekennt, wird das gewandelte Fleisch Christi nicht empfangen.«

Richenza blickte zum zusammengesunkenen Kaplan hinüber. An Ostern feierte die ganze Gemeinde in der Stouffer Kirche. Wenn die Bauern sahen, dass der Grafenfamilie die geweihte Hostie verwehrt würde! Lencis würde den Grafen kaum die Abgaben verweigern. Sie wussten, wer das Schwert in der Hand hielt. Trotzdem hätte die Kirche einen Keil zwischen sie und ihre Untertanen getrieben.

»Aus unserer Familie sind schon mehrere ehrenwerte Bischöfe hervorgegangen«, ging sie zum Angriff über. »Der Bischof von Basilea ...«

»Der Bischof von Basilea ist nicht hier«, unterbrach der Priester sie. »Der Bischof von Chostinze wies uns an, die geweihte Hostie nur den Anhängern unseres Heiligen Vaters zu reichen.«

Die Gedanken überschlugen sich in Richenzas Kopf. Noch zwei Tage bis Ostern. Sie könnten das Fest auch hier auf der Burg feiern. Der Kaplan konnte keine Hostien weihen. Wenn sie einen Boten nach Meuschter oder Basilea schickten ... wie lange dauerte die Reise dorthin und zurück?

Da bemerkte sie, wie der Priester sie musterte. Langsam faltete sie die Hände. »Wir werden uns mit dem Grafen darüber unterhalten«, sagte sie. »Und der Kirche wie jedes Jahr zu Ostern zwanzig große Kerzen spenden.« Der Priester lächelte. Der Kaplan atmete sichtlich auf und erhob sich. Der Stouffer blieb sitzen, als sei er angenagelt.

»Die Zauberin«, sagte er und deutete auf das Amulett an ihrem Hals. »Die Chorherren von Meuschter haben die Hexe zum Feuertod verurteilt. Nun wohnt sie in Lencis.«

Richenza berührte den geschliffenen Knochen, der an einem Lederbändel um ihren Hals hing. Bis jetzt hatte er ihr gute Dienste geleistet.

Die Zauberin hatte sich als kräuterkundig erwiesen. Und wer sollte sonst helfen, die Kinder zur Welt zu bringen? Keine Hebamme bedeutete keine Kinder. Aber den Zölibatären hier war es egal, wenn Frau und Kind im Kindbett starben. Sie musterte das dürre Antlitz des Mannes. Er hasste jede fruchttragende Frau, da er seinen Samen nicht verspritzen durfte.

»Bei Gericht erschienen keine Zeugen, die gegen das Weib aussagten«, entgegnete sie.

»Die Kirche hatte schon geurteilt.«

»Hinterfragt Ihr das Urteil des Grafen?«

»Die Bosheit einer Zauberin ist nicht zu unterschätzen. Vielleicht hat sie den Grafen ...«

Richenzas Hand schlug auf den Tisch. Der Priester schloss den Mund, blitzte sie wütend an.

Draußen riefen die Wachen, ein Riegel wurde geschoben. Das Tor quietschte in seinen Angeln. Richenza schoss hoch. Seit die beiden Gefangenen hier waren, saß sie wie auf Nadeln, wenn sich am Tor etwas tat.

Sie nickte den beiden Kirchenmännern zu und eilte zum Ausgang.

Der Hufschlag eines Pferdes war zu hören, schon bog es in den Hof ein. Lancelin! Richenza wäre ihm am liebsten entgegengeeilt.

Brüsk wandte sie sich um und trat an den Tisch.

»Wir sehen uns am Osterfest, um die Auferstehung des Herrn zu feiern.« Sie entließ die beiden mit einem Wink.

Richenza rief nach der Köchin, damit diese Speis und Trank für Lancelin auftische. Minna eilte mit zwei Mägden die Stiege hoch, auch sie hatten den Boten gesehen. Die Gedanken an den Stouffer wischte Richenza beiseite. Lancelin brachte wichtige Kunde. Kurz überlegte sie, ob sie anordnen solle, Badewasser für den Ritter zu wärmen. Doch ein nackter Lancelin in der Wanne hier im Essraum würde Ulrich missfallen.

Sie rief Arnold, der in der Kemenate mit seinem Neffen herumtobte, damit er den Vater suche.

Die Stiege knarrte, und Lancelin erschien im Torrahmen. Schneidig eilte er zur Gräfin, verbeugte sich, küsste ihre Hand. Sein Blick flatterte an ihr vorbei, prüfend, was er hier im Raum preisgeben könne. Richenza erklärte laut, der Ritter wolle sich sicherlich nach der langen Reise stärken, und zeigte zum oberen Tisch. Viel lieber wäre sie mit Lancelin in der Kemenate verschwunden, hätte Gisela hinausgeworfen und Lancelin befragt. Aber er war auf Ulrichs Geheiß ins Burgund geritten. Deswegen konnte sie ihn kaum aushorchen, bevor der Graf nicht aufgetaucht war.

»Habe ich eben einen Stouffer Schwarzrock die Stiege hinunterfliegen sehen?«, raunte Lancelin, als sie ihn zum Tisch geleitete.

»Später«, antwortete sie leise. Etwas fahrig ging sie hinüber zur Kochstelle und beaufsichtigte, wie die Köchin den Wein verdünnte und etwas Brei in eine Schale schöpfte. Zu ihrem Ärger fielen Richenza die Drohungen des Priesters ein. Wenn nur noch Schwarzröcke mit ihren ausgedorrten Hoden das Sagen hatten, wollte sie sich lieber dem Teufel zuwenden: Bei Hof, bei Höll! König Heinrich – dem Vergewaltiger und Lügenkönig. Sie seufzte.

Da hörte sie feste Stiefel die Stiege hochpoltern. Ulrich schien auch begierig darauf zu sein, was der Bote zu berichten hatte. Zu Richenzas Leidwesen folgten ihm der Küttiger und zwei Trostberger. Diese scheuchten die Mägde aus dem Raum und setzten sich zu Lancelin an den oberen Tisch.

Ulrich bemerkte ihren wütenden Blick, überblickte die Sitzenden, wohl um zu überlegen, wie er die Situation retten könnte. Doch Richenza war schon an die Tafel herangetreten. Der Küttiger und die Trostberger sprangen auf und stellten sich hinter den Grafen, damit sie, die Gräfin, sich neben diesen setzen konnte.

Ulrich befahl Lancelin, sitzen zu bleiben, als er auch hochfahren wollte. Lancelin schluckte hastig und wischte sich mit dem Ärmel über den Mund.

»Erzählt«, ermunterte Ulrich ihn. Lancelins Blick flatterte zwischen Graf und Gräfin hin und her. Er schien nicht zu wissen, an wen er sich wenden sollte. Richenza senkte gehorsam ihren Blick, damit er endlich anfing.

Lancelin erzählte, er sei zum Oltinger gereist, habe dort seine Botschaft dem Grafen überbracht. Der Oltinger stehe ganz und gar hinter den Lenceburgern, seien sie doch nicht nur verschwägert, sondern auch die Kastgrafen von Losanna, dessen Bischof im Gefolge König Heinrichs reite. Der Ordinarius sei glücklich verheiratet und wolle sicherlich nicht das Zölibat einhalten. Die Oltinger Priester beteten täglich, dass König Heinrich und der Papst sich versöhnen würden und jeder Christenmensch wieder ohne Zweifel beiden Herren dienen dürfe.

Richenza scharrte mit den Füßen, diese Dinge lagen auf der Hand, dafür brauchte sie keinen Boten. Wie viele Krieger konnte ihnen der Oltinger schicken? Befanden sich Anhänger des Gegenkönigs im Burgund? Wurden schon Burgen belagert?

Ulrich jedoch fragte nicht danach, nickte bedächtig, wiegte den Kopf, hörte sich weiter des Oltingers Lippenbekenntnisse an.

Zu den Oltingern sei Kunde gelangt, dass dank der Fürsprache von Mathilde von Tuszien und dem Abt von Cluny, König und Papst sich ausgesprochen und miteinander verhandelt hätten. Beide speisten nun an einer Tafel und erfreuten sich der schönen Dinge.

Ulrich schloss die Augen vor Rührung. Sein Heinrich war wieder in den Schoß der Kirche aufgenommen! Richenza legte ihm unter dem Tisch die Hand auf den Oberschenkel. Wer hatte nun die Oberhand? König oder Papst?

»Darf die Kirche den Anhängern des Königs die Hostie immer noch verweigern?«, fragte sie nach. Ulrich schüttelte den Kopf. Lancelin zuckte mit den Schultern.

Das würde sie den Stouffern unter die Nase reiben!

Er habe noch mehr gute Kunde, fuhr Lancelin fort: Rudolf von Rinfelden habe sich in Moguntie vom Erzbischof zum König krönen lassen.

»Alles Verräter«, murmelte Ulrich.

Bei der Moguntier Bürgerschaft sei die Salbung aber nicht auf viel Gegenliebe gestoßen. Rudolf habe sich vehement gegen den Ämterhandel ausgesprochen, um dem Papst in den Hintern zu kriechen. Jeder wisse doch, dass die Bischöfe in Moguntie ihre Ämter gekauft hätten. Und die Bischöfe wollten auch ihre Weiber behalten. Also hätten die Burger Rudolf aus der Stadt getrieben, nun sei er in den Norden zu den Sachsen geflohen.

»Bekommt die Schlange Unterstützung vom Papst?«, fragte Ulrich. Lancelin schüttelte den Kopf.

»Der Papst schickt keine Legaten mehr, seit ...« Lancelin nickte Ulrich zu. »Bernhard von Marseille nicht zurückgekehrt ist.«

Ulrich schlug auf den Tisch. Lachte. Selbst der Küttiger feixte. Rudolf von Rinfelden stand allein da!

»Im Norden wird Rudolf genügend Anhänger bekommen, die mit ihm ziehen«, entgegnete Richenza. König Heinrich hatte dort Krieg gegen die Sachsen geführt. Diese wollten jeden anderen auf dem Thron sehen. Und mit Rudolf von Rinfelden zog auch Wernher, mit ihm die Krieger von Bruggo und die aus der rechtsrheinischen Ebene bis hoch nach Stradiburg. Und wenn Krieger in den Krieg zogen, überfielen sie auf ihrem Weg Dörfer und Klöster. Sie mussten achtsam bleiben, auch wenn Rudolf weit weg war.

Sie nickte Lancelin zu, der schon wieder unruhig zwischen ihnen hin- und herblickte. Schnell fuhr er fort: Herzogin Adelheit – sie nenne sich weiterhin so und nicht Königin – sei auf der Flucht. Im Burgund wolle man die Gattin des falschen Königs nicht beherbergen, nun reise sie nach Schwaben.

»Wir werden ihr freies Geleit durch unser Gebiet anbieten«, entschied Richenza, bevor Ulrich etwas sagen konnte. Adelheit war die Letzte, die ihre Burg angreifen würde.

»Sie ist Rudolfs Gattin«, entgegnete Ulrich.

»Sie war nicht in Foracheim dabei«, sagte Richenza leise. Adelheit hatte nichts mit den Machenschaften Rudolfs zu tun. Ulrich wandte den Kopf, blickte sie finster an. Sie wusste, dass er an Ida dachte. An ihre Tochter, die in der Lombardia begraben war. Und vielleicht dachte er auch an ihren Rudolf, der seit seiner Romereise gerne zum Schwert griff, dessen Urteile härter und blutiger ausfielen als die des Vaters.

Manchmal erwachten sie alle in der Kemenate, weil Rudolf im Schlaf aufstöhnte und um sich schlug. Und Richenza wusste, dass dies der Schatten der Schwester war, der sich in ihrem Sohn eingenistet hatte. Aber daran war nicht Adelheit schuld. Sie, Richenza, hatte ihre Kinder fortgeschickt.

»Sprecht weiter«, wandte sie sich an Lancelin, der eilig nickte, erklärte, dass der Thiersteiner die Tat Ulrichs nicht verurteile, aber vor allem auf die Befehle des Bischofs von Basilea hören werde, wenn dieser mit König Heinrich von Canossa heimkehre.

Der Thiersteiner blieb also vorsichtig. Er würde ihnen nicht helfen, dachte Richenza. Wenigstens auch nicht in den Rücken fallen. Sicherer für den Edelmann: Eingeklemmt zwischen Lenceburg und Rudolfs Rinfelden, saß er wohl wie auf Eiern und mit ihm ihre Tochter.

»Dann ...«, begann Lancelin, und sein Blick flatterte zu Richenza. Sie nickte ihm zu. Vor seinem Aufbruch hatte sie ihn zur Seite genommen und aufgetragen, während seiner Rückkehr auf der Habichsburg einzukehren. Regulinda würde ihm nichts antun. Sie war sicherlich froh, wenn einer einmal vorbeikomme und sich um sie kümmere. Ein Hübscher wie Lancelin.

»Die Herrin der Habichsburg«, begann Lancelin, und Richenza trat Ulrich kurz auf den Schuh, damit er jetzt den Boten nicht unterbrach. Regulinda habe nicht viel Kunde von ihrem Gatten. Sie behaupte, dass er und Rudolf schon nicht mehr im Sachsenland weilten, sondern in den Süden aufgebrochen seien, um dort ein Heer aufzustellen.

»Ließ Wernher ihr ausrichten, wann er zurückkehre?«, fragte Ulrich. Lancelin schüttelte den Kopf. Wernher war nicht der Edelmann, der seine Gattin über seine Ankunft unterrichtete. Sie mussten wachsam sein. Wernher kannte die Lenceburg und die Gefolgschaft zu gut.

Richenza schenkte Lancelin ein Lächeln. Wie es ihren Neffen gehe und mit wem Regulinda diese zu vermählen wünsche, erfuhr sie später unter vier Augen von ihm. Lancelin neigte ergeben das Haupt. Er verstand sie. Sie bedankte sich und überließ den Männern den Tisch.

Wenn Rudolf und Wernher in den Süden reisten, würden sie die Lenceburg nicht ungeschoren lassen. Ulrich hatte mit seiner Entführung zu stark auf sich aufmerksam gemacht, als dass man sie in Ruhe lassen würde.

Im Hof rannte Minna auf sie zu. Eine der Mägde hatte heute Morgen die Wehen bekommen, und sie hatten nach der Zauberin geschickt. Richenza nickte ihr zu.

Aus dem Stall drangen laute Stimmen. Ein Knecht schimpfte mit den unflätigsten Worten. Richenza hielt inne. Die Wonnenacht machte schon jetzt die Knechte brünstig – oder trieb sie die Angst vor einem Angriff? Gerne hätte sie sich zurückgezogen und über Lancelins Worte nachgedacht. Aber vorher musste sie mit Friedbert über die Knechte sprechen.

❊❊

»Gräfin?« Friedbert blickte scheu zu ihr empor, nachdem sie ihm aufgetragen hatte, den Knechten auf die Zehen zu stehen. Wenn die Burg unter Belagerung stand, konnten sie keine Querelen untereinander ertragen.

Richenza kannte den Blick. Ulrich sah gleich aus, wenn er etwas Ungehöriges von ihr wollte. »Das Geweih im Saal. Wäre es erlaubt, wenn ich es in der Wonnenacht trüge?«

»Das musst du mit Rudolf aushandeln«, entschied sie. Sie hatte ihren Sohn jedoch noch nie mit dem Geweih gesehen. Es würde Friedbert gutstehen. Ob Bastard oder nicht. Er glich seinem Vater. Und im Gegensatz zu Rudolf hatte er diese kindliche Naivität behalten, die es so schwer machte, den Lenceburger Männern böse zu sein.

»Gibt es eine, die auf dich wartet?«

Friedbert wurde rot. Wahrscheinlich gab es mehrere, bei seiner kräftigen Gestalt. Sie müssten sich mehr um den Jungen kümmern: Ihr Meier wurde alt und vergesslich. Ulrich war einverstanden, Friedbert dessen Aufgaben zu übergeben. Da lag vielleicht auch eine Hochzeit mit drin.

⁂

Nach dem Mahl saß Richenza in ihren wollenen Umhang eingewickelt zwischen den Zinnen und betrachtete den Mond. In der Ecke lagen geschützt unter drei Schildern einige Lanzen und Pfeile, die jederzeit bei einem Angriff genutzt werden konnten. Ohne ein Wort zu sagen, rutschte Richenza zur Seite, als sie Ulrichs Stiefel auf der Stiege hörte. Sie hatten sich angewöhnt, die Abende hier oben abzuschließen und erst in die Kemenate hinunterzusteigen, wenn dort alles ruhig war. Rudolf blieb – den Schatten der Schwester im Gesicht – bei den Männern am Tisch, anstatt Gisela aufzusuchen.

Seit drei Wochen siechten die beiden Gefangenen in ihrem Kerker. Außer den Stouffern hatte noch niemand angegriffen. Die bösen Gedanken der Gefangenen hielt die Zauberin in Schach.

»Hat Gott seine schützende Hand über die Burg gelegt?«, fragte sie. Der Kaplan predigte dies täglich.

Ulrich umfasste mit seiner Rechten den Siegelring – das tat er nun oft. »Das Drachenei.« Er hauchte es so leise, dass sie es kaum verstand. Trotzdem kribbelte es auf ihrer Haut. Die Lenceburger hätten den Drachen doch getötet, wie könne sie da sein Ei beschützen, wollte sie fragen, wagte es aber nicht, um den Zauber nicht zu brechen.

»Und wenn sie angreifen?«, durchbrach sie endlich die Stille.

»Der Allewilarer kann uns innerhalb eines Tages zwanzig Krieger schicken, der Küttiger ruft dieselbe Anzahl aus den

Twingen an der Ruse, aus dem Seetal würden Reiter und fast fünfzig Bewaffnete anmarschieren«, erklärte Ulrich wie auswendig gelernt. »Der Rinfeldner, dein Bruder und all die Papstkriecher sollen nur kommen.«

Richenzas Gedanken flatterten kurz zum geifernden Stouffer. Mit dem Schwert würden sie sich an Ostern ihre Hostie holen und die Kerzen spenden!

Sie legte ihren Kopf an Ulrichs Schulter. Er war ein guter Graf. Das hatte sie nie bezweifelt. Eigentlich sollten auch sie zur Wonnenacht wieder in die Wälder ziehen. Sie spürte seinen kratzigen Bart auf ihrer Stirn, als er sich zu ihr neigte.

10. Kapitel

Das Korn leuchtete grün auf den Feldern. Die Sonne stand hoch am Himmel, die Tage waren hell und lang. Die Wonnenacht war vorbei.

Richenza saß auf dem Mäuerchen im hinteren Garten und kontrollierte ihre Stickerei. Sie musste zugeben, dass es ganz angenehm war, dauernd einen Grafen auf der Burg zu haben. Ulrich schwirrte herum, als hätte er unerschöpfliche Kräfte. Das Jagen überließ er anderen, trainierte mit den Schwertkämpfern, beaufsichtigte die Verstärkung der Palisaden und ließ Waffen und Harnische in Mengen herstellen. Selbst an einem Katapult wurde gezimmert. Die Mannen benahmen sich, als befänden sie sich an der Tafel von König Artus, und das Gesinde wuselte herum, als stünde eine Hochzeit bevor. Bald war Pfingsten, Lenceburg hatte alle Edelleute schon zur Feier geladen. Die Ferkel für das Fest waren abgezählt und in der Mast. Gisela scharte die Kinder in der Kemenate um sich. So blieb Richenza fast nur noch das Sticken.

Der Legat war im Kerker mager und krank geworden. Der Mönch gab sich immer noch einsilbig und hasserfüllt. Aus Canossa hatten sie nichts mehr vernommen. Es schien, als wäre der Zwist zwischen den beiden Streithähnen vergessen, als hätte die Krönung eines Gegenkönigs nie stattgefunden.

Der Hall von Pferdehufen ließ Richenza aufblicken. Mehrere Reiter erschienen am Fuße des Burghügels. Ihr Banner flatterte rot in der Sonne. Rot?

Richenza klemmte die Stickerei unter den Arm und eilte durch die Gärten in den Burghof. Die Wachen riefen. Der schwere Riegel wurde vorgeschoben. Friedbert trampelte die Stiege hoch, die auf die Brüstung über dem Tor führte. Zwei Trostberger saßen tatenlos herum, sprangen auf Richenzas

Geheiß auf und eilten zu den Waffenkammern. Gerne wäre sie zu den Wachen übers Tor gestiegen, um eine bessere Sicht zu haben. Aber sie wollte nicht im Wege stehen. Also eilte sie behände die Stiege in den Wohnturm hinauf. Minna folgte ihr, und auch Trude war wie aus dem Nichts aufgetaucht.

Rudolf saß mit Arnold am Tisch. Den Schach-König in der Hand. Beide studierten die restlichen Figuren. Richenza deutete auf das Schwert, das neben ihm lag, und schickte Rudolf nach draußen, mitsamt allen Knechten. Ulrich befand sich irgendwo in den Weinbergen und müsste unterrichtet werden.

Bevor ihr Arnold in den Hof entweichen konnte, packte sie seinen Arm und zerrte ihn hoch in die Kemenate, wo Gisela mit dem Kleinen hockte. Richenza hastete an ihr vorbei zum Fenster, um in den Hof zu blicken. Die Trostberger hatten sich bewaffnet, standen zum Kampfe bereit, neben ihnen die Hunde. Zwei Knechte eilten über den Hof, scheuchten Mägde auf, die in den Wohnturm hetzten. Schade, dass der Küttiger gerade unterwegs war. An der Ara unten gab es einen flüchtigen Meineidigen, den er verfolgte.

Zu Richenzas Erstaunen wurde das Tor geöffnet. Die Fremden ritten in den Hof und zügelten ihre Tiere. Die Trostberger stellten sich breitbeinig hin, in ihren Gürteln steckten Schwert und Beil. Rudolf trat zu ihnen. Der Reiter mit dem roten Harnisch schwang sich vom Pferd, näherte sich Rudolf, verbeugte sich und überreichte ihm ein gefaltetes Pergament, auf dem ein Siegel prangte. Richenza musste sich halten, um nicht in den Hof hinunterzustürzen. Trude war neben sie getreten und blickte so sehnsüchtig wie sie hinunter. Rudolf sollte ihnen so schnell wie möglich das Pergament übergeben, damit sie das Siegel untersuchen konnten. Im Gegensatz zu seinem Vater verstand er kaum Latein, und die Buchstaben verschwammen beim Entziffern vor seinen Augen.

Boten aus Richenau waren schon auf der Lenceburg angekommen, mit der Bitte, den Legaten zu entlassen. Dies waren ausgemergelte Mönche gewesen, keine Edelleute in teurem Harnisch mit Schwert, wie jetzt hier unten zu sehen.

Nun stiegen auch die anderen drei Krieger von ihren Pferden.

»Minna, trag ihnen Wein auf. Melde der Köchin, sie soll die Gans von gestern schneiden und den Fremden im Hof hinstellen. Wir knausern nicht. Und dann soll sich Lene zu den Herren gesellen und sie befragen«, befahl Richenza. Minna nickte und huschte hinunter. Trude dirigierte Arnold auf die Bettstatt, befahl ihm, still zu bleiben. Gisela hielt sich leise im Hintergrund.

Wo blieb auch Ulrich? Nur er durfte das Siegel brechen. Jemand trampelte die Stiege in die Kemenate hoch. Rudolf erschien, das Pergament in der Hand, das Richenza ihm sogleich entwand.

Sie musterte das Siegel. Dasjenige des Salingers würde sie erkennen. Aber dieses hatte sie noch nie gesehen. Es trug den Stab eines Bischofs und ein fremdes Wappen. Basilea war es nicht, auch nicht Losanna.

»Hugo von Cluny«, sagte Rudolf leise, als würde er von hier oben gehört werden. Richenza spitzte die Lippen. Der Abt von Cluny, der Pate des Königs, weilte in Canossa als Vermittler.

»Sie kommen aus Canossa«, flüsterte Rudolf wie als Bestätigung. Richenza wendete das Pergament mehrmals. Schrieb Hugo von Cluny im Namen des Papstes oder im Namen des Königs?

»Hast du etwas über König Heinrich erfahren«, flüsterte nun auch sie.

»Der reitet mit seiner Familie durch das Burgund ins Reich zurück. Er will einen Hoftag halten.«

Richenza atmete scharf ein. Wenn der König zurückkehrte, bedeutete das Krieg. Fragte sich nur, wo er zuerst ausbrechen würde.

»Was will der Abt von uns?«, fragte Richenza. Rudolf deutete auf das Pergament. Wenn Ulrich nicht bald kam, musste sie ihm Beine machen!

Zum Glück hörte sie schon polternde Schritte die Stiege hocheilen. Ulrich trat mit gerötetem Kopf ein.

»Cluny«, sagte sein Ältester und hielt ihm das Pergament hin, als würde es ihn gleich beißen. Ulrich brach das Siegel, ohne es zu mustern, und entfaltete den Bogen. Richenza trat hinter ihn. Die gleichmäßigen Buchstaben wiesen darauf hin, dass der Schreiber seine Kunst verstand.

Ulrich bewegte seine Lippen, runzelte die Stirn. Richenza blickte auf die unbekannten Worte.

Ulrich brummte etwas, wiederholte ein Wort mehrmals. Sollten sie besser Kaplan Lukas zum Entziffern holen? Da lachte Ulrich auf, grinste.

»Der Abt bittet uns, Bernhard von Marseille freizulassen«, sagte er strahlend, als hätte er ein Lehen bekommen.

»Droht er uns?«, fragte Rudolf. Ulrich schüttelte den Kopf, hielt sich nochmals das Pergament vor die Augen.

»Die Boten behaupten, König Heinrich sei schon auf dem Weg ins Reich, um Hoftag zu halten«, ergänzte Rudolf.

Richenza spürte direkt, wie Ulrich breiter und größer wurde. Wenn der Abt von Cluny von den Gefangenen wusste, wusste auch der König davon. Und wenn der König schon durchs Burgund ritt, dann hatte er mit dem Papst verhandelt und sie mussten den Legaten nicht mehr im Verließ gefangen halten.

»Bernhard und der Mönch sind von der Gefangenschaft krank und schwach«, sagte sie leise. Beide würde eine Reise nach Canossa nicht überstehen.

Ulrich drehte das Pergament, untersuchte das Siegel auf seine Echtheit.

»Wir lassen die beiden mit den Boten ziehen. Wo sie gepflegt werden, geht uns nichts an«, entschied Ulrich. Richenza wiegte den Kopf. Im Burgund würde es kaum ein Kloster geben, das einen Legaten aufnahm, dessen Papst sich gerade mit den dortigen Bischöfen stritt.

»Am besten gehen sie in ein Kloster in Sante Gallen«, ergänzte Ulrich. »So ist dem Abt dort der Mund gestopft, und die beiden werden einen längeren Rückweg haben.«

»Der Richenauer Abt hat den Mund aufgerissen und gewettert«, präzisierte Richenza.

»Der Sante Galler auch«, ergänzte Ulrich. »All diese Papst-Kriecher. Die Reformdiener.«

Davon hatte Richenza gar nichts erfahren. Aber es war naheliegend, dass der Sante Galler über sie herziehen würde. Der Abt behauptete immer noch, dass Wernher mit Adelheit Ehebruch begangen habe, obwohl der Papst Adelheit schon lange begnadigt hatte. Dieser zölibatäre Sturkopf!

»Wir ziehen an den Hoftag des Königs«, unterbrach Ulrich feierlich ihre Gedanken. Richenzas Kopf schnellte herum.

»Deine Burg kann auch ohne Gefangene jederzeit von den Papst-Kriechern angegriffen werden«, schnappte sie. Ulrich öffnete den Mund, schloss ihn wieder, legte dann seine Hand auf ihren Arm.

»Lass' uns zuerst diese Boten loswerden«, sagte er.

Zu dritt traten sie in den Essraum. Ulrich ließ Friedbert holen, gab ihm den Kerker-Schlüssel und befahl, die Gefangenen ans Tageslicht zu führen.

Er warf einen Blick zu Richenza. Sie nickte ihm zu. Zusammen würden sie die Gefangenen aushändigen.

Das Sonnenlicht blendete sie, als sie hinausgingen. Friedbert hatte sich schon vor dem Kerker aufgebaut, die Tür stand weit offen. Bernhard von Marseille musste von einem Wächter gestützt werden, als er hinaustrat. Den Kopf gesenkt, die Beine zitterten. Sein Umhang starrte von Schmutz. Der Mönch ging aufrecht, mit verkniffenen Lippen. Seine Tonsur war nachgewachsen, die Kutte schmutzig, sonst wies nichts auf seine Gefangenschaft hin. Hasserfüllt blickte er hoch zum Grafen. Richenza wendete den Kopf. Sofort schlug sie das Kreuz. Trotzdem brannte sein Blick auf ihr. So schnell wie möglich musste sie die Zauberin kommen lassen, um die Burg vor dem bösen Blick dieses Teufels zu reinigen.

Rudolf sprach mit einem der Boten. Erklärte mit weiten Armbewegungen, wo die beiden am besten Pflege und Unterkunft bekämen. Ulrich und Richenza standen wortlos nebeneinander. Graf und Gräfin.

Ein Knecht brachte die beiden Pferde der Gefangenen, die im Gegensatz zu ihnen wohl genährt waren. Ihr Fell glänzte in der Sonne. Richenza verschränkte ihre Hände. Sie würde den beiden keine Speise zum Abschied anbieten. Die Boten waren aufgesprungen, umringten die Freigelassenen. Ein Kelch wurde ihnen gereicht. Bernhard musste ihn mit beiden Händen halten. Dabei fielen seine Ärmel zurück und zeigten die von den Fesseln aufgeschürften Handgelenke. Richenza blickte weg. Bernhard hatte die Wächter mehrmals um Salben gebeten. Richenza hatte sie ihm verweigert. Nur mit Mühe konnten die Männer Bernhard auf ein Pferd hieven. Je ein Bote setzte sich hinter sie. Der Gesandte mit dem roten Harnisch trat vor, verbeugte sich. Ulrich nickte ihm zu. Bernhard blickte nicht zu ihnen. Als die Reiter den Hof verließen, hob er die Faust gegen den Himmel. Ulrich spuckte auf den Boden. Rudolf lachte. Richenza wusste, dass die Sache noch nicht überstanden war.

König Heinrich kehrte ins Reich zurück. Ein Reich mit zwei Königen. Nur einer würde das überstehen.

11. Kapitel

Mit verschränkten Armen musterte Richenza ihren Gatten. Ulrich inspizierte seinen Harnisch, fuhr mit seinen Fingern die Schulterplatten entlang, zog an der Brustverstärkung.

»Sehr gut, mein Junge«, sagte er und legte seine Hand auf Arnolds Schulter. Dieser strahlte, als hätte er den Harnisch allein ausgebessert und nicht mit Friedbert und etlichen Mägden zusammen.

Rudolf stand bei der unteren Tafel, trug seinen Harnisch schon und klopfte ihn gewissenhaft ab. Sie ritten an den Hoftag des Königs, ritten nach Hulma und ließen die Burg in den Händen von Friedbert und den Trostbergern zurück. Das gefiel ihr gar nicht.

»Mit neun Lenzen rannte ich am Hoftag in Solodoro herum und bediente den Kaiser«, hatte Ulrich erklärt und ergänzt: »Rudolf kann nicht Graf werden, ohne seinem König die Treue geschworen zu haben.« Rudolf müsse nach Hulma.

»Lass Rudolf und Friedbert ziehen«, hatte sie vorgeschlagen. Ulrich hatte entschlossen den Kopf geschüttelt. Rudolf würde die Intrigen am Hof nicht durchschauen können. Er kannte die Mächtigen zu wenig. Und Friedbert war ein Bastard, würde nie Graf werden, sondern Meier und musste deswegen auch nicht vor den König treten.

Richenza hatte einen Verdacht, welche Herzensdame Friedbert in der Minnenacht ausgewählt hatte, und hätte ihn gerne für eine Weile fortgeschickt. Wenn die Männer aber auf beiden Augen blind waren!

Also biss sie sich auf die Zunge. Rudolf glühte vor Stolz, seit er wusste, dass er den Vater nach Hulma an den Hoftag begleiten würde.

Morgen würden sie wegreiten. In ihrem Gefolge die Allewilarer, Eschibacher und andere. So wenige, wie gerade noch anständig war, an einen Hoftag mitzunehmen. Denn keiner wollte weg, wenn Krieg in der Luft lag.

»Schon nach einem Tag reitet ihr durch Feindesgebiet und werdet bis Hulma keinem Verbündeten mehr begegnen«, hatte Richenza gewarnt. Ulrich nickte zerknirscht. Er nahm die ganze Angelegenheit wenigstens nicht auf die leichte Schulter. Hulma lag im Nordosten, zuerst musste er durch Habichsburger Gebiet ziehen, dann bei den Nellenburgern anklopfen und sich durch das Herzogtum Schwaben schlagen, selbst die Zähringer besaßen dort noch Gebiete. Alles Papsttreue und Anhänger des Rinfeldners. Die Edelleute dort würden auch zum Krieg aufbrechen, aber nicht nach Hulma, sondern in den Nordwesten zum Gegenkönig. In den Süden getraute sich Rudolf nicht, seit König Heinrich in Hulma seine Getreuen um sich sammelte.

»Der König wird den abtrünnigen Vasallen alle Lehen und Würden entziehen«, erklärte Ulrich. »Diese Lehen werden neu verteilt, und der König weiß, was ich für ihn getan habe.«

Aus dem Burgund hatten sie es vernommen: Dank der Gefangennahme Bernhards hatte Heinrich bei den Verhandlungen mit dem Papst plötzlich Oberwasser bekommen. Wenn Ulrich persönlich am Hoftag auftauchte, würde er für die Gefangennahme Bernhards belohnt werden. Hoffentlich! Denn: Bei Hof, bei Höll! Und Gatte und Sohn wollten mitten hinein.

»Der Schmied gießt mehr Speerspitzen, Pfeile haben wir genug, auch Gesteinsbrocken.« Ulrich blickte Richenza an. »Die Waffenkammer ist voll, auch nach unserem Abzug.«

Das alles wusste sie. Aber ihr Gatte ritt wochenlang durch Feindesland und ließ sie hier mit Arnold zurück.

Ulrich stand auf, trat auf sie zu und berührte sie am Ellbogen. »Gräfin, auf ein Wort«, sagte er und begab sich zur schmalen Treppe. Zusammen gingen sie die Stufen hoch, machten in der Kemenate nicht Halt, stiegen weiter bis zu den Zinnen, wo er die beiden Wachen hinunterschickte.

Ein warmer Wind wehte. Eine Amsel sang. Ulrich setzte sich zwischen zwei Zinnen, ließ ihr neben sich Platz. Sie zog es vor, sich eine Zinne weiter hinzusetzen. Er kämpfte sichtlich mit den Worten.

»Falls der Rinfeldner zurückkehrt, falls Wernher oder Nellenburg uns angreift ...«, begann er endlich und brach wieder ab. Richenza nickte, das hatten sie besprochen: Über dem Tor beim Haupteingang konnte sie bis zu acht Bogenschützen aufstellen sowie zwei Männer hinter der Pechnase. Im Hof würde sie die Knechte versammeln, die das Katapult bedienten. Hier auf der Zinne hatten noch mehr Krieger Platz. Doch von hier aus konnte man den Feind nur schlecht erreichen, da der Felsen zu steil war und keiner von dieser Seite angreifen würde. Das Tor war die Schwachstelle, da die Palisaden aus Holz waren. Ulrich hätte das Tor mit zwei steinernen Türmen befestigen müssen, wie Wernher das auf der Habichsburg getan hatte.

Wie viele Vorräte und Wasser sie auf der Burg lagerten, das wusste sie besser als ihr Mann. Das Gesinde war unterrichtet: Pfeile einsammeln, Pech erhitzen, Wasser bereitstellen, um die Feuer zu löschen. Verbände, Salben, Kräuter gegen Wundbrand lagen in den Truhen. Richenza berührte ihr Schutz-Amulett. Sie hatte – Gott sei Dank – noch nie eine Belagerung erlebt. Aber wie eine Burg zu verteidigen war, das hatte sie von Kindesbeinen an gelernt.

»Wir wissen uns zu schützen«, sagte sie. ‚Das Drachenei behütet uns', dachte sie. Er hatte doch selber davon gesprochen!

Ulrich schüttelte den Kopf. »Falls Wernher euch hier ausräuchert, fallen du und Gisela samt Kindern in seine Hände«, sagte er mit schwerer Stimme. Richenza wollte ihm widersprechen: Sie wurden nicht ausgeräuchert! Da ahnte sie plötzlich, was er wollte.

»Ich möchte, dass du mit Arnold die Burg verlässt.«

»Nein«, erwiderte sie.

»Solange ich in Hulma bin ...«

»Nein!«, schnitt sie ihm das Wort ab. Wie kam er nur auf eine solche Idee? »Die Lenceburg ist mein Heim.« Es war ihr Grund und Boden!

»Wir sollten nicht nur daran denken, unser Land zu verteidigen«, fuhr er fort. »Es geht um unser eigenes Blut. Der Rinfeldner könnte mit einem Schlag ...« Ulrich sprach nicht weiter, als wolle er das Böse nicht beschwören.

‚Weder Wernher noch Rudolf werden mir etwas tun!', wollte Richenza sagen, wusste aber, dass sie sich belog. Es gab keinen Grund, sie zu verschonen.

»Weder Meuschter noch die Festungen unserer Ministerialen sind sicher. Wo sollten wir denn hin?«

»Nach Schennis.«

»Schennis? Gerade du hast erklärt, dass es Rudolf sehr schnell nach Schennis gelüsten wird, wenn er Sickinga einsteckt und damit die Täler von Glaris.«

»Sie werden es nicht wagen, ein Frauenkloster anzugreifen.«

Richenza lachte auf. »Ein Kloster voller Edelfrauen ist eine fette Einnahmequelle.«

Ulrich war viel zu leichtgläubig! Sie würde nirgends hingehen. Schon gar nicht in ein Kloster. Sie war doch keine Witwe! Sollte er doch Gisela wegschicken, wenn eine gehen musste! Die hockte nur mit dem Kind in der Kemenate! Richenza wusste, dass gemunkelt wurde, dass sie der Schwiegertochter auf der Burg keinen Platz lasse. Aber wenn die Burg belagert wurde, war es schließlich sie, die das Gesinde befehligte und die Übersicht über den Vorrat besaß.

Aber sie wusste auch: Ulrich hatte die Schwiegertochter in sein Haus aufgenommen und ihr Schutz versprochen. Er verlor seine Würde, wenn er sie wegschickte. Und Gisela konnte selbst von der eigenen Familie als Geisel benützt werden.

Richenza atmete tief ein. Ulrich schickte sie weg, weil er ihr traute und weil er glaubte, dass sie sich durchschlagen werde. Sie legte ihre Hände auf die kühlen Steine der Zinne. Die Amsel sang noch immer.

»Ulrich«, flüsterte sie und wunderte sich über ihre zitternde Stimme. »Ich kann nicht gehen. Ich darf die Burg nicht verlassen.« Es wäre Verrat an der Burgschaft, an Lencis. Es wäre, als würden sie schon aufgeben. Sie musste darauf hoffen, dass alles gut ging. Sie musste beten, dass dieser unheilvolle König den Krieg gewann.

Ulrich legte seine Hand auf die ihre. Dann wischte er eine Träne aus ihrem Gesicht.

»Ich bitte dich«, sagte er. Sie schüttelte den Kopf.

Sie blieben wortlos sitzen. Er mit seinen Händen auf den ihren. Und da schon der Damm der Tränen gebrochen war, konnte sie diese nicht mehr zurückhalten.

Dorf und Wald unter ihr verschwammen. Dahinter die Hügel. In der Ferne lag nicht mehr die Burg ihres Bruders, sondern ihres Feindes. Ihr Gatte und ihr Sohn würden morgen in den Krieg ziehen.

Ulrich setzte sich neben sie und nahm sie in seine Arme.

»Ich gehe nicht«, schluchzte sie.

»Wir dürfen Gott nicht herausfordern«, bat er.

»Herausfordern!« Heiß wühlte es in ihr. »Wenn du schon von Gott sprichst, vielleicht will Er nicht, dass du in den Krieg ziehst!«

Ulrich löste seine Umarmung. »Du bist nicht für den Krieg gemacht«, zischte sie. Nun wurde er bleich.

»Ich ...«, er rang nach Worten. Schon taten ihr ihre Worte leid.

»Lass' Rudolf mit dem Küttiger ziehen«, bat sie. Ulrich schüttelte leichenblass den Kopf.

Und wer werde ihm die Füße kneten, wenn er beim ersten Blutstropfen umfalle, hätte sie gerne gefragt, spürte aber, wie ihr wieder die Tränen in die Augen traten.

»Vielleicht trägst du gar keine Schande«, flüsterte sie, »sondern ein Zeichen Gottes, dass du in deinen Landen bleiben sollst.«

Den Blick gesenkt, schüttelte Ulrich den Kopf, als sei er eine Marionette. Seit sie ihn kannte, wollte sie ihm die Scham nehmen, dass er kein Blut sehen konnte. Sie hatte es nicht geschafft. Sachte legte sie ihm ihre Hand aufs Knie.

Nach einer Weile wischte sie sich übers Gesicht. Es war alles gesagt, und bis zum Aufbruch der Männer war noch viel zu tun. Sie wollte sich erheben, aber Ulrich hielt sie zurück.

»Hast du etwas von unserem Sohn gehört?«, fragte er. Ein feines Kribbeln durchfuhr Richenzas Nacken. Sie beide wussten, welchen Sohn er meinte. Noch nie hatte er nach ihm gefragt.

»Er ist zum Mönch ordiniert worden.«

Ulrich schaute sie an, mit diesem eigentümlichen Blick, mit dem er Verständnis suchte, aber nicht fand. Sein Daumen fuhr über den Siegelring.

Selten kam ein Händler mit Kunde von Arnold vorbei. Er hieß nun Bruder Sebastian und betete den ganzen Tag für sein und ihrer aller Seelenheil. Mit Gottes Willen hatte er Frieden gefunden.

»Sie können ihn als Geisel nehmen«, unterbrach Ulrich ihre Gedanken. Heiß durchliefen die Worte Richenzas Brust. Daran hatte sie nie gedacht! Arnolds Kloster war papsttreu und lag mitten im Habichsburger Land.

»Niemand weiß, aus welcher Familie er stammt«, flüsterte sie. Eine Lüge: Wernher wusste es. Mit der Zunge fuhr sie sich über die trockenen Lippen. Sie musste Gott vertrauen! Sie musste!

Unruhig stand Richenza auf, warf einen Blick über die Hügel und Wälder. In der Ferne flog eine Schar Krähen auf, verteilte sich krächzend auf mehrere Baumkronen. Da fiel ihr ein, was sie unternehmen konnte, um ihren Sohn zu schützen und auf der Burg zu bleiben. Wo blieb eigentlich Lancelin?

⁂

Richenza hatte zum Abschiedsmal eine Sau braten lassen. Es sollte kein Festessen sein, zu feiern gab es nichts. Aber es sollte auch kein Traueressen aufgetragen werden.

Das kalte Fleisch steckte nun in den Satteltaschen der Männer. Die Pferde waren gefüttert und gestriegelt. Die Sättel gefettet. Wer wusste schon, wie lange sie reisen mussten, bis sie an einem sicheren Ort einkehren konnten.

Ein Allewilarer Knappe schnürte Ulrichs Harnisch zu. Richenza stand daneben, wollte noch seine Nähe spüren, so lange wie möglich. Oft war er aufgebrochen und lange weggeblieben. Doch dieser Abschied war anders.

»Wenn Lancelin zurückkehrt, schicke ich ihn Euch nach«, sagte sie. Ulrich brauchte einen zuverlässigen Boten. Er schüttelte den Kopf.

»Behaltet ihn bei Euch und schickt ihn, wenn Ihr Hilfe benötigt«, entgegnete er. Und dann mit einem Stirnrunzeln: »Zurückkehrt? Ist er nicht auf der Burg?«

»Lancelin ritt auf die Habichsburg. Ich biete Regulinda an, bei uns zu wohnen.«

Seine Kinnlade fiel hinunter. »Als Geisel?«, fragte er.

»Man kann es so sehen«, erwiderte sie. »Hier lebt sie näher beim Kloster Mure, das sie gerne aufsucht, und sie ist nicht einsam.«

»Regulinda ist eine Nellenburgerin!«

Da trat Richenza nahe an ihn heran. »Ich bin eine Habichsburgerin, Tochter der Ita von Lothringen.«

Lothringen – der Feind des Königs, dachte sie und funkelte ihn an.

»Das ist etwas anderes«, entgegnete er. ‚Es ist nichts anderes', dachte sie und verstand ihn trotzdem.

»Sie wird nicht ohne die Kinder kommen wollen!«, rief er. Richenza nickte, nur mit den Kindern würde sie Regulinda hier auf der Lenceburg aufnehmen.

»Wenn Wernhers Kinder auf der Lenceburg leben, wird ihn das zwingen, Euch anzugreifen!«

Richenza schüttelte den Kopf. »Wernher wird zuerst verhandeln. Dazu muss er persönlich vorbeikommen. Wir gewinnen Zeit. Zudem muss er befürchten, dass wir seine Burg besetzen – so schön wie sie ist!«

Ulrich blickte sie an, als würde er die Welt nicht mehr verstehen.

»Gräfin Richenza!« Er öffnete den Mund, schloss ihn wieder, als würde er nach Argumenten suchen. »Wir wissen, dass es auf der Habichsburg mehr Platz gibt als bei uns. Und die Burg ist für eine Belagerung besser ausgerüstet. Und was tut Ihr? Ihr ladet Regulinda samt Kindern in unsere kleine Holzburg ein, wo mehrere Generationen sich zum Schlafen in der Kemenate aneinanderdrängen!«

Wenn das sein einziges Argument war. Richenza konnte ein Lächeln nicht verkneifen. Hatte er Angst, sie würde sich nachts in die Heustöcke schleichen?

»Graf Ulrich ...« Eigentlich sollten sie sich jetzt nicht streiten! Richenza verneigte sich. »Überlasst mir die Burg, und ich lasse Euch zu Eurem König ziehen.«

Seine Mundwinkel fielen hinunter, zuckten leicht. Da umarmte sie ihn vor seinen Mannen, umarmte ihn, bis er nicht mehr zitterte.

**

»Edelleute nehmen das Essen mit drei Fingern aus der Schüssel, nicht mit der ganzen Hand«, tadelte Richenza Arnold. Dieser grinste, hatte er den Satz doch oft gehört, aber seinen Vater, der heute Morgen weggeritten war, nie so essen gesehen.

Die Tür wurde aufgerissen, ein Wächter eilte zum hohen Tisch. »Ein Reiter nähert sich der Burg«, meldete er. Friedbert und Richenza erhoben sich gleichzeitig. Friedbert entfernte sich mit einer Verbeugung. Sie blieb stehen.

Gisela, die erstaunlicherweise auch heruntergekommen war, blickte sie erschrocken an.

»Kunde von Regulinda, oder die Männer haben etwas vergessen«, versuchte Richenza sie beide zu beruhigen. Arnold erhob sich, um hinauszuschlüpfen. Richenza packte ihn und drückte ihn Trude in die Hände. Dann winkte sie Minna, um ihr in den Innenhof zu folgen.

Dort waren die Wächter gerade dabei, einen Flügel des schweren Holztores zu öffnen. Der ankommende Reiter trug keine Farben. Graue Beinlinge, staubiger Harnisch, er konnte sich kaum mehr auf dem Pferd halten. Der Mann rutschte vom Sattel, taumelte. Friedbert eilte auf ihn zu, um ihn zu stützen.

»Ich muss den Grafen sprechen«, sagte der Mann.

Richenza nickte ihm zu, rief hinauf, dass man Wein bringen solle, und deutete Friedbert an, mit ihr in den Kontor zu kommen.

»Von wo seid Ihr«, fragte sie.

»Schennis«, antwortete der Mann. Da wurden ihre Knie weich.

Die Geschichte war schnell erzählt: Eine Bande habe das Kloster überfallen, ausgeraubt und die Frauen belästigt. Der

Bote sagte wirklich „belästigt“. Drei Tage später seien die Unholde wieder abgezogen. Niemand im Kloster habe herausgefunden, von wo die Gesellen gekommen seien. Der Knecht war durchgeritten, um den Grafen um Hilfe zu bitten.

Schennis, dachte Richenza. Sie griffen zuerst ihre entferntesten Besitztümer an. Zu Friedbert sagte sie: »Du reitest mit den Allewilarern hin und schaust zum Rechten.«

»Sollen wir dem Grafen nicht einen Boten nachschicken?«, entgegnete er. Richenza zögerte, wusste, wie Ulrich sich danach sehnte, seinen König zu sehen.

»Dein Vater hat schon mit fünfzehn Lenzen die Banden im Frickgowe bekämpft«, log sie im Wissen, dass Friedbert Ulrich über alles verehrte.

»Die Burg ...«, begann Friedbert.

»Ich verteidige die Burg«, unterbrach Richenza ihn. Heute Schennis, morgen die Lenceburg. Sie musste auf alles gefasst sein.

Sie rief Minna, damit diese für den Boten sorgte. Mit Friedbert würde sie noch einiges besprechen.

12. Kapitel
Drei Monate später
Lenceburg

Die Schreie des Ebers waren endlich verstummt. Der Schlachter war dabei, das Blut in den Bottich fließen zu lassen, wo es mit Kümmel, Alant und Kräutern vermischt wurde, bevor es gerann.

Richenza zog sich in solchen Fällen in die hinteren Gärten zurück, um das Quieken nicht zu hören. Die Schweine wurden im äußeren Hof geschlachtet, aber ihre so menschlichen Schreie durchdrangen jede Mauer.

An diesem Tag jedoch hatte sich Richenza nicht in die Gärten begeben, eine Bäuerin hatte gerade Pilze gebracht, die sie beschauten. Regulinda warf für die Kleinen Murmeln. Selbst Gisela saß draußen und knüpfte Bänder. Wohl, um nach Friedbert Ausschau zu halten. Also blieb Richenza im Hof, versuchte, die Schreie auszublenden, und schnitt durch die Pilze, um an ihrem weißen Fleisch zu riechen.

Deswegen hörte sie den Ruf der Wachen. Deswegen hörte sie, wie die schweren Torflügel zuschlugen und der Riegel vorgeschoben wurde: Reiter näherten sich der Burg.

Schon rief Regulinda die Kleinen. Gisela packte zwei. Richenza hob ihren Rock, eilte durch die Vorburg am ausgebluteten Schwein vorbei, das eben aufgeschnitten wurde, und stieg die engen Stufen neben dem Tor hinauf zur Wache.

Ein Trostberger stand dort, zeigte in die Ferne, wo eine Staubwolke andeutete, dass eine Gruppe Berittener den Wald verlassen hatte und auf Lencis zusteuerte.

»Wenn sie am helllichten Tag so direkt das Dorf anpeilen, ist das ein gutes Zeichen«, sagte er. Richenza konnte ihm nicht zustimmen. Das Überraschungsmoment lag auf der Seite der Reitenden, das Dorf war ungeschützt. Aus Hulma hatten sie nichts vernommen. Zu lange nichts.

Rudolf sammelte seine Krieger im Norden. Der Papst hatte gelobt, einen Legaten auszusenden – der diesmal lenceburgisches Gebiet zu meiden hatte –, um zwischen den beiden Königen zu verhandeln, woran niemand glaubte.

War Walther zurückgekehrt? Oder ein Nellenburger?

Richenza blickte angespannt auf die Schar. Ihre Banner flatterten im Wind. Sie waren so verstaubt, dass man von hier aus weder Farbe noch Wappen erkennen konnte.

Weiß-Blau mit einer Burg? Oder Gelb mit einem Löwen?

Die Reiter brachen durch das Dorf, scheuchten sicherlich Hühner und siechende Hunde auf. Richenza konnte keine Schreie vernehmen, kein Geklirr der Waffen, keine Scheune ging in Flammen auf.

Sie nickte dem Trostberger zu, der angespannt hinunterstarrte. Hinter ihnen polterten mehrere Paar Stiefel die Treppe hoch. Friedbert, der seit Maria Himmelfahrt ergebnislos aus Schennis zurück war, stellte sich neben sie. Das Schwert in der Hand. Es klirrte, als der Wächter hinter ihm einen Bund Lanzen gegen die Palisaden stellte.

»Gräfin«, wandte sich Friedbert an sie. »Es wäre besser ...«

»Nein«, unterbrach sie ihn. Frauen sah man nicht gerne hier oben. Sie standen im Weg, und im Notfall musste jemand die Gräfin beschützen, anstatt gegen den Feind zu kämpfen.

Aber Richenza konnte nicht von der Stelle weichen. Sie würde es erst tun, wenn sie das Wappen der Reiter erkannt hatte.

Der erste Reiter hatte den Fuß des Felsens erreicht. Bald würde es einige Stellen geben, wo die Herannahenden von hier oben nicht mehr gesehen werden konnten.

»Lenceburg«, sagte Friedbert. Sie zuckte zusammen.

»Bist du sicher?«, flüsterte sie. Der Trostberger hielt die Augen zusammengekniffen. »Lenceburg«, sagte da auch er. Richenza konnte das Wappen auf dem Banner immer noch nicht erkennen. Aber Gelb, nein, gelb war es nicht, eher dunkel, und etwas Rotes entdeckte sie auch nicht.

Sie bedankte sich, raffte ihre Röcke und eilte die Treppe hinunter. Der Trostberger würde das Tor erst öffnen lassen, wenn er die Gesichter der Reiter erkannte.

Unten standen einige Allewilarer Bewaffnete, angespannt, die Hände an Schwert und Lanze.

Richenza lief an ihnen vorbei. Der Schlächter sah ihr entgegen, Hände und Arme voller Blut. Sie nickte ihm zu – sie sollten nur weitermachen. Im Innenhof traf sie auf Minna, das Beil in der Hand.

»Wahrscheinlich Lenceburger«, keuchte Richenza, packte Arnold und eilte die Stiege hoch, rief der Köchin. Wasser sollte geholt, Getreidebrei aufgewärmt und frische Äpfel hineingeschnitten werden.

Regulinda und Gisela befanden sich mit den Kindern schon in der Kemenate.

»Lenceburg!« Der Ruf des Wächters löste die Frauen aus ihrer Starre. Richenza eilte zur Truhe, öffnete sie. Das blaue Kleid lag zuoberst, das würde sie tragen. Wo war auch Trude, um es ihr anzulegen und ihr das Haar zu richten?

Die Kinder drängten sich in die Fensternische vor den Mauerspalt. Richenza fuhr Arnold durchs wirre Haar. Dann drängte er sich als Späher nach vorne. Regulinda half Gisela, sich in ihr Sonntagskleid zu zwängen. Trude kam endlich und öffnete die Schnüre ihres Oberteils.

»Zwei Allewilarer reiten in den Innenhof!«, rief Arnold. Das war ein gutes Zeichen. Höchstens ...

»Bleiben sie dort oder reiten sie mit gezückten Schwertern in die Gärten?«, fragte Richenza. Nicht, dass sie von dort aus die Burg verteidigten und die Damen in ihren Samitkleidern das Pech wärmen mussten!

»Sie steigen ab, einer öffnet die Stalltür«, erwiderte Arnold. Richenza atmete auf, fast hätte sie aufgelacht. Aufmunternd nickte sie Trude zu und hob die Arme, damit diese ihr das Kleid über den Kopf zog.

»Lenceburger!«, rief Arnold und dann: »Rudolf!«

Richenzas Schultern sackten herab. Ulrich, den Namen seines Vaters, hätte Arnold als Erstes genannt.

»Wer noch? Wer ist sonst noch dabei?«, fragte sie und konnte die Enttäuschung in ihrer Stimme nicht verbergen.

»Fünf Reiter«, erwiderte Arnold.

Trude zog die Schnürung des blauen Kleides zu. Richenza verschlug es kurz den Atem. Gleich würde sie sehen, was das für Reiter waren. Vielleicht war es eine Vorhut, und ihr Ulrich folgte bald.

Sie ließ Gisela den Vortritt, richtete ihr Kleid, blieb oben beim Ausgang stehen und überblickte die ankommende Schar. Ihr Sohn stand im Hof, umgeben von Allewilarern und dem Küttiger. Das beschäftigte sie am meisten. Cuno, der Küttiger, war der beste Krieger ihres Mannes, sein Beschützer. Weswegen war er hier und Ulrich nicht?

Richenza atmete tief durch. Sie sollte nicht in Panik ausbrechen. Sie hatte Ulrich nicht erwartet. In Hulma rüstete König Heinrich zum Krieg, dieser war noch gar nicht ausgebrochen. Solange nicht klar war, welcher König die Oberhand gewann, würde Ulrich nicht zurückreisen. Trotzdem blieb sie unruhig. Warum kehrte ihr Sohn mit dem Küttiger auf die Burg zurück?

Immer noch ihre Haltung bewahrend, stieg sie hinunter. Rudolf hatte seine Frau kurz begrüßt und sprach schon mit den Trostbergern. Richenza drängte sich dazwischen.

»Mutter! Der Vater lässt Euch grüßen!« Rudolf umarmte sie länger und herzlicher als seine Frau. »Ich bringe Euch gute Kunde!« Er lachte übers ganze verstaubte Gesicht.

Richenza atmete auf, berührte kurz ihr Amulett. »Kommt hoch, trinkt etwas und berichtet«, sagte sie mit einer viel zu schwachen Stimme.

»Ihr werdet es nicht glauben«, sprudelte es aus Rudolf schon auf der Stiege heraus. »König Heinrich empfing uns und ... die Nellenburger hat er aller Ämter enthoben! Natürlich auch den Rinfeldner, den Verräter, aber das muss ich dir nicht erklären.«

Sie waren oben angelangt. ‚Nellenburg', dachte sie, ‚Regulinda'.

»Als Dank für unsere Treue übergab uns der König die Stein in Bade und die Grafschaft über Turecum.«

Richenzas Hände tasteten nach hinten. Ihre Knie waren weich geworden. Bade und Turecum! Auf einen Schlag hatten sich ihre Ländereien verdoppelt, und nicht nur das, sie mussten nicht mehr durch fremdes Gebiet reisen, um Schennis zu erreichen. Endlich ertastete sie einen Tisch und setzte sich. Rudolf strahlte sie an.

»Wer residiert gerade auf der Stein?«, flüsterte sie, obwohl sie das eigentlich wissen müsste und nicht ihr Sohn, der gerade von weit her angereist war.

Rudolf feixte. »Der Meier! Die Nellenburger hocken bei Rudolf, dem Verräter.«

»Wie viele Krieger ... «, Richenza verschlug es die Stimme.

»Mutter«, Rudolf grinste immer noch. »Lasst uns zuerst einmal ankommen!«

Richenza schüttelte den Kopf. Wenn der Stein-Meier erst einmal erfuhr, dass sie die Stein bekommen hätten, würde er gewarnt sein und sich rüsten. Sie mussten sogleich zuschlagen. »Ich sende die Trostberger aus. Allewilare kann uns ein paar Krieger schicken, Bremgarten auch. Morgen reiten wir los. Mit zwanzig Mann können wir die Burg einnehmen.«

»Mutter? Ihr wollt Euch doch nicht an einem Feldzug beteiligen?«, stotterte ihr zweitältester Sohn.

»Ich leite ihn«, erklärte Richenza. Monatelang hatten sie Angst vor einem Angriff gehabt. Nun handelte sie. »Wenn ich auf die Stein reite, wird niemand vermuten, dass ich sie erobern will. Keiner wird sich uns in den Weg stellen.« Sie erhob sich, um die Trostberger zu rufen. Da schwindelte ihr, und sie blieb stehen. Die Stein! Richenzas Augen wurden feucht. Der Ort, an dem sie so erniedrigt worden war. Dort würde sie als Herrin einreiten, und niemand könnte sie vertreiben! Sie wischte sich über die Augen und straffte sich. Ulrich hätte ihr kein prächtigeres Geschenk machen können.

Nur mit halbem Ohr hörte sie Rudolf zu, wie er von Hulma sprach, dem König, dem Hoftag, dass der Vater ihn zurückgeschickt habe, um ihr die gute Kunde zu überbringen.

Da verdunkelte sich der Eingang. Der Küttiger stand in der Tür. Sie blickten sich stumm an. Er grüßte und steuerte auf die unteren Tische zu. Sie legte Rudolf die Hand auf die Schulter, damit er verstumme.

»Cuno!«, rief sie, und es fühlte sich fast verwegen an, seinen Vornamen zu nennen.

Der Küttiger blieb wie vom Donner gerührt stehen. Er war Ulrichs Schild gewesen, immer. Damals, in ihrer ersten Wonnenacht, als er sie fest umschlungen gehalten hatte, hatte sie ihm das Versprechen abgerungen, ihren Gatten zu beschützen, immer. Er hatte es nie gebrochen, hatte Ulrich nie ins Messer reiten lassen. Er wie sie wussten von Ulrichs Schwäche. Und sie beide hatten ihr Interesse daran, dass der Graf nicht aufflog. Jeder auf seine Weise.

»Auf ein Wort, Cuno von Küttigen«, sagte sie und trat auf ihn zu. Er blickte ihr nicht in die Augen, als er sich zu ihr drehte, blieb stehen, als sie ihm anbot, sich zu setzen.

»Wie geht es meinem Gatten?«, erkundigte sie sich. Diese Frage hatte sie ihm noch nie gestellt. Warum hatte Ulrich ihn hierhergeschickt? In der Zeit, in der er den Küttiger im Schlachtgetümmel am meisten benötigte.

»Euer Gatte ist wohlauf bei seinem König«, antwortete der Küttiger.

Solches Geplänkel war nicht nach ihrem Sinne. Wie gehe es ihrem Gatten wirklich und warum sein Leibwächter hier sei und nicht bei ihm, hätte sie weiterfragen können. Sie wartete aber ab. Der Küttiger war nicht dumm, eher kopfscheu.

»Graf Ulrich begleitet König Heinrich nach Wirteburg, um mit dem Verräter zu verhandeln. Der König hat den Rinfeldner der Habsucht und Usurpation bezichtigt und zu Tode verurteilt. Trotzdem wünschen einige Fürsten, dass die beiden verhandeln.«

Richenza ordnete ihre Gedanken. Dass der König für Verhandlungen bereit war, bedeutete, dass er sein Heer zu schwach für eine Schlacht einschätzte. Er würde also mit einem Angriff noch zuwarten. Wie lange war Ulrich sicher?

»Hat Euch Ulrich befohlen, im Frühling zu ihm zurückzukehren?«, fragte sie. Oder dachte ihr Gatte wirklich, dass sie hier in größerer Gefahr schwebten als er?

Der Küttiger zuckte die Schultern. »Diese Dinge hat er mit seinem Sohn besprochen«, antwortete er, was Richenza noch mehr verwirrte. Ulrich und der Küttiger hatten enger zusammengearbeitet als Ulrich mit Rudolf. Dieser plötzliche Wandel im Vertrauen gefiel ihr nicht.

Wer beschütze Ulrich auf dem Schlachtfeld, hätte sie den Küttiger gerne gefragt, hielt sich aber zurück. Hatte sich der Küttiger etwas zu Schulden kommen lassen? Wenn er nicht reden wollte, dann musste sie wohl oder übel zu ihrem Sohn gehen.

»Morgen reiten wir auf die Stein. Die Männer hier sind müde von der dauernden Anspannung, angegriffen zu werden. Jetzt greifen wir an«, wechselte sie darum das Thema. »Hat Ulrich verlauten lassen, wie wir die Grafschaft über Turecum übernehmen?«

»Der Graf meinte, wir sollten abwarten.«

Richenza wiegte den Kopf. Turecum würde Lenceburg nicht so einfach seine Tore öffnen. Lange waren die Burger die Untertanen der Nellenburger gewesen. Auch sie würden abwarten, welcher der beiden Könige die Oberhand bekommen würde, um sich nicht auf die falsche Seite zu schlagen.

Richenza nickte dem Küttiger zu und setzte sich zu ihrem Sohn an die hohe Tafel. Friedbert rutschte zur Seite, Rudolfs Erzählung lauschend. Doch dieser verstummte, als er den Blick der Mutter erkannte.

»Warum ist Ulrich nicht zurückgekehrt?« Sie hatte jeden Vorwurf verhindern wollen, trotzdem klang ihre Stimme anklagend.

»Vater kommt zurück, wenn Rudolf bestraft ist.«

‚Das kann lange dauern', dachte Richenza und sah, dass ihr Sohn ihrem Blick auswich. Unruhig rieb sie die Hände, schaute umher, erkannte Friedberts erschreckte Miene und merkte, dass ihr die Worte fehlten. Plötzlich spürte sie die warme Hand Rudolfs auf den ihren und blinzelte die Tränen weg.

❊❊

Sie hatten sich entschieden, bei Mellingen die Fähre über die Ruse zu nehmen. Das Land gehörte zu ihrer Grafschaft, und auf der Stein bliebe man länger ahnungslos.

Richenza ritt direkt hinter dem Küttiger. Es gefiel ihm nicht, dass sie mitkam. Ihr gefiel es nicht, dass er ohne ihren Gatten auf die Lenceburg zurückgekehrt war. Am liebsten hätte Richenza den Küttiger zurückgeschickt. Doch wenn er ihr diesbezüglich nicht gehorchte, sollte er sich wenigstens nützlich machen.

Sie hatte Cuno ihren Plan erklärt. Es werde trotzdem zu einem Handgemenge kommen, hatte der Küttiger widersprochen. Dann stünde sie im Weg, wäre eine begehrte Geisel, und ihm würde es angelastet, wenn ihr etwas geschehe. Richenza entgegnete, er habe Ulrich beschützt und sie falle nicht beim ersten Blutspritzer in Ohnmacht. Zu lange hatte sie ängstlich auf der Lenceburg gesessen. Sie brauchte einen Wechsel.

Das enge Tal, das sie entlangritten, verbarg ihnen die Sicht auf die Stein. Diese thronte auf einem Grat über dem Fluss. Anders als auf der Lenceburg konnte man nur den Westen und Norden überblicken. Sonst verdeckten Hügel die Weitsicht. Gut für eine Reiterschar, die lange nicht entdeckt werden wollte. Trotzdem war Richenza klar, dass sie zu einer List greifen mussten. Der Weg hoch in die Stein war schmal und eng. Wie bei der Lenceburg stieg man besser vom Pferd, um hinauf zu gelangen. Aber der Weg war nicht überblickbar. Ein Übel, das ihr gleich aufgefallen war, weil ihre Mutter sich auf der Habichsburg deswegen dauernd den Kopf zerbrochen hatte.

Richenza nickte dem Küttiger zu, als sie durch die staubigen Wege von Bade ritten. Neben ihr grinste der Trostberger mit der Hasenscharte. Auch er war wohl froh, nach dem langen Abwarten endlich sein Schwert schwingen zu können.

Der Küttiger rief etwas nach hinten, neben ihr erschienen drei Allewilarer und hoben Regulindas Habichsburger Banner in die Höhe. Richenza richtete Regulindas rotgelben Umhang um das Pferd und zog die Kapuze vom Haupt. Die Wächter sollten sie als Gräfin erkennen. Minna war vom Pferd gerutscht, stand nun barhäuptig neben ihrem Pferd, die Zöpfe hinten zugebunden. Unter dem weiten Umhang trug sie die Axt. Der Küttiger schwang sich vom Pferd, zog seine Kapuze übers Haupt und stieg den steilen Pfad hinauf, gefolgt von Minna, Richenza und den Bannerträgern.

Erst auf halbem Weg erblickten sie das Tor. Zwei Wächter standen darüber, riefen etwas, spannten ihre Bogen. Das Tor blieb geschlossen. Als der Küttiger davorstand, folgte ein Rufwechsel. Stolz blickte Richenza hoch. Endlich wurde eine Türe im Tor geöffnet, und der Küttiger schlüpfte samt Pferd hinein. Richenza ließ den Bannerträger und zwei Begleiter vor und gab dann ihrem Pferd die Sporen. Als sie beim Tor anglangt war, hielt sie an, rief, einer solle herauskommen und ihr vom Pferd helfen. Einer der Wächter trat heraus. Richenza schnaubte ihn an, er sei der Falsche. Der ging hinein, rief etwas. Ein anderer erschien. Richenza schimpfte, schien gar nicht willig, jetzt vom Pferd zu steigen, bei so wenig Anteilnahme, bei dieser unseligen Reise, und sie hätte gerne noch weitergezetert über den langen Weg und die schmale Kost. Da ritt einer ihrer Krieger an ihr vorbei, der ihr mit Abstand gefolgt war. Zwei weitere taten es ihm gleich.

Ein Pfiff ließ sie innehalten. Über dem Tor stand der Trostberger. Es wurde von zwei Allewilarern geöffnet. Richenza gab ihrem Pferd die Sporen, ritt mit den restlichen Kriegern vorbei an den Steiner Wächtern, die von ihren Männern in Schach gehalten wurden. Einer betastete seinen blutenden Arm. Als sie in den vorderen Hof gelangten, stand dort der Küttiger mit dem Trostberger, weitere Lenceburger erblickte sie über dem Tor. Drei Steiner Krieger lagen auf dem Boden, drei andere hielten ihre Hände in die Höhe. Richenza lenkte ihr Pferd in den inneren Hof. Küttiger und Bannerträger folgten ihr mit gezogenem Schwert.

Sie erblickte den Bergfried, die Ställe mit ihren tiefen Schindeldächern, und es war, als wären nie dreißig Jahre vergangen, seit sie hier gelebt hatte. Als würde sie die blauen Flecken auf Rücken und Hüften spüren, wenn sie hier über den Platz gehumpelt war. Richenza atmete tief ein, packte die Zügel fester. Sie würde die Herrin der Stein werden.

Gerade trat der Meier, der hastig sein Hemd zuknöpfte, aus dem Bergfried. Seine Augen wurden größer und größer, als er die Reiterschar erblickte.

Richenza war enttäuscht, dass es nicht mehr derselbe war wie damals. Dieser war viel kleiner als in ihrer Erinnerung. Ihre Reiter hätten im Hof keinen Platz. Sie nickte Minna zu, damit diese die anderen in der äußeren Burg zurückhielt. Minna hätte wohl lieber die Axt geschwungen.

»Wir müssten miteinander konversieren«, erklärte sie dem Meier mit spitzer Stimme. Da schrie jemand etwas. Ein Wächter stürzte sich in den Innenhof und fiel zu Boden. Ein Allewilarer beugte sich von hinten über ihn.

»Gräfin der Habichsburg?« Der Meier starrte in ihr Gesicht. Sie schwang sich, ohne zu antworten, aus dem Sattel und deutet ihm mit dem Kinn an, sie wegzugeleiten.

Am liebsten hätte sie gehabt, wenn der Meier sie gleich in den Burgfried geführt hätte. Doch er wandte sich dem Kontor zu. Der Küttiger folgte in ihrem Schatten und füllte hinter ihr den Raum.

»König Heinrich hat die Nellenburger ihres Amtes enthoben«, fing Richenza gleich ohne Umschweife an. »Und die Stein in die Hände meines Gatten Ulrich von Lenceburg gelegt. Ich bin hier, um die Burg zu übernehmen.«

Der Meier schaute belustigt. Ein Blick hinter sie ließ ihn zurückzucken. Der Küttiger musste sein Schwert gezogen haben.

»Es liegt nun in Eurer Hand, dies der Burgschaft mitzuteilen und eine friedliche Übergabe zu unterstützen«, fuhr Richenza unbeirrt fort.

Der Meier öffnete den Mund, schloss ihn wieder, öffnete ihn, schien wohl selbst nicht zu wissen, was er tun sollte. Richenza wartete. Wenn er recht handelte, durfte er seine Stellung behalten.

»Habt Ihr mich verstanden?«, fragte sie nach einer Weile. Er nickte. »Dann sind wir uns einig«, half sie nach. Er rang mit den Händen, zuckte mit den Schultern, nickte dann. Sie hob ihren Kopf, lächelte den Küttiger an. Es war an der Zeit, dass sie die Lenceburg Gisela und Rudolf überließ. Mit Arnold würde sie hierherziehen. Hier würde sie auf Ulrich warten.

13. Kapitel
Anno Domini 1078, August
Madalrichesstat

Graf Ulrichs Brauner schüttelte seine Mähne, scharrte dann mit dem Huf. Ulrich lockerte die Zügel. Das Pferd war so angespannt wie er.

Vor ihm hielt der Eschibacher das Lenceburger Banner in die Höhe, hinter ihm standen seine Krieger. Neben ihm die Oltinger. Und wenn er sich konzentrierte, sah er weit vor sich die Leibgarde des Königs. Ulrich streckte seinen Rücken durch, bekreuzigte sich nochmals. Es hätte schon lange geschehen sollen!

Unten am Flüsschen sammelte Rudolf von Rinfelden seine Ritter zur Schlacht. Der Verräter! Immer hatte er ihn, Ulrich, gegängelt und kleingeredet. Nun würde sich weisen, wer auf der richtigen Seite stand. Auch Wernher befand sich dort unten sowie die Nellenburger. Der Allmächtige würde über sie richten!

Vor zwei Tagen hatte ein abgehetzter Lancelin Ulrich erreicht und berichtet, dass aufgehetzte Horden ein Hof bei Bade abgebrannt hätten. Die Habichsburger meinten wohl, jetzt könnten sie seine Lande angreifen. Aber der Küttiger und sein Zweitältester würden sich darum kümmern.

Richenza würde ihm verzeihen. Er musste hier kämpfen. Solange Rudolf hier in die Zange genommen wurde, würde weder Wernher noch Nellenburg ihre Krieger gegen Lenceburg schicken. Aufgebrachte Horden konnte sein Sohn in Schach halten!

Mit seiner behandschuhten Linken klopfte Ulrich den Hals seines Braunen. Das Tier wusste, was auf sie zukam. Mit der

Rechten umfasste er den Griff seines Schwertes. Sicher lag es in seiner Hand, fast wie angewachsen – weil er für seinen König kämpfte, für die Gerechtigkeit. Ulrich war sich sicher, kein Blutgeruch würde ihm die Sinne verschleiern. Nicht hier – an der Seite seines Königs!

Eingebrannt in seiner Erinnerung war der Moment, wie er vor seinem König gekniet hatte. Zusammen mit seinem Erstgeborenen, in den Farben seines Hauses. Wie König Heinrich ihm die Hand hingehalten hatte, wie er aufgestanden war, wie er zum königlichen Hof gehörte.

»In der dunkelsten Stunde meines Lebens«, hatte der König erzählt. In der dunkelsten Stunde seines Lebens, als er barfuß vor den Mauern Canossas gestanden sei, habe König Heinrich erfahren, dass seine getreuen Untertanen dem falschen Papst in den Rücken gefallen seien, diesem den eigenen Legaten entführt hätten. Da sei ein lauer Wind aufgekommen, habe des Königs eisige Waden umspielt und er habe gewusst, dass Gott auf seiner Seite stehe.

Am Hoftag zu Hulma hatte König Heinrich, der Erwählte, Ulrich seine Hand gereicht, ihm, einem einfachen Grafen.

Das Blut rauschte in Ulrichs Ohren. In den vorderen Reihen reckte jemand sein Schwert zum Himmel, schrie etwas. Schwungvoll zog er seine Waffe aus der Scheide und stieß sie in die Luft. Das Brüllen aus tausend Kehlen folgte. Sein Brauner stieg in die Höhe, wieherte. Ulrich stellte sich in den Steigbügeln auf, schrie, zügelte das Tier, sodass es schwer auf die Vorderhufen fiel. Wieder brüllte vorne jemand etwas, die Antwort aus allen Kehlen folgte. So war es! Unter dem Banner des Königs zogen sie in die Schlacht!

Wie von selbst tänzelte Ulrichs Brauner vorwärts, drängte. Ulrich ließ ihn ziehen, blickte in die leuchtenden Augen seines Bannerträgers, umfasste sein Schwert. Alle zusammen für ihren König, mit dem Willen des Allmächtigen. In die Schlacht!

14. Kapitel
Drei Jahre später
Anno Domini 1081
Bade

Das schwefelige Quellwasser der Verenaquelle umspülte Richenzas Waden, die Wärme drang in ihre steifen Kniegelenke. Wohlig schloss sie die Augen. Der Schwefelgeruch hatte sie nie gestört. Schon damals nicht, in ihrer ersten Ehe. Der Gestank nach faulen Eiern verdrängte üblere Gerüche, die in den Hautfalten und den Kleidern hockten.

Ein Tropfen fiel ins Wasserbecken, der hohe Ton widerhallte im steinernen Gewölbe. Von weit her erklangen polternde Stiefelschritte. Sie vernahm eine bekannte Stimme. Ihr Rudolf war angekommen. Manchmal vermeinte sie, Ulrichs Stimme zu hören. Der Klang, der einseitige Gang, selbst das Drehen des Kopfes, wenn Rudolf etwas erspähte, erinnerte sie an Ulrich. Ab und zu ertappte sie sich, wie sie das Wort an den Sohn richtete, als wäre er Ulrich – Gott habe ihn selig. Dann schreckte sie kurz hoch. Aber es war ein warmes Erschrecken. Ein Lichtblitz aus einer Zeit, in die sie immer mehr abtauchte. Dabei sollte sie die Dinge nicht aus den Händen gleiten lassen.

Die Tür knarrte. Stiefel polterten über die Treppenstufen.

»Verehrte Mutter!« Rudolf verbeugte sich. »Der Habichsburger ist eingeknickt. Er hat allen Forderungen zugestimmt.« ‚Habichsburger', sagte Rudolf, nicht ‚der Onkel', er sagte auch nicht ‚Euer Bruder', fiel Richenza auf. »Er pfeift seine Mordbuben zurück. Anerkennt alle Ämter, die uns der König in Hulma übergab, und zahlt drei Goldkelche wegen der Brandschatzung im Twing an der Ruse und den Morden bei Stouffen.« Rudolfs Lächeln hatte etwas Wölfisches. Ulrich hatte nie so gelächelt. Hatte der Sohn das von ihr? »Um den Preis zu drücken, hat er die eigenen Toten aufgezählt, und da wir seinen Sohn am linken Bein erwischten ...«

Richenza lächelte Rudolf stolz zu. Drei Goldkelche waren ein hohes Zugeständnis.

»Was ist mit der Abfindung für das geplünderte Schennis?«, fragte sie. Rudolf schüttelte den Kopf, erklärte, Graf Wernher behaupte immer noch steif und fest, dass die Habichsburger nichts mit dem Überfall auf das Kloster Schennis zu tun hätten. Da die Banditen kein Wappen getragen hätten, sei nichts zu machen. Dem Kloster Schennis müssten sie selbst eine Abfindung senden.

Richenza nickte, sie hatte nichts anderes erwartet. Sie gratulierte Rudolf. Dieser lachte auf.

»Der räudige Hund ist endlich eingeknickt«, sagte er. Er meinte Wernher. Richenza strich eine graue Strähne hinter die Ohren. Wernher hatte nachgeben müssen: Rudolf von Rinfelden, der Gegenkönig, war vor einem Jahr jämmerlich am Wundbrand verreckt. Seine rechte Hand war ihm in der Schlacht abgehackt worden. Die Hand, mit der er König Heinrich die Treue geschworen hatte, damals in Turecum. Ein Zeichen Gottes.

Die Anhänger des Gegenkönigs, darunter ihr Bruder Wernher, traten reuevoll vor König Heinrich, beugten ihr Knie, hofften auf Vergebung und stellten alle ihre Kriegsfehden ein. Auch gegen Lenceburg.

Ihr Rudolf hatte sich unterdessen neben sie auf das Mäuerchen gesetzt und hielt seine Hand ins Wasserbecken.

»Endlich Genugtuung«, sagte er und tunkte die Hand noch tiefer ins Wasser.

Genugtuung? Richenza hätte weinen können.

Wie schön hatte sie es sich auf der Stein eingerichtet, als ihr die Kunde von Ulrichs Tod gebracht worden war. Kaum hatte sie die Witwentracht angezogen, hatten die Habichsburger Krieger die Höfe bei Sikental geplündert.

»Jetzt kommst du, Wernher«, hatte sie gedacht. »Jetzt, wo sie mir Ulrich genommen haben. Du feiger Hund!«

Für einen Moment schien es, als würden die Lenceburger mit Ulrich untergehen. Für einen Moment – Richenza lächelte ihren Sohn an. Das Wolfslächeln musste er von ihr geerbt haben.

»Wir feiern deine Verhandlungen heute auf der Stein«, verkündete Richenza und hob ihre Beine über den Beckenrand. Die Haut an den Füßen war vom warmen Wasser schrumpelig und aufgequollen.

Rudolf rutschte unruhig hin und her, lächelte und blickte ihr trotzdem nicht in die Augen.

Wenn die Männer im Kriege wüteten, zertrümmere das innere Ungeheuer seinen Käfig und lasse in den Kriegern ein Schlachtfeld zurück, das schwer wieder zu beleben sei, hatte ihr Lancelin einmal erzählt. Lancelin – sie vermisste ihn.

Das Ungeheuer ihres Sohnes hatte viel in ihm zerstört.

❊❊

Arnold blickte mit großen Augen zu seinem älteren Bruder hoch, als der sich mit dem Handrücken den Mund abwischte und den Kelch an den Mund hob.

Manchmal missfiel Richenza die Verehrung, die ihr Jüngster Rudolf entgegenbrachte. Kaum war der Küttiger an den Tisch getreten, waren Rudolfs Worte laut und rau geworden. Ulrich hatte seinen Söhnen gegenüber einen sanfteren Umgang gehabt.

Bald würde Arnold mit Rudolf mitziehen und von ihm das Grafenamt erlernen. Richenza hoffte, dass ihr Jüngster bis dann seine feine Seite entdeckt und schätzen gelernt hatte.

Minna trat an den Tisch und stellte eine Schüssel mit Buchweizen darauf. Richenza nickte ihr zu. Unsichere Füße tappten über den Boden. Ein kleines Mädchengesicht lugte hinter Minnas Rock hervor.

Kaum hatten sie sich in Bade eingenistet, war Minna schwanger geworden. Ein Jahr später nochmals. Wer der Vater war, sagte sie nie. Sie zog nun zwei kräftige Mädchen auf, die hier allen über den Weg rannten.

Minna war an Trudes Stelle getreten. Diese hatte vor zwei Wintern viel gehustet, hohes Fieber bekommen und war daran gestorben. Gott segne ihre Seele. Seither fehlten Richenza ein Paar Augen und Trudes Weitsicht.

Rudolfs hartes Lachen riss Richenza aus ihren Gedanken. Zum wiederholten Mal berichtete er dem Küttiger von den Verhandlungen mit Wernher von der Habichsburg.

Cuno von Küttigen war seit der Eroberung der Stein auf der Burg geblieben, als hätte er weder Weib noch Kind in Küttigen. Er unterrichtete Arnold beim Schwertkampf. Wenn sie allein waren, aß er an der hohen Tafel, als wären sie ein Paar.

»Trug Euch Ulrich in Hulma auf, mich zu beschützen?«, fragte sie ihn einmal spät abends, als sie beide noch sitzen geblieben waren.

Der Küttiger wiegte den Kopf. »Der Graf wollte mich zurückschicken. Da sagte ich ihm, dass dies nicht möglich sei, weil ich Euch damals versprochen habe, ihn zu schützen, damals in der Wonnenacht.« Richenza saß wie auf Nadeln. Noch nie hatten sie beide über diese Nacht gesprochen. »Da befand der Graf, dass ich das Versprechen eingelöst hätte, zu Euch zurückkehren und Euch beschützen solle.«

Wortlos erhob sich Richenza und verließ den Raum. Ihr Daumen fuhr über das Lenceburger Siegel, das ihr nach Ulrichs Tod gebracht worden war.

Die Grillen zirpten, ein lauer Wind strich um die Mauern. Richenza hörte, wie der Küttiger hinauskam und hinter sie trat. So nahe wie damals in der Wonnenacht.

»Wollte Ulrich sterben?«, fragte sie.

»Nein«, raunte der Küttiger. »Bei seinem König fühlte er sich aufgehoben.«

15. Kapitel

Wernher von der Habichsburg saß mit geschlossenen Augen im heißen Quellwasser und lehnte seinen Kopf gegen die steinerne Beckenwand.

Richenza beobachtete vom Rand aus ihren Bruder. Seine Haare waren schütterer geworden, die Falten auf Stirn und um den Mund ausgeprägter. Ein Augenlid hing tiefer. Lange hatte sie ihn nicht mehr gesehen.

Es war mutig von Wernher, sie wenige Tage nach den Verhandlungen in Bade zu besuchen. Sicherheitshalber suchte er sie nicht in der Burg auf, sondern in den Bädern. Ein übereifriger Lehensmann könnte ihn gefangen nehmen und ein Lösegeld fordern. Zu lange waren sie in gegensätzlichen Lagern gestanden.

»Ich habe Nachricht aus einem Kloster im Breisgowe«, sagte Wernher mit matter Stimme, die Augen immer noch geschlossen. »Dort lebt ein Mönch namens Sebastian. Es geht ihm gut.«

Richenza hielt ihre Hände ins Wasser, um ihr Zittern zu verbergen. »Gibt es üble Gerüchte über den Mönch«, fragte sie mit belegter Stimme.

»Nicht, dass ich wüsste«, antwortete er. »Aber wissen tun wir nicht alles, was hinter Klostermauern geschieht.«

Richenza nickte, wischte sich mit dem Ärmel über die Augen.

»Ich habe mit dem Abt von St. Blasien gesprochen«, fuhr Wernher fort. »Nächstes Jahr wird er auf mein Geheiß Mönche nach Mure senden. Vielleicht auch einen Mönch namens Sebastian.«

Richenza zog ihre Hände aus dem Wasser, trocknete sie an ihrem Rock.

»Der Mönch Sebastian ist kein Lenceburger mehr«, sagte sie vorsichtig. Was wollte Wernher damit bezwecken? Die Mönche aus St. Blasien kamen aus einem reichsfreien Kloster, wo man den Abt und vor allem den Vogt selbst wählte. Eine dieser Reformen, die vom Papst kamen und den Adel schwächten.

Sie musterte ihren Bruder. Wollte sich Wernher damit einen Zugang in den Himmel erkaufen?

»Kaum schließen wir hier untereinander Frieden, hilfst du den Schwarzröcken und provozierst damit König Heinrich«, sagte sie.

»Das ist nicht meine Absicht.« Wernher setzte sich auf. Das Wasser perlte an seiner Haut ab. Nun schien er hellwach.

»Meinst du, dein Sohn Rudolf wird mir Zugang zu meinem Kloster verschaffen? Es ist die alte Leier, Richenza. Aber nun beende ich sie: Die Mönche sollen sich selbst verwalten. So sind sie geschützt, wenn Rudolf von Lenceburg nach Mure zieht.«

Richenza winkte ab. »Wie viel zahlen die Mönche dir dafür?«, fragte sie. Wernher schüttelte den Kopf. »Die Gräber unserer Eltern liegen in Mure. Ist dir das nichts wert?«, fuhr sie laut fort. Hatte nicht er sie deswegen mit Lenceburg verheiratet?

Wernher erhob sich. Sie reichte ihm ein Tuch, mit dem er sich abrieb. Er wickelte sich das Tuch um den Leib und setzte sich auf das Mäuerchen.

»Ich kann Mure zurzeit nicht schützen«, sagte Wernher leise. Sie konnte die Scham in seiner Stimme erkennen.

»Mein Sohn, Graf Rudolf, hört auf mich«, sagte sie, um ihn zu beruhigen. »Und Friedbert würde von sich aus nie das Kloster angreifen.«

»Friedbert? Ist das der Bastard, der Gräfin Gisela besteigt?«

Richenza rückte etwas von ihm ab. »Mein Sohn Rudolf«, sagte sie schneidend, »verlor seine Manneskraft beim Tode seiner Schwester, als er Herzogin Adelheit beschützte!«

‚Die nach Rome reiste, weil du sie besprungen und anschließend im Stich gelassen hast!‘, fügte sie in Gedanken hinzu. Es war nicht nötig, ihm dies entgegenzuschleudern. Schuldbewusst war Wernher zusammengesunken. Ihr Sohn, Graf Rudolf, träumte sicherlich davon, Wernher die Kehle zu durchschneiden. Und ja, Rudolf würde auch das Kloster Mure erobern und plündern, sobald sie, Richenza, unter der Erde weilte! Unabhängig davon, ob sein großer Bruder, Mönch Sebastian, sich im Kloster befand.

Eine unangenehme Stille breitete sich zwischen ihnen aus.

»Wenn die Mönche Abt und Vogt selbst wählen«, nahm Wernher endlich den Faden wieder auf, »lässt Lenceburg das Kloster vielleicht in Ruhe, in der Hoffnung, mit Sebastian selber einen Abt zu stellen.«

Zweifelnd blickte Richenza ihren Bruder an. Sie glaubte nicht, dass Wernher damit das Kloster schützte. Mure blieb ein Kloster der Habichsburger. Und für ihren Sohn, Rudolf, waren Habichsburger Feinde.

Das Kloster war in Gefahr. Sie hatte nie daran gedacht.

Von Unruhe gepackt, erhob sich Richenza, schritt hin und her. Die Gebeine ihrer Mutter sollten in Ruhe in Mure ruhen! Vielleicht, wenn sie ...

Richenza setzte sich wieder auf die Umrahmung. »Wenn ich tot bin, will ich in Mure neben meiner Mutter begraben werden. Versprichst du mir das?«

Wernher blickte sie erstaunt an. »Die Lenceburger besitzen ihre Familiengruft in Meuschter. Sie werden dir dort einen Platz freihalten«, erwiderte er.

Was wollte sie in Meuschter, wenn Ulrich nicht dort lag? »Versprich es mir«, wiederholte Richenza. »Ich werde es meinen Söhnen mitteilen.«

Nie würden ihre Söhne es wagen, ein Kloster zu plündern, in dem sie begraben läge. Sicherlich würden die Mönche dann den Mönch Sebastian zum Abt wählen.

Sie lächelte. Am liebsten hätte sie gleich einen Boten losgeschickt. Lancelin fiel ihr ein, und sie spürte einen Stich. Von seinem Botengang nach Madalrichesstat war er nie zurückgekehrt. Manchmal hoffte sie, er würde unter der Tür auftauchen und sich mit seinem verschmitzten Lächeln verneigen. Dann wiederum sagte ihr eine Stimme, dass er nie mehr wiederkehren werde.

Müde rieb sie sich die Hände, hielt sie ins warme Quellwasser.

»Rudolf von Rinfelden«, unterbrach Wernher ihre Gedanken, »... wäre ein besserer König geworden als der Ketzerkönig Heinrich.«

»Rudolf ist tot. Gottesurteil«, stieß sie hervor und verdrängte den Gedanken, dass Heinrichs Heer hier in Schwaben immer noch Kirchen und Friedhöfe plünderte, als wären sie eine Horde Dämonen.

»Vielleicht will Gott uns bestrafen ...« Wernher holte tief Luft. »Richenza, du hast Heinrich lange nicht mehr gesehen. Etwas Böses steckt in ihm. Das merkt jeder, der an den Hof kommt.« Wernher schien nach Worten zu suchen. Richenza legte ihm die Hand auf den Oberschenkel. Bei Hof, bei Höll, das musste ihr Wernher nicht erklären! Ihr Ulrich war nie mehr von diesem Hof wiedergekehrt.

»Rudolf von Rinfelden war eitel und gierig, aber nicht bösartig. Gott will, dass der Salier weiterhin über uns herrscht. Ich habe mich dem König unterworfen.« Wernher holte tief Luft. »Aber meine Mönche kann ich vom Joch unserer Fehden befreien. Das Kloster soll reichsfrei werden und sich selbst verwalten. Für den Papst, für Rudolf und für mein Seelenheil.«

Richenza hatte Wernher noch nie über sein Seelenheil sprechen hören.

Sie musterte seine erschlafften Gesichtszüge.

»Hast du in Madalrichesstat gekämpft, als Ulrich fiel?«, wagte sie zu fragen. Er schüttelte den Kopf, hielt dann inne, fuhr sich über die Beine, als würde ihn etwas quälen.

»Sie erzählen, er sei verletzt worden und liegen geblieben«, sagte er endlich.

Verletzt? Ulrich mitten im Gemetzel. Sie sah ihren todbleichen Gatten vor sich, wie er aussah, wenn er Menschenblut gerochen hatte. Das alles, um seinem König zu dienen.

Wernher wich ihrem Blick aus.

»Ulrich war nicht für den Krieg gemacht«, sagte er wie zur Entschuldigung. Richenza fuhr mit ihrem Zeigefinger über das Siegel. Sie würde nochmals eine Totenmesse für Ulrich lesen lassen. Seine Seele sollte in den Himmel kommen und dort auf sie warten.

Nachtrag:

Richenzas Grab liegt heute in der Krypta der Klosterkirche Muri. Ihr Sohn Rudolf wurde „Graf von Lenzburg“ und Arnold „Graf von Baden“ genannt. Die Stadt Zürich übernahmen die beiden Grafen als Vogtei nach der Jahrhundertwende.

Nach dem Tod des Gegenkönigs Rudolf von Rheinfelden griff König Heinrich IV Papst Gregor in Rom an. Heinrich setzte den Papst ab und ließ sich von einem neuen Papst zum Kaiser krönen. Auch mit diesem Papst zerstritt er sich.

Königin Bertha erlebte dies nicht mehr. Sie starb vorher und liegt heute neben Heinrich IV in der Krypta des Doms zu Speyer.

Ihre Schwester, Herzogin Adelheit, starb noch früher, als sie die Hohentwil gegen königstreue Truppen – die Truppen ihres Schwagers – verteidigte.

Im 12. Jahrhundert, hundert Jahr nach diesen Ereignissen, starb das Geschlecht der Lenzburger aus. Ulrich IV, der letzte Graf von Lenzburg, begleitete Kaiser Barbarossa während der Kreuzzüge und übermachte ihm sein gesamtes Erbe.

Das Schloss Lenzburg wurde von mehreren weiteren Grafengeschlechtern ausgebaut, unter anderem von den Habsburgern, und ist heute eine der prächtigsten Profanbauten in der Region.

Dank

Ein Dankeschön an Andreas Friedli, der tatkräftig bei der Recherche mithalf, zuhörte und als Erster das lückenhafte Rohmanuskript in den Händen hielt. Ich danke auch den Autor*innen des ‚Tintenzirkels', die mich beim Schreiben anfeuerten, sowie den Autoren*innenkollektiven ‚die aus zürich' und ‚Wort im ALL', die einzelne Szenen unter die Lupe nahmen. Vielen Dank an Susanne Mathies, die das Manuskript gegenlas und weitere Szenen analysierte.
Ich danke all den Museen und ihren Mitarbeitern, in denen ich Material für meine Geschichte fand: U. a. dem ‚Schloss Lenzburg', dem ‚Museum Burghalde', dem ‚Museum Kloster Muri', dem ‚Historischen Museum Baden' und dem ‚Stadtarchiv Lenzburg'.
Zudem danke ich dem ‚IL-Verlag', der es ermöglicht, dieses Buch zu veröffentlichen, und nicht zuletzt Roland Ochsner, der mit mir all die gerittenen Strecken im Roman mit dem Rad abfuhr.

Anhang

Ortsnamen

Allewilare	Hallwil
Ara	Aare
Basilea	Basel
Bade	Baden
Bremgarten	Bremgarten
Bruggo	Brugg
Constanzia	Konstanz
Einsidelen	Einsiedeln
Eschibach	Eschenbach
Frickgowe	Frickgau
Forachheim	Forchheim
Geneve	Genf
Habichsburg	Habsburg
Hotorf	Hochdorf
Hulma	Ulm
Lenceburg	Lenzburg
Lencis	Lenzburg
Lombardia	Lombardei
Loufenberc	Laufenberg

Ortsnamen

Losanna	Lausanne
Madalrichesstat	Mellrichstadt
Massalia	Marseille
Mellingen	Mellingen
Meuschter	Beromünster
Moguntie	Main
Mure	Muri
Rin	Rhein
Rinfelden	Rheinfelden
Rome	Rom
Ruse	Reuss
Spira	Speyer
Schennis	Schänis
Sickinga	Säckingen
Solodoro	Solothurn
Stradiburg	Strassburg
Stouffen	Staufen
Surse	Sursee
Toggenburc	Toggenburg
Turecum	Zürich
Wirteburg	Würzburg
Worms	Worms

Personenverzeichnis (* historisch verbürgt)

Adelheid von Turin	Markgräfin von Susa oder Turin, Mutter von Königin Bertha und Adelheit von Schwaben *
Adelheit von Schwaben	Herzogin von Schwaben, Gattin von Rudolf von Rheinfelden, Tochter von Adelheid von Turin und Schwester von Königin Bertha *
Albrecht	Erster Sohn von Wernher von Habsburg *
Agnes, Kaiserin	Gattin von Kaiser Heinrich III und spätere Kaiserin des römisch-deutschen Reiches, Mutter von Heinrich IV *
Arnold von Lenzburg	Graf von Lenzburg, Bruder von Ulrich, Graf im Aargau und Frickgau, Vogt von Zürich, Säckingen und Beromünster *
Arnold	Erstgeborener Sohn von Ulrich und Richenza
Arnold, der Kleine	Drittgeborener Sohn von Ulrich und Richenza, Graf von Baden *
Bertha von Turin/ Savoien	Königin und Gattin von Heinrich IV, Tochter von Adelheid von Turin *
Bernhard von Marseille	Legat des Papstes, der die Wahl des Gegenkönigs beobachten soll *
Berthold von Lothringen	Herzog von Lothringen, Kontrahent von Kaiser Heinrich III, Schildträger von König Heinrich IV *

Personenverzeichnis (* historisch verbürgt)

Burkhard vom Trostberg	Ältester Sohn und späterer Herr von Trostberg, Dienstherren der Lenzburger *
Burchhard von Nellenburg	Letzter Graf der Nellenburger, deren Haus um 1101 ausstarb *
Cuno von Küttigen	Dienstmann von Ulrich von Lenzburg, bester Krieger seiner Truppe
Fenis, Herren von	Adelsgeschlecht aus dem Burgund *
Friedbert	Bastard von Ulrich von Lenzburg und einer Kebse
Gisela von Oltingen	Gattin von Rudolf von Lenzburg
Gregor VII, Papst	Papst in Rom, hieß vor seiner Weihe Hildebrand *
Heinrich III, Kaiser	Salischer Kaiser des römisch-deutschen Reiches, 11. Jh., Vater von König Heinrich IV *
Heinrich IV, König	Salischer König, später Kaiser von 1056 - 1108, Sohn von Kaiser Heinrich III *
Hildebrand	Mönch, wurde später Papst Gregor *
Hubert	Schwertmeister auf der Lenceburg
Ita von Lothringen	Tochter des Herzogs Adalbert II. von Ober-Lothringen, gilt als Stammmutter der Habsburger, Mutter von Richenza *
Ida	Älteste Tochter von Richenza und Ulrich

Personenverzeichnis (* historisch verbürgt)

Lancelin von Eschenbach	Aus dem Geschlecht Eschenbach, Dienstmann von Lenzburg
Lene	Magd auf der Burg
Kräuter-Liese	Hebamme und Kräuterkundige von Lencis
Luitgard	Äbtissin des Klosters Säckingen
Lukas, Kaplan	Kaplan auf der Burg
Minna	Richenzas Hofdame
Regulinda von Baden	Gattin von Wernher von der Habichsburg *
Richenza	Tochter der Ida von Lothringen und von Radbot von Habsburg, verheiratet mit Ulrich von Lenzburg *
Rudolf von Schwaben oder Rudolf von Rheinfelden	Herzog von Schwaben und späterer Gegenkönig von Heinrich IV *
Rudolf von Lenzburg	Sohn von Ulrich und Richenza, Graf von Lenzburg *
Trude	Hofdame und ehem. Amme von Richenza, „der Habicht" genannt
Ulrich von Lenzburg	Graf von Lenzburg *
Wernher von der Habichsburg	Graf von Habsburg, Bruder von Richenza *
Wilhelm von Hirschau	Abt des Klosters Hirschau im Schwarzwald

Kebse	Nebenfrau
Ministeriale	Vasallen, Dienstleute eines Herrn, im 13. Jh. entsteht daraus der niedere Adel
Pax Dei	Gottesfriede, Friedensbewegung aus Frankreich, die verlangte, dass nicht an allen Tagen gekämpft werden darf.
Palisade	Schutzwand aus zugespitzten Pfählen
Salier	Ostfränkisches Adelsgeschlecht, das von 1024-1125 die römisch-deutschen Kaiser stellte.
Samit	Stoffgewebe, meistens aus Seide, das seit dem 16. Jh. nicht mehr hergestellt wird.
Schapel	Reifenförmiger Kopfschmuck für Frauen und Männer
Vasallen	Dienstleute eines Herrn
Wohnturm	Turm mit Hocheingang, der sowohl zum Wohnen diente als auch Wehrfunktion hatte. In einer Burganlage war der Wohnturm oft das erste Gebäude aus Mauerwerk.
Ziger	Frischkäse, auch Zieger genannt

1050	Geburt von Heinrich IV, dem ersten Sohn von Kaiser Heinrich III und Agnes von Anjou, der späteren Kaiserin Agnes
1055	Heinrich IV wird mit fünf Jahren in Zürich mit Bertha von Turin verlobt.
1056	Kaiser Heinrich III stirbt überraschend. Seine Frau Agnes übernimmt die Krone.
1057	Kaiserin Agnes wählt Rudolf von Rheinfelden zum Herzog von Schwaben.
1059	Rudolf von Rheinfelden entführt seine Verlobte Mathilde, die Tochter der Kaiserin, und ehelicht sie, ein Jahr später stirbt sie.
1061	Schisma: Kaiserin Agnes wählt in Basel Honorius zum Gegenpapst. Dieser kann sich nicht behaupten.
1062	Staatsstreich von Kaiserswerth: Heinrich IV wird vom Erzbischof von Köln entführt und getrennt von seiner Mutter aufgezogen. Rudolf von Rheinfelden heiratet Adelheit von Turin, die Schwester von Bertha, der Verlobten von Heinrich IV.
1064	Die Klosterkirche in Muri wird eingeweiht. Säckingen wählt Graf Arnold von Lenzburg zum Schutzvogt.
1065	Heinrich IV bekommt die Schwertleite und wird mündig. Gleichzeitig heiratet er Bertha von Turin.

1069	Heinrich IV will sich scheiden lassen. Der Papst droht mit Exkommunikation, falls der König seine Ehe mit Bertha nicht einhalte. Der König gibt sich reumütig. Gleichzeitig verstößt Rudolf von Rheinfelden seine Gattin Adelheit, weil sie ihn mit Werner von Habsburg betrogen habe. Adelheit reist unverzüglich nach Rom, wo sie rehabilitiert wird.
1073	Sachsenaufstand. Rudolf von Rheinfelden unterstützt Heinrich IV, seinen Schwager, mit schwäbischen Truppen.
1076	Nach mehreren Unstimmigkeiten setzt Heinrich IV Papst Gregor ab. Dieser ächtet den König. Die Herzöge fallen vom König ab, u. a. auch Rudolf von Rheinfelden.
1077	Gang nach Canossa: Der König bittet den Papst um Vergebung. Rudolf von Rheinfelden wird in Forchheim zum Gegenkönig gewählt. Der päpstliche Legat, der davon berichten soll, wird vom Grafen Ulrich von Lenzburg gefangen genommen. Fehde zwischen Habsburg und Lenzburg. Als Dank bekommt Graf Ulrich am Hoftag zu Ulm die Städte Zürich und Baden als Schutzvogtei zugesprochen.
1078	7. August, Schlacht bei Mellrichstadt, Rudolf und Heinrich IV müssen fliehen, den Sieg erringen die Ritter von Rudolf.

1079	Tod von Adelheit von Schwaben, als die Festung Hohentwil belagert wird.
1080	Nach der Schlacht bei Hohenmölsen stirbt Rudolf von Rheinfelden. Heinrich IV wählt einen Gegenpapst. Habsburg greift einige Höfe von Lenzburg an. Die Fehde kann erste ein Jahr später beendet werden.
1082	Werner von Habsburg verzichtet auf die Herrschaft über das Kloster von Muri.
1084	Heinrich IV kann Gregor VII aus Rom vertreiben und lässt sich dort vom neu eingesetzten Papst zum Kaiser krönen.